Martin Dall

Die Rhetorische Kraftkammer

Martin Dall

# Die Rhetorische Kraftkammer

Überzeugen mit starken Reden und
prägnanten Wortmeldungen

Bibliografische Information der Deutschen Nationalbibliothek
Die Deutsche Nationalbibliothek verzeichnet diese Publikation in der Deutschen
Nationalbibliografie; detaillierte bibliografische Daten sind im Internet über
http://dnb.d-nb.de abrufbar.

Das Werk ist urheberrechtlich geschützt. Alle Rechte, insbesondere die Rechte der Verbreitung, der Vervielfältigung, der Übersetzung, des Nachdrucks und der Wiedergabe auf fotomechanischem oder ähnlichem Wege, durch Fotokopie, Mikrofilm oder andere elektronische Verfahren sowie der Speicherung in Datenverarbeitungsanlagen, bleiben, auch bei nur auszugsweiser Verwertung, dem Verlag vorbehalten.

ISBN 978-3-7093-0476-1

Es wird darauf verwiesen, dass alle Angaben in diesem Werk trotz sorgfältiger Bearbeitung ohne Gewähr erfolgen und eine Haftung des Autors oder des Verlages ausgeschlossen ist.

Umschlag: buero8
Satz: Strobl, Satz·Grafik·Design, 2620 Neunkirchen

© LINDE VERLAG WIEN Ges.m.b.H., Wien 2012
1210 Wien, Scheydgasse 24, Tel.: 01/24 630
www.lindeverlag.de
www.lindeverlag.at
Druck: Hans Jentzsch u Co. Ges.m.b.H.
1210 Wien, Scheydgasse 31

# INHALT

**Vorwort** .................................................... 7

**Einleitung** ................................................. 11
   Was ist gute Rhetorik? ................................ 12
   Was ist moderne Rhetorik? ............................. 15
   Die Rhetorische Kraftkammer ........................... 17

**Station 1: Publikumsorientierung** ........................... 19
   Zwei verschiedene Zielgruppen – gleicher Inhalt ....... 20
   Die drei Grundmotive für gelungene Reden .............. 23
   Der Vierfach-Zielgruppencheck ......................... 26
   Mit dem Publikum von Punkt A zu Punkt B ............... 31
   Aktivieren Sie Ihre Zuhörer – permanent! .............. 37
   So fördern Sie die Aufmerksamkeit Ihres Publikums ..... 44

**Station 2: Story und Struktur** .............................. 51
   Die richtige Vorbereitung ............................. 52
   Der gelungene Start ................................... 56
   Der Hauptteil Ihrer Rede .............................. 68
   Die 3-Minuten-Blitzinfo ............................... 69
   Der 3-Minuten-Blitzvorschlag .......................... 72
   Der HPS-Kurzvortrag ................................... 75
   Aus dem Stegreif: Spontanrhetorik ..................... 79
   Sprechdenken: So trainieren Sie das spontane Reden .... 82
   Sprechdenken mit dem HPSpresso ........................ 85
   Kurz und überzeugend: Elevator Pitch und Business Pitch ... 94
   Der Langvortrag ....................................... 105
   Die Keynote Speech .................................... 114
   Das Beste kommt zum Schluss ........................... 117

**Station 3: Wirksame Sprache** .......................... 127
   Die Prägnanz: Bringen Sie es auf den Punkt ................. 130
   Die Relevanz: Was hat der Zuhörer davon? .................. 135
   Die Stimulanz: Spannung, Neugier, Emotion ................ 143
   Sprachliche Bilder ........................................ 153
   Erzählen Sie Geschichten ................................. 161
   Wirksame Sprache durch Demonstration ................... 164
   Action-Sprache: Spannend wie ein Film .................... 168
   Emotionen richtig einsetzen und steuern ................... 170
   Die Kraft des richtigen „Spin" ............................. 173
   Die Kraft einer „Punch-Line" ............................. 176
   Kraftvolle Worte: Magie und Sensationen .................. 180
   Die Sprache der Mächtigen ............................... 181
   Achtung, heiße Luft: Worthülsen und hohle Phrasen .......... 183
   Interaktion mit dem Publikum: Die Fragerunde ............. 185
   In der Arena: Kampfrhetorik ............................. 203
   Störungen und Sabotage ................................. 216

**Station 4: Persönliche Präsenz** ....................... 223
   Die Erfolgsfaktoren für Ihre persönliche Wirkung ........... 224
   Vom Start weg volle Präsenz ............................. 227
   Erobern Sie den Raum – vor Ihrer Rede ................... 229
   Lampenfieber: Es wird ernst .............................. 233
   So finden Sie aus einem Blackout ......................... 248

**Die Grenzen der Rhetorik oder: Wann Sie besser keine Rede halten** ........................................ 251

**Literatur** ................................................ 255
**Quellen** ................................................. 258
**Über den Autor** .......................................... 259
**Stichwortregister** ........................................ 261

# VORWORT

„Kann ich nicht", „Mag ich nicht", „Brauche ich nicht", „Werde ich nie lernen": Kaum einer der vielen Tausend Teilnehmer in unseren Seminaren, der nicht zumindest eine, zwei oder auch mehrere dieser Ausreden dafür hat, warum er nicht gern vor anderen spricht.

Doch ist das wirklich so schlimm? – Nun, wenn Sie Wert darauf legen, dass Ihre Botschaften ankommen, wenn Sie die Sprache als wirkungsvolles Kommunikationsinstrument nützen möchten und wenn Sie sich selbst rhetorisch gerne verbessern würden – ja! Denn diese Ausreden halten Sie davon ab, Ihr rhetorisches Potenzial zu nutzen.

Bitte überprüfen Sie also gleich zu Beginn, ob und welche dieser vier Ausreden auf Sie zutreffen – und dann werfen Sie diese über Bord!

### *Ausrede 1: Kann ich nicht*

Falls Sie dieser Meinung sind: Um Himmels willen, wer hat Ihnen denn das eingeredet? Lassen Sie mich raten – niemand, Sie sind selbst draufgekommen, richtig? Es gibt vielleicht Situationen, die Ihnen mehr liegen, das kann ich verstehen, aber Rhetorik ist insgesamt viel weniger eine Frage des Könnens als des Wollens. Und wenn wir Rhetorik als ein einfaches Kommunikationsmittel betrachten, mit welchem Sie mit Ihren Mitmenschen in Kontakt treten und Ihre Meinung äußern, dann können Sie es bereits, weil Sie es täglich tun.

### *Ausrede 2: Mag ich nicht*

Okay, damit sind Sie nicht allein. Gerade das Sprechen vor größeren Gruppen gehört ja zu den größten Ängsten der Menschen. Worüber Sie sich aber im Klaren sein müssen: Wenn Sie es nicht mögen, werden Ihre Zuhörer das merken und Sie werden diese niemals so erreichen, als wenn Sie diese Ausrede ad acta legen.

Sie müssen es nicht lieben und Sie brauchen auch keine sogenannte „Rampensau" zu werden. Aber in den Momenten, in denen Sie zu anderen Menschen sprechen, um etwas Wichtiges, Neues oder Spannendes zu sagen, müssen Sie die Menschen spüren lassen, dass Sie das in genau diesem Moment gerne und mit Überzeugung tun.

*Ausrede 3: Brauche ich nicht*
Das ist eine irrationale Annahme, denn in dem Moment, in dem Sie Rhetorik nicht mehr brauchen, sind Sie vermutlich nicht mehr am Leben.

Rhetorik wird oft nur im Zusammenhang mit großen Reden und Rednern erwähnt – Gandhi, Barack Obama oder Steve Jobs. Dabei wird übersehen, wie sehr die Rhetorik unser tägliches Leben bestimmt: Die Wirkung jeder verbalen Kommunikation hängt auch von der Rhetorik ab, von der Art und Weise, wie Sie Ihre Gedanken formulieren und Ihren Zuhörern – auch wenn es nur ein einziger Gesprächspartner ist – mitteilen.

Rhetorik brauchen Sie also täglich, und gut eingesetzt wird sie Ihnen sowohl Ihr Berufsleben als auch Ihr Privatleben erleichtern.

*Ausrede 4: Werde ich nie lernen*
Stellen Sie sich vor, Sie gehen in die Kraftkammer, wollen sich aber lieber nicht umkleiden, sich so wenig wie möglich bewegen und auf gar keinen Fall ins Schwitzen kommen.

Die Entscheidung liegt bei Ihnen.

Je öfter Sie etwas ausprobieren, je mehr Sie genau zuhören und lernen, wenn gute Rhetoriker sprechen, und je eher Sie glauben, dass Sie das eine oder andere rhetorische Mittel auch selbst einsetzen können, umso mehr Freude werden Sie daran haben.

## Ein Buch für Praktiker und solche, die es werden wollen

Ich verspreche Ihnen, ich werde Sie nicht mit den komplizierten lateinischen Namen von fünfzig rhetorischen Figuren, endlosen Passagen antiker Reden und tausendfach wiedergekäuten Zitaten der Weltgeschichte langweilen. Dieses Buch ist keine wissenschaftliche Abhandlung – obwohl vieles von dem, was Sie hier lesen werden, wissenschaftlich erforscht und erwiesen ist.

Die Anleitungen und Tipps entstammen meiner eigenen langjährigen Erfahrung als Manager, Trainer und Unternehmer und funktionieren garantiert. Darüber hinaus fließen die Erfahrungen von rund 50 Top-Experten aus sämtlichen Kommunikationsbereichen und über 40 000 Seminarteilnehmern und Seminarteilnehmerinnen ein.

Das Ergebnis ist ein praktischer Ratgeber über moderne und wirkungsvolle Rhetorik, der Ihnen sowohl im Beruf als auch im Privatleben gute und rasche Dienste leisten kann.

Bitte verstehen Sie die Inhalte des Buches als Anregungen und nicht als Gesetze. Wählen Sie das aus, was für Sie hilfreich ist. Passen Sie es an Ihren persönlichen Stil an, experimentieren Sie, testen Sie. Jeder Mensch ist anders, jeder Mensch kommuniziert anders. Wenn ich Ihnen dabei auch nur ein wenig zur Seite stehen kann, hat sich die Arbeit schon gelohnt.

*Happy speaking,*
*Martin Dall*

# Einleitung

# WAS IST GUTE RHETORIK?

1970, Los Angeles: Dr. Myron L. Fox hält an der University of Southern California einen Vortrag über *Die Anwendung der mathematischen Spieltheorie in der Ausbildung von Ärzten*. Im Auditorium sitzen Chefärzte der örtlichen Spitäler, allesamt international anerkannte Experten. Keiner hat jemals etwas von diesem Dr. Fox gehört. Aber das, was sie jetzt erleben, reißt sie regelrecht von ihren Sitzen. Ihre Beurteilung des Auftritts von Dr. Fox: Er sei ein exzellenter Psychiater, dessen Vortrag sie tief und nachhaltig zum Denken angeregt habe; sein Material sei perfekt strukturiert, seine Beispiele anschaulich und seine Aussagen gut verständlich.

Doch Dr. Fox war in Wahrheit gar kein Psychiater. Er hatte sich nie mit Mathematik oder Spieltheorie beschäftigt. Er war nicht einmal ein Doktor. Er war ein Schauspieler, der aus einem Fachartikel einen Vortrag, angereichert mit Floskeln, erfundenen Wörtern und widersprüchlichen Feststellungen, entwickelt und mit erfrischendem Humor dargebracht hatte.

Hinter diesem Live-Experiment standen die drei Psychologen John Ware, Donald Naftulin und Frank Donnelly. Sie wollten herausfinden, ob es möglich wäre, ein Publikum mit einem brillanten Vortrag dermaßen zu verführen, dass es den inhaltlichen Nonsens nicht bemerkt. Der Versuch wurde in den darauffolgenden Jahren mehrmals wiederholt, mit unterschiedlichen Themen, vor unterschiedlichem Publikum – und mit demselben Ergebnis. Damit haben die Psychologen ein Grundphänomen der mündlichen Kommunikation aufgezeigt:

Wenn eine Rede attraktiv ist, „liebt" das Publikum nicht nur den Redner, sondern den Inhalt seiner Rede gleich mit.

Das kritische Denken ist im Zuhörer für die Zeitdauer der Rede gleichsam abgeschaltet. Es meldet sich erst wieder, wenn die Emotion des Augenblicks verflogen und die Aura des Redners nicht mehr anwesend ist. Dieses Phänomen ist heute in der Psychologie unter dem Namen „Dr.-Fox-Effekt" bekannt. Und dieser tritt nicht nur bei Reden, sondern auch bei spontanen Wortmeldungen von Freunden, Kollegen oder Geschäftspartnern auf.

Ist „Dr. Fox" ein guter Rhetoriker? Ganz bestimmt, denn er hat sein Ziel erreicht und seinen Inhalt und damit seine Person dem Publikum schmackhaft gemacht – auch wenn er im Augenblick der Ernüchterung als Scharlatan entlarvt war und der Glanz der Rhetorik wieder abblätterte.

### *Gute Rhetorik verhilft Ideen zum Durchbruch*

Der australische Arzt Barry Marshall kann ein Lied davon singen. Als er 1983 auf einem internationalen Ärztekongress in Brüssel einen Vortrag hielt, hatte er mit einer sensationellen Neuigkeit aufzuwarten: Er hatte entdeckt, dass Magenentzündungen durch Bakterien verursacht werden und daher mit Antibiotika heilbar sind. Die Magenentzündung galt als schwer zu behandeln, weil man die Ursache auf psychische Vorgänge wie Stress zurückführte.

Barry Marshall lieferte eine einfache Lösung für ein fast unlösbares Problem, und Millionen Menschen hätten davon profitieren können. Doch warf sich der junge Arzt mit dem Missionseifer eines Menschen, der sicher ist, die Welt retten zu können, ins Vortragsgefecht. Dabei verhielt er sich so ungeschickt, dass er sich prompt eine blutige Nase holte. Wegen seiner „mangelnden Bescheidenheit" erlangte er Berühmtheit unter den Kollegen, die seine Thesen wegen Mangels an Beweismaterial unisono ablehnten.

Daraufhin startete Barry Marshall ein Experiment am eigenen Körper. Vor Zeugen schluckte er eine mit Bakterien versetzte Flüssigkeit, bekam eine Magenentzündung, nahm Antibiotika – und wurde gesund. Damit hatte er den Beweis für die Richtigkeit seiner Behauptung selbst geliefert. Marshalls Ruf war jedoch durch seinen missglückten Auftritt so beschädigt, dass es zehn Jahre dauerte, bis die von ihm empfohlene Therapie von den nationalen Gesundheitsämtern akzeptiert wurde. Und erst weitere zehn Jahre später, im Jahr 2005, erhielt er den verdienten Lohn für seine Entdeckung: den Nobelpreis für Medizin.

Was wäre passiert, wenn dieser Mann nicht nur mit einer guten Idee gesegnet gewesen wäre, sondern auch mit etwas rhetorischem Geschick? Wie anders wären sein Leben und das Leben unzähliger magenkranker Menschen in diesen zwanzig Jahren verlaufen!

War Barry Marshall ein guter Rhetoriker? Sicher nicht. Er hätte einen Inhalt mit Substanz gehabt. Sein Vortrag wäre eine wunderbare Gelegenheit gewesen, diese Substanz dem Publikum schmackhaft zu machen – doch er versagte.

Leider reicht auch der sensationellste Inhalt nicht von vornherein aus, um ein Publikum zu überzeugen. Der bloße Umstand, dass Sie selbst von einem Gedanken felsenfest überzeugt sind, ist in den Augen Ihres Publikums noch lange kein Beweis. Dieser Beweis wird erst durch die Kraft Ihrer Worte hergestellt. An den Beispielen von „Dr. Fox" und Dr. Marshall lernen wir:

Gute Rhetorik = inhaltliche Substanz + attraktive Verpackung

# WAS IST MODERNE RHETORIK?

Täglich buhlen bis zu 10 000 Informationen um unsere Aufmerksamkeit und fordern uns auf, Stellung zu nehmen, eine Meinung zu haben, Entscheidungen zu treffen. Allein die Nachrichtenagentur Reuters veröffentlicht bis zu 3,5 Millionen neue Geschichten jährlich. In unserer vernetzten Welt hat jeder Mensch in Sekundenschnelle Zugriff auf jede Idee, ganz gleich, wo in der Welt sie geboren wurde.

Die Menge an Information, die ein durchschnittliches menschliches Gehirn jeden Tag zu verarbeiten hat, wächst ins Unermessliche. Die Menschen sind konstant einem „Overload" ausgesetzt und haben das Bedürfnis, sich davor zu schützen. „Wir ertrinken in Information. Aber wir hungern nach Wissen", sagte dazu schon vor Jahren der amerikanische Zukunftsforscher John Naisbitt. Das bedeutet für Sie: Wenn Sie aufstehen und das Wort ergreifen, müssen Sie sich im Klaren sein, dass der Wettstreit der Ideen und Meinungen unübersichtlicher und schärfer geworden ist. Die Anforderungen des modernen Arbeitstages machen es notwendig, dass wichtige Informationen in immer kürzeren Zeittakten weitergegeben werden.

Als Ende des 19. Jahrhunderts in Paris die ersten Lichtspiele veranstaltet wurden, waren die Zuschauer im Kinosaal von der Geschwindigkeit der Bilder regelrecht „erschlagen". Dabei war damals die Technik des Schnitts noch gar nicht erfunden. Heutzutage wird bei vielen Filmen durchschnittlich alle zwei Sekunden ein Schnitt gesetzt, aber Sie werden sich dabei nicht überfordert fühlen, denn oft entsteht Spannung erst durch Tempo.

Dasselbe gilt für die Redekunst. Wenn Sie sich Beispiele herausragender Reden aus den 50er-, 60er- oder 70er-Jahren des vorigen Jahrhunderts ansehen, zum Beispiel von Konrad Adenauer oder Willy Brandt, wird Ihnen auffallen, dass diese Redner sich viel Zeit ließen und ihre Gedanken langsam entwickelten. Adenauer und Brandt waren rhetorische Spitzenkräfte ihrer Zeit, aber wenn wir ihre Reden mit unserem heutigen Empfinden von Tempo und Spannung betrachten, sind wir enttäuscht.

Moderne Rhetorik bedeutet, rasch auf den Punkt zu kommen.

Wenn Sie im Gegenteil dazu langatmig und kompliziert sprechen, kann die Information selbst noch so perfekt sein, das moderne Publikum wird sie als langweilig und damit unattraktiv empfinden.

# DIE RHETORISCHE KRAFTKAMMER

Wenn Sie abends mit einem guten Freund oder einer netten Bekannten essen gehen, werden Sie sich keinen besonderen Plan zurechtlegen, welche Themen Sie dort besprechen wollen und in welcher Form Sie das tun. Sie werden sich beim Reden Ihrem augenblicklichen Gefühl überlassen. „In privaten Gesprächen braucht es keinen Plan, und doch bleibt der Austausch immer rund, und es gibt einen Rückbezug", sagt der Psychologe Frank Farrelly.

Private Gespräche sind ein Ritual, bei dem sich die Gesprächspartner ihres Wohlwollens versichern und ihrer guten Beziehung vergewissern. Dabei sind auch Unzulänglichkeiten zulässig, solange beide Gesprächspartner deutlich machen, dass es ihnen gut geht. Sie können im Gespräch abschweifen oder sich verhaspeln, Sie werden das Wohlwollen Ihres Gegenübers nicht verlieren.

Im Berufsleben wird Ihnen nicht immer in diesem Maße Wohlwollen entgegengebracht. Manchmal ist sogar das Gegenteil der Fall: Ihre Zuhörer warten nur darauf, dass Sie sich eine sprachliche Blöße geben. Wenn Sie vor mehreren Leuten sprechen – bei einer kleinen Rede im Kollegenkreis, einer Präsentation vor dem Vorgesetzten oder bei einem spontanen Statement in einem wichtigen Meeting – und das, was Sie sagen, klingt nicht durchdacht und überzeugend, haben Sie ein Problem.

• • • • • • • • • • • • • • • • • • • • • • • • • • • • • • • • • • • • • • • • • • • • • • • • • •

Wenn Sie nicht in der Lage sind, Dinge auf den Punkt zu bringen, haben Sie rasch den Ruf des Schwaflers. Und wenn Sie Ihre Meinung nicht mit Selbstvertrauen und Überzeugung artikulieren können, sind Sie im „War of Talents" auf der Verliererseite.

• • • • • • • • • • • • • • • • • • • • • • • • • • • • • • • • • • • • • • • • • • • • • • • • • •

Die Art und Weise, wie Sie eine Idee, einen Gedanken aufbereiten, ist ausschlaggebend für Ihren Erfolg. Egal, in welcher Beziehung das Publikum am Anfang einer Rede zu Ihnen steht, am Ende muss es bereit sein, Ihren Ausführungen Glauben zu schenken. Viele meinen, das sei ausschließlich eine Frage des Talents und jemand, dem „das Reden" leichtfällt, habe es auch im Leben leichter. Nur der zweite Teil des Satzes stimmt. Denn gute und moderne Rhetorik ist sehr wohl erlernbar und auch mit Erfolg trainierbar.

In der *Rhetorischen Kraftkammer* finden Sie eine strukturierte und praxiserprobte Methode zur Optimierung Ihrer persönlichen Rhetorik. Anleitungen, Strukturen und Übungen helfen Ihnen dabei, Ihre Überzeugungskraft zu stärken, rasch auf den Punkt zu kommen und komplexe Themen einfach und präzise darzustellen. In vier Stationen werden Sie spannende Themenbereiche kennenlernen, von der Analyse Ihrer Zuhörer und deren Interessen bis hin zum spontanen Sprechen durch das „Sprechdenken" und zur Steigerung Ihrer persönlichen Präsenz. Wählen Sie aus, was für Sie hilfreich ist und wo Sie sich verbessern möchten und für Ihr Umfeld die höchste Wirkung erzielen können.

Das Besondere an der *Rhetorischen Kraftkammer*: Es geht dabei nicht nur um große Vorträge oder Keynotes. Gerade die spontane Situation im täglichen Umfeld stellt uns oft vor große Herausforderungen. In einem wichtigen Meeting unvorbereitet ein sinnvolles und überzeugendes Statement abzugeben, aus dem Stegreif vor einem Publikum eine komplexe Frage zu beantworten oder einen komplizierten Sachverhalt ad hoc einfach und nachvollziehbar zu erklären: Das ist die wahre Herausforderung der täglichen Rhetorik.

# Station 1: Publikumsorientierung

„Der Wurm muss dem Fisch schmecken, nicht dem Angler": Ihre Botschaften müssen nicht auf Sie selbst, sondern auf Ihr **Publikum** abgestimmt sein. Nicht Sie sind die wichtigste Person im Raum – Ihre Zuhörerinnen und Zuhörer sind es. Diese wollen spannende Neuigkeiten, interessante Fakten und **überzeugende Statements** hören. Sie wünschen sich logische Argumente, Hilfe bei Entscheidungen und Handlungen oder wollen gut unterhalten werden – und am besten alles gleichzeitig und in aller Kürze! In der ersten Station der *Rhetorischen Kraftkammer* werden wir uns daher intensiv damit befassen, wie Sie herausfinden, **was Ihre Zuhörer wollen**, wie Sie deren Bedürfnisse optimal erfüllen, um damit Ihre eigenen Ziele zu erreichen.

## ZWEI VERSCHIEDENE ZIELGRUPPEN – GLEICHER INHALT

2010, Yale University: Bill Clinton hält vor den graduierten Studenten die an amerikanischen Universitäten rituelle Promotionsrede. Blendend aufgelegt, vermittelt Clinton das Gefühl, er sei von einer langen Reise nach Hause zurückgekehrt – was kein Wunder ist, denn Clinton hat in Yale 1973 seinen Abschluss in Rechtswissenschaften gemacht. Hier hat er seine spätere Frau Hillary kennengelernt. Spricht er nun davon, dass es ihm vorkomme, als habe er erst gestern die Universität verlassen, kann man ihm das glauben.

Wenn Bill Clinton als Keynote Speaker eingeladen wird, tritt er meist als Vorsitzender der „William J. Clinton Foundation", die sich im Kampf gegen Krankheiten wie Aids oder Malaria engagiert, aufs Podium. Und auch an diesem Tag sind die Probleme auf der Welt, deren Bekämpfung sich seine Stiftung verschrieben hat, das Thema seiner Rede. Doch in den zehn Minuten, die dem Hauptteil seiner Rede vorangehen, beginnt er zunächst, mit dem Publikum freundlich zu scherzen.

*Ich bin nicht sicher, ob ich hier an einer Universität gelandet bin – und nicht in einer Modenschau!*

In Yale ist es Tradition, dass die Studenten an ihrem Promotionstag bunte, modische Hüte tragen, sodass man tatsächlich meinen könnte, man befinde sich eher beim Pferderennen in Ascot als beim feierlichen Abschluss an einer ehrwürdigen Universität. Clinton setzt seine Scherze fort:

*Wie kann sich jemand über die Zukunft des Landes Sorgen machen, wenn er weiß, dass sie in Ihren Händen liegt?*

Gelächter unter den Studenten. Und Clinton legt noch einmal nach: Es sei eine große Ehre, hier zu sprechen, denn in Yale habe er selbst die Grundlagen für seine eigene Laufbahn legen können. Er sei deshalb dankbar und habe sich lange überlegt, wie er zu seinem Publikum sprechen solle, damit es den meisten Gewinn davon habe. Am besten, so meint er, sei es, den jungen Leuten Mut zu machen, ihnen Vorfreude auf die Faszination der Welt und des Lebens zu vermitteln. Er gibt ein paar Beispiele: die Entwicklung des Internets und der digitalen Kommunikation, die Entschlüsselung der DNA. Aber, und jetzt kommt der wichtigste Punkt: Auch die Kehrseite ist wichtig. Auch die Probleme der Welt wollen gelöst werden, denn die Welt ist, bei aller Vernetzung, unsicher, sie ist ungerecht und nicht nachhaltig. An diesem Punkt ist er bei seinem eigentlichen Thema angelangt.

Bill Clinton hat sich bei dieser Rede als ein guter Schüler des Aristoteles und als ein blendender Rhetoriker erwiesen: Er hat sein Publikum dort abgeholt, wo es sich befand (nämlich beim Feiern). Er hat den Anlass klargestellt (Ich war auch einmal hier Student!) und sein Publikum auf den Inhalt eingestimmt (Die Welt ist faszinierend, aber man muss auch die Kehrseite sehen).

Drei Jahre zuvor, März 2007: Clinton tritt auf der TED-Konferenz in Monterey, Kalifornien, auf, einer Konferenz, die für einige Tage die besten Redner der Welt aus den Bereichen Technologie, Entertainment und Design an einem Ort versammelt. Clinton wird den Publikumspreis, den TED Prize, entgegennehmen, der als Auszeichnung einen Auftritt bei der TED-Konferenz vorsieht. Und bei diesem Auftritt darf der Preisträger einen besonderen „Wunsch an die Welt" äußern.

Auch hier spricht Clinton als Vorsitzender der „William J. Clinton Foundation". Auch hier geht es ihm darum, seine These von der Welt und die Grundlagen der Arbeit seiner Stiftung zu besprechen. Die Botschaften, die er dem Publikum mit auf den Weg geben will, sind in Monterey dieselben wie drei Jahre später in Yale. Aber diesmal sieht das Publikum einen ganz anderen Bill Clinton. Er startet beinahe ansatzlos in sein Thema:

*Ich dachte, wenn ich hier meinen „Wunsch an die Welt" äußere, beginne ich am besten damit, ins rechte Licht zu setzen, was ich tue – und wie das zu dem passt, was die Leute hier (Anm.: die Organisatoren der TED-Konferenz) tun. Wir leben in einer Welt, die, wie jeder weiß, vernetzt, aber mangelhaft ist, und zwar auf drei grundsätzliche Arten: Zuallererst einmal ist die Welt zutiefst ungerecht ...*

Clinton benötigt keinen langen Vorlauf. Nach 20 Sekunden ist er bei der Sache. Keine Scherze, keine Komplimente. Er beginnt ruhig, ernst, gesetzt, nachdenklich. Beinahe ein wenig verhalten, sodass man, stünde hier nicht Bill Clinton, fast eine rhetorische Schwäche vermuten könnte.

Und doch erfüllt er bei diesem Auftritt genauso die Anforderungen eines gekonnten Anfangs wie bei seiner Promotionsrede in Yale drei Jahre später. Er holt das Publikum dort ab, wo es sich befindet („Wir leben in einer Welt, die, wie jeder weiß, …"), er stellt den Anlass klar („… wenn ich hier meinen ‚Wunsch an die Welt' äußere …"), und er stimmt das Publikum auf seinen Inhalt ein („Wir leben in einer Welt, die vernetzt, aber mangelhaft ist, und zwar auf drei grundsätzliche Arten …").

Wir haben hier im Grunde genommen zwei Mal die gleiche Rede. Aber wir haben auch zwei diametral verschiedene Arten, in das Thema zu starten, zwei unterschiedliche Arten der Gestaltung des Beginns: In Yale zielte der Redner Clinton auf die Emotion, auf der TED-Konferenz auf das Denken des Publikums. Er holte es also jeweils genau dort ab, wo es gerade war.

# DIE DREI GRUNDMOTIVE FÜR GELUNGENE REDEN

Wenn Sie Ihrem Publikum scherzhaft begegnen, sich mit ihm verbünden und ihm Seiten des Lebens aufzeigen, die ihm angenehm sind, dann zielen Sie auf dessen Herz und versuchen es emotional zu gewinnen. Wenn Sie das Publikum jedoch bei der Vernunft packen und zum Mitdenken auffordern, dann zielen Sie darauf ab, es über die Schlüssigkeit Ihrer Argumente und die Plausibilität Ihrer Erklärungen zu gewinnen. Woher aber wissen Sie, welche Variante besser zu welcher Situation passt?

Studien haben gezeigt, dass Zuhörer bei Reden von drei verschiedenen Bedürfnissen beeinflusst werden:

→ vom Bedürfnis, den Argumenten und Fakten auf den Grund zu gehen und ihre Richtigkeit zu kontrollieren;
→ vom Bedürfnis, Entscheidungen zu treffen und Handlungen zu setzen;
→ vom Bedürfnis, sich zu unterhalten, zu amüsieren oder mit dem Redner oder der Rednerin eine spannende Zeit zu verbringen.

Eine Rede verfolgt primär also immer eines oder mehrere dieser drei Grundmotive:

→ **Information:** Sie klärt über einen Sachverhalt auf, sie berät das Publikum über einen wichtigen, relevanten Inhalt. Sie gibt ihm Sicherheit zu bestimmten Fakten, die sein Leben beeinflussen können.
→ **Überzeugung:** Sie dient als Hilfe bzw. Aufforderung, eine bestimmte Entscheidung zu treffen, inspiriert das Publikum dazu, eine bestimmte Geisteshaltung einzunehmen, oder motiviert es, eine bestimmte Handlung zu setzen.
→ **Unterhaltung:** Sie setzt Effekte und verpackt Botschaften, um Themen attraktiver zu machen, um dem Publikum eine angenehme Zeit zu bereiten und Inhalte leichter „verdaubar" zu gestalten.

Achtung: *Ein* erfülltes Grundmotiv allein ist für eine gute Rede zu wenig, Sie müssen mindestens zwei, noch besser aber alle drei Grundmotive in Ihrer Rede ansprechen.

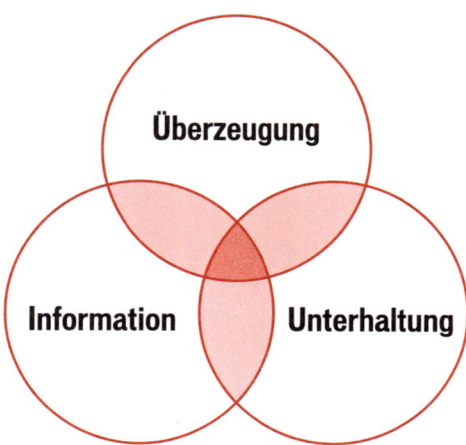

Clintons Rede bei der TED-Konferenz war zum Teil als Information gedacht, also als Aufklärung des Publikums über die Arbeit der „William J. Clinton Foundation" bzw. der Grundsätze, die sie verfolgt. Doch wollte Clinton selbstverständlich auch um finanzielle und ehrenamtliche Unterstützung werben. Insofern diente die Rede auch der Überzeugung.

Seine Promotionsrede in Yale klang zunächst nach Unterhaltung. Aber man merkt dieser Rede Clintons auch ganz deutlich an, dass es ihm ein großes Anliegen war, den Absolventen der Universität ein paar wertvolle Gedanken mit auf ihren Lebensweg zu geben und sie zu motivieren. Insofern hat Clinton diese Rede auch als Information und Überzeugung angelegt.

## Entscheiden Sie sich für ein klares Hauptmotiv

Ich empfehle Ihnen, ein klares Hauptmotiv zu definieren, das durch ein oder zwei weitere Motive ergänzt werden kann. Wenn Sie also darüber nachdenken, wie Sie Ihre Rede eröffnen, denken Sie zunächst immer über Ihr Hauptmotiv nach.

→ Wollen Sie mit Ihrer Rede Ihr Publikum informieren?
→ Wollen Sie Ihr Publikum von etwas Bestimmtem überzeugen?
→ Wollen Sie Ihr Publikum unterhalten?

Beziehungsweise: Was verlangt der (vorgegebene) Anlass von Ihnen?

→ Dient Ihre Rede der Information, der Überzeugung oder der Unterhaltung?

Wenn Sie diese Entscheidung getroffen haben, können Sie wesentlich besser einschätzen, wie Sie Ihr Motiv am ehesten erreichen können, ob Ihnen eher die Sachlichkeit oder die Emotion helfen wird. Welches Mittel wird bei dem Publikum, das Sie erwarten, am ehesten hilfreich sein?

# DER VIERFACH-ZIELGRUPPENCHECK

Stellen Sie sich vor, Sie wären Anfang 2010 auf einer Automesse ans Rednerpult getreten und hätten über Autos, zum Beispiel Toyota, gesprochen. Sie mussten damals damit rechnen, dass Ihr Publikum das Problem mit dem klemmenden Gaspedal im Kopf hatte, das in amerikanischen Modellen aufgetreten war, und dass es sich dazu eine Meinung gebildet hatte. Sie mussten damit rechnen, dass es den CEO Akio Toyoda vor Augen hat, der sich – als Japaner! – mit tragisch-verweinter Miene vor dem amerikanischen Kongress entschuldigte.

Dieses krasse Beispiel zeigt Ihnen, welche Lawine an inneren Gedanken und Emotionen bei der Nennung eines Namens – in diesem Fall „Toyota" – losgetreten werden kann. Selbiges passiert auch in Ihrem Alltag. Die folgenden Titel von Reden habe ich wahllos aus einem der letzten Programme des Forums Alpbach herausgegriffen:

*Unternehmensfinanzierung der Zukunft – Basel III und die Folgen*
*Wissenschaft und Forschung – Helfer oder Opfer der Krise?*
*Zukunft: Lebensqualität zwischen Arbeit und Wirtschaft*

Woran denken Sie bei diesen Vortragstiteln, was könnte das Ziel des Redners sein? „Werden die Banken jetzt an Firmen noch weniger Kredite vergeben?" – „Helfen uns Wirtschaftsforscher dabei, die Krise zu bewältigen, oder tragen sie selbst zur Verschärfung bei?" – „Werden wir in Zukunft mehr arbeiten müssen?" Solche oder ähnliche Assoziationen könnte man haben, wenn man diese Überschriften liest. Jeder Mensch, dessen Leben in irgendeiner Form von einer Krise betroffen ist, wird sich seinen Reim auf die möglichen Inhalte machen, ohne dass auch nur ein Wort dazu gesprochen worden ist.

### Prüfen Sie, ob Ihr Thema zum Publikum passt

Sicher ist: In Ihrer gesamten rhetorischen Laufbahn werden Sie niemals zu einem unvoreingenommenen Publikum sprechen. Ein Zuhörer, der im Auditorium sitzt wie ein leeres Blatt Papier, das Sie nach Belieben vollschreiben können, ist eine Wunschvorstellung, die nicht in Erfüllung gehen wird. Beschäftigen Sie sich daher rechtzeitig mit Ihrem Publikum und dessen Interessen. Denn sobald ein Inhalt, ein Thema, ein Begriff im Raum steht, wird in den Menschen, die Ihre Zuhörer sein werden, eine Assoziationsmaschine angeknipst, die eine Flut von Gedanken und Emotionen auslösen kann. Und diese Emotionen, die natürlich nicht immer negativ sein müssen, müssen Sie sowohl in Ihrem Zielgruppencheck als auch später in Ihrer Rede berücksichtigen.

Aus welcher Berufsgruppe stammt Ihr Publikum? Aus welcher Abteilung? Aus welchem Lebensbereich? Gibt es gemeinsame Meinungen, Interessen, Erfahrungen, Erwartungen, die diese Gruppe miteinander teilt? Die Antworten auf diese Fragen sind wichtig und wertvoll für Sie. Versetzen Sie sich daher in die Lebenswelt Ihres Publikums, um „lebensechte" Antworten zu finden.

Fertigen Sie einen Steckbrief Ihres Zielpublikums an, der möglichst genau die innere Haltung beschreibt, die es zur Rede mitbringen wird. Diese Vorbereitung ist auch wichtig, falls Sie im Anschluss an Ihre Rede eine Fragerunde planen (siehe „Interaktion mit dem Publikum: Die Fragerunde" in „Station 3").

Die erste Frage, die Sie sich bei der Analyse Ihrer Zielgruppe stellen:

➜ Besteht mein Publikum aus nur einer Interessensgruppe, ist es homogen?
➜ Besteht mein Publikum aus mehreren Interessensgruppen, ist es inhomogen?

Im ersten Fall stellen Sie sich am besten einen konkreten Vertreter dieser einen Interessensgruppe vor. Manchmal werden Sie in der glücklichen Lage sein, einen solchen Menschen zu kennen. Ist dies nicht der Fall, dann stellen Sie sich einen Menschen vor, der als sinnvolles Beispiel für diese Interessensgruppe stehen kann. Gibt es einen Entscheidungsträger, dann konzentrieren Sie sich auf diesen. Im zweiten Fall fertigen Sie für jede Interessensgruppe eine eigene Analyse an und bilden dann daraus eine sinnvolle Schnittmenge von Vertretern dieser Interessensgruppen. Teilen Sie dann die Informationen, die Sie über Ihre Zielgruppe sammeln, in vier Kategorien.

### Check 1: Wissen
Was weiß Ihr Publikum über Ihr Thema? Ist Ihr Inhalt komplett unbekannt, müssen Sie von Grund auf informieren? Oder weiß das Publikum vielleicht mehr zum Thema als Sie selbst? Was genau könnte es schon vorab wissen? Was weiß das Publikum zu Ihrer Person als Redner bzw., wenn Sie als Vertreter Ihres Unternehmens sprechen, zu Ihrer Firma?

### Check 2: Meinung
Was denkt Ihr Publikum über Ihren Inhalt? Welche positiven Gedanken dazu hegt es, welche negativen? Welche Interessen hat Ihr Publikum grundsätzlich in Bezug auf das Thema, über das Sie sprechen? Welche Meinung könnte es über Sie selbst, über Ihr Unternehmen haben?

Zum Beispiel: „Das Projekt, das Sie uns hier vorstellen, passt sehr gut zu uns, es ist gut durchdacht und geplant – ich habe bloß in diesem Jahr kein Budget mehr dafür."

### Check 3: Erfahrung
Meinungen sind Ergebnisse eines intellektuellen oder emotionalen Prozesses, Erfahrungen sind Ergebnisse des gelebten Lebens, sie gehen also tiefer als Meinungen. Hat ein Kind sich an der heißen Herdplatte die Finger verbrannt, so ist dieses Erlebnis eine Erfahrung, die eine viel stärkere Wirkung im Leben dieses Menschen haben wird als jedes „Greif ja nicht auf die heiße Herdplatte!" der Eltern.

Gibt es eine besondere Erfahrung im Publikum, die gegen Ihren Inhalt spricht? Dazu zählen auch ganz allgemeine Glaubenssätze, die nicht reflektiert sind, zum Beispiel: „Bei uns funktioniert das so nicht." – „Bis jetzt sind wir auch immer ohne Beratung klargekommen!" – „Lobbying ist grundsätzlich eine böse Sache!"

### Check 4: Erwartung
Hat Ihr Publikum eine ganz besondere Erwartung an Sie und Ihre Rede? Wünscht es sich zum Beispiel eine besondere Expertenmeinung? Besondere Grundlagen für eine wichtige Entscheidung? Gibt es einen Grund, warum man gerade Sie als Vertreter Ihrer Firma als Redner ausgesucht hat?

Sobald also der Termin für Ihre Rede und somit das Thema und der Inhalt festgelegt sind, wird jeder Zuhörer seine eigenen Erwartungen damit verknüpfen.

Beantworten Sie unter dem Feld „Erwartung" die Frage: Was erhofft sich Ihr Publikum? Von Ihrem Thema? Von Ihnen selbst? Von Ihrer Firma?

Der Zielgruppencheck

|  | **Thema** | **Person** | **Firma** |
|---|---|---|---|
| **1. Wissen** |  |  |  |
| **2. Meinung** |  |  |  |
| **3. Erfahrung** |  |  |  |
| **4. Erwartung** |  |  |  |

*Formulieren Sie die Haltung des Publikums in einem Satz*
Wenn Sie den Zielgruppencheck ausfüllen, werden Sie vielleicht nicht für jedes Feld eine aussagekräftige Antwort finden. Wichtig für Sie ist trotzdem, dass Sie mit diesem Werkzeug wie mit einem Detektor neuralgische Punkte suchen und aufspüren.

Sobald Sie Ihre Antworten gefunden haben, führen Sie diese in ein Statement zusammen, das die innere Haltung Ihres Publikums in einem einzigen Satz beschreibt.

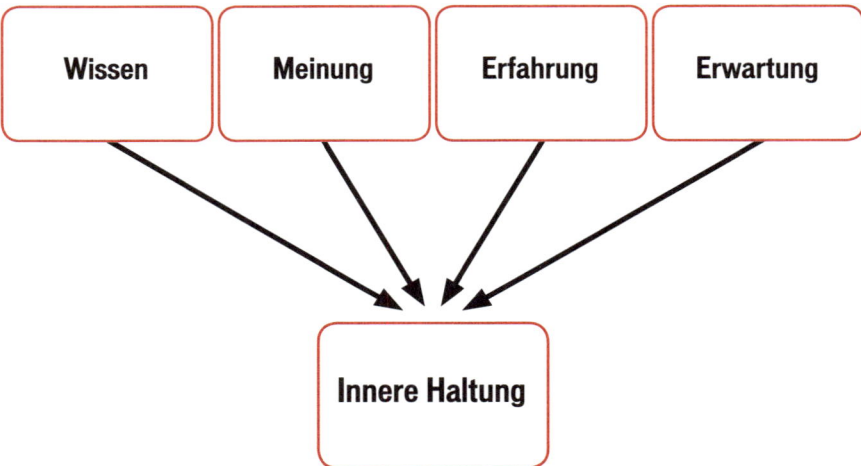

Weiter unten finden Sie dazu ein praktisches Beispiel eines höchst prominenten Redners. Beschäftigen wir uns aber vorher noch detaillierter mit dem Ziel.

# MIT DEM PUBLIKUM VON PUNKT A ZU PUNKT B

Obwohl wir uns hier mit moderner Rhetorik beschäftigen, greifen wir doch manchmal auf einen alten Bekannten und Großmeister der Rhetorik zurück: Bereits Aristoteles hat ein Überzeugungsmittel definiert, das bis heute uneingeschränkt gültig ist: Pathos, der „emotionale Appell". Damit meint er die bewusste Bezugnahme auf die Gefühlslage des Publikums. Der Redner nimmt nicht sich selbst mit seinen eigenen Vernunft- und Beweggründen als Nabel der Welt an, sondern macht innerlich einen Schritt zurück, um sich einen Überblick zu verschaffen: Mit welchen Wünschen kommt mein Publikum zur Rede? Mit welchen Hoffnungen? Welche Bedenken oder Ängste trägt es mit sich herum? Welche Vorbehalte oder Vorurteile hegt es?

Eine Rede nach diesem Prinzip zu gestalten bedeutet, dass Sie Ihr Publikum dort abholen, wo es sich augenblicklich befindet, um es an der Hand zu nehmen und „zum Schatz" zu führen, zu der besonderen Erkenntnis, Meinung oder Überzeugung, die Ihnen am Herzen liegt. Mathematisch ausgedrückt heißt das:

••••••••••••••••••••••••••••••••••••••••••••••••

Führen Sie Ihr Publikum mit Ihren Worten von einem Punkt A auf möglichst gerader Linie zu Punkt B.

••••••••••••••••••••••••••••••••••••••••••••••••

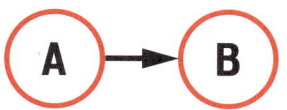

### *Punkt A – Ausgangssituation*

Der Punkt A ist die Ausgangssituation, die innere Haltung, mit der Ihr Publikum den Raum betritt, in dem Sie Ihre Rede halten werden. Denken Sie an Ihre Erfahrungen als Zuhörer oder Zuseherin bei einer Rede: In welcher Stimmung waren Sie? Kamen Sie freiwillig oder widerwillig? Wie viel wussten Sie von dem, was Sie vom Redner zu erwarten hatten? Waren Sie komplett uninformiert? Oder waren Sie selbst Sachverständiger oder Expertin zum Thema? Welche Meinung hatten Sie über den Redner oder die Rednerin? All diese Dinge sind Bestandteile der inneren Haltung eines Publikums.

*Punkt B – Ziel*
Der Punkt B ist das Ziel, auf das Sie zusteuern, Ihr eigenes Interesse als Redner, die Antwort auf die Frage: Was möchte ich persönlich mit meiner Rede erreichen? Das kann ein besonderer Gedanke sein, von dem Sie Ihr Publikum überzeugen wollen, oder eine besondere Information, die Ihr Publikum verstehen und weitergeben soll, oder die Darstellung einer besonderen Leistung, die es würdigen soll, oder eine Entscheidung, die nach der Rede von einem Entscheidungsträger getroffen werden soll.

## Finden Sie den gemeinsamen Nenner

Ein hervorragendes Beispiel für einen erfolgreich absolvierten Weg von Punkt A zu Punkt B ist die Vortragsreihe *Eine unbequeme Wahrheit* von Al Gore, deren Verfilmung 2007 den Oscar für den besten Dokumentarfilm erhielt.
    Der Begriff Klimawandel ist heutzutage in aller Munde. Die Welt spricht vom Ausstieg aus dem Öl, von Windparks, „Green Jobs" und energieeffizienten Häusern. Das war aber nicht immer so. Im Jahr 2006, als Al Gore mit seinen Vorträgen begann, war das Thema und das dahinterstehende Problem die Angelegenheit von einigen wenigen Experten. Das Problem innerhalb kürzester Zeit nachhaltig in das Bewusstsein der Weltöffentlichkeit geholt zu haben, ist die Leistung von Al Gore.
    Was an dem Beispiel sofort ins Auge fällt: Punkt A und Punkt B waren zum Zeitpunkt des Vortrags sehr weit voneinander entfernt.

Punkt A:

*Wir kennen das Problem nicht und es interessiert uns auch nicht.*

Punkt B:

*Das Klima der Erde verändert sich, und der Einfluss der Menschheit darauf ist wahrscheinlich. Es ist die Pflicht eines jeden Menschen, sich darum zu bemühen, dass der Energie- und Warenverbrauch reduziert wird – ohne dabei die Lebensqualität zu beeinträchtigen.*

Wenn Al Gore sich in dieser Situation darauf beschränkt hätte, nur von seinen eigenen Anliegen zu sprechen, hätte er mit Sicherheit keine Überzeugung oder Motivation in seinem Publikum herbeigeführt. Stattdessen stellte er sich in der Vorbereitung die Frage: „Wie muss ich mit einem Publikum sprechen, das von meinem Thema kaum eine Ahnung hat und das sich auch nicht freuen wird, meine Meinung zu hören?"

Sehen wir uns an, wie Al Gore die innere Haltung seines Publikums definiert haben könnte:

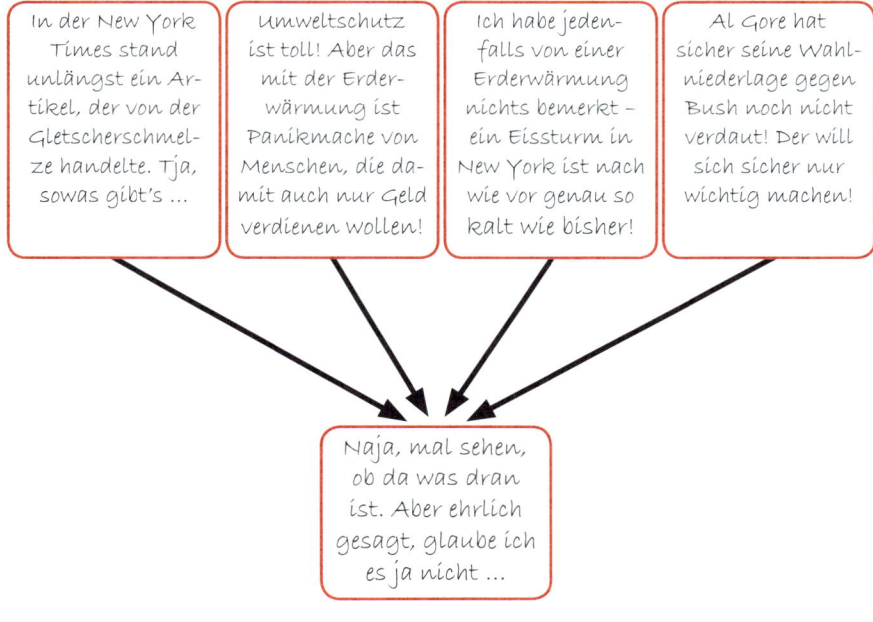

Stellen Sie sich in der Vorbereitung stets folgende Grundfrage:

●●●●●●●●●●●●●●●●●●●●●●●●●●●●●●●●●●●●●●●●●●●●●●●●●●●

Welche Informationen muss ich meinem Publikum zu Beginn geben, damit es mich ernst nimmt und mir unvoreingenommen zuhört?

●●●●●●●●●●●●●●●●●●●●●●●●●●●●●●●●●●●●●●●●●●●●●●●●●●●

Wie hat Al Gore diese Herausforderung gelöst? Er begann seinen Vortrag damit, dass er seinem Publikum ein besonderes Bild zeigte: das erste Foto der Erde, das 1968 vom Weltraum aus geschossen worden war. Die meisten Menschen kennen heute dieses Foto, denn es ist in jedem Schulbuch zu finden: Es heißt „Erdaufgang" und zeigt die halb von der Sonne beleuchtete Erde, die hinter dem Mond aufgeht. Dieses Bild hat das Bewusstsein der Menschen verändert, indem es unseren Planeten aus einem neuen Blickwinkel zeigte: Zum ersten Mal sah man die Erde als kleine Kugel inmitten des riesigen, schwarzen Weltraums. Und es entstand das Gefühl, diese Kugel müsse unter allen Umständen beschützt werden. – Keine zwei Jahre nach der Veröffentlichung des Fotos entstand die erste Umweltschutzbewegung der Welt.

Das Ziel dieses Einstiegs: Um ein Problem zu kommunizieren, müssen Sie zuerst einen gemeinsamen Nenner schaffen und erreichen, dass Ihr Publikum das Thema mit denselben Augen betrachtet wie Sie selbst. Also sprechen Sie zunächst von Dingen, die ganz sicher die Zustimmung des Publikums finden. In diesem Fall: Die Erde ist ein schützenswertes Gut. Von dieser gemeinsamen Basis, dem Punkt A, entwickeln Sie dann Ihren eigenen Standpunkt und das Ziel Ihres Vortrags, den Punkt B. Mit dieser Methode laden Sie Ihr Publikum ein, Ihnen auf eine Reise durch Ihre Gedanken zu folgen, mit dem klaren Ziel, am Ende der Reise Ihre Botschaft zu senden: „Wir haben ein Problem, und wir müssen etwas tun."

Von Punkt A zu Punkt B heißt, zu Beginn den gemeinsamen Nenner mit dem Publikum herzustellen, um es dann zum eigenen Ziel zu führen. Dazu müssen Sie zunächst die beiden Eckpunkte kennen:

➡ Wo steht Ihr Publikum jetzt – was ist der Punkt A?
➡ Wo wollen Sie mit Ihrem Publikum hin – was ist der Punkt B?

## Auf dem Weg zum Punkt B: Die Zielformulierung

Eine Argumentation, eine Rede oder eine Meinungsäußerung ist dann schlüssig, wenn sie ohne grundlose Umwege möglichst effektiv auf ein Ziel zusteuert. In der Rhetorik nennen wir das „Stringenz". Diese Stringenz erreichen Sie, indem Sie sich in der Vorbereitung folgende Frage stellen:

••••••••••••••••••••••••••••••••••••••••••••••••••••

Was soll das Publikum nach meiner Rede wissen, denken oder tun?

••••••••••••••••••••••••••••••••••••••••••••••••••••

An dieser Stelle höre ich von Klienten meist den Einwand, dass es ja „nur" um ein paar Informationen geht und nachher nichts Großartiges geschehen soll. Wohl als Selbstschutz und um die Latte für sich selbst gleich entsprechend tiefer zu legen. Zum Beispiel sollen die Studenten am Ende der Vorlesung wissen, was der Unterrichtsstoff war; wenn die Controllingsitzung zu Ende ist, muss der Vorstand über die wichtigsten Kennzahlen des letzten Monats Bescheid wissen; wenn Steve Jobs seine Keynote beendet hatte, mussten die Konsumenten wissen, was das Besondere am neuen iPad ist. – Das ist grundsätzlich richtig. Aber hätte da nicht ein Dokument gereicht? Geht es wirklich nur um Information?

*Nur Information ist für eine Rede zu wenig*
Seit den Anfängen der Redekunst im Athen des 5. Jahrhunderts hat man die pure Informationsvermittlung nie als ausschließliches Ziel einer Rede definiert. Aus gutem Grund. Eine Rede, die nur die Information zum Ziel hat, ist keine Rede, sondern ein Bericht. Ein Bericht hat andere Aufgaben als eine Rede: Er vermittelt möglichst sachlich und objektiv alle relevanten Informationen. Eine Rede jedoch vermittelt Überzeugungen oder Motivationen, und dementsprechend stark tritt der Mensch mit seiner persönlichen Wertung und seiner Emotion in Erscheinung. Die Rede geht also über die pure Informationsvermittlung hinaus.

Erinnern Sie sich an die drei Grundmotive: Information allein ist nicht ausreichend für eine gute und moderne Rede, dazu bedarf es mindestens der

Kombination von zweien oder überhaupt aller drei Grundmotive – Information, Überzeugung, Unterhaltung.

Ihr Redeziel, also Ihr Punkt B, muss sich also darauf beziehen, was Ihr Publikum nachher wissen, tun, umsetzen oder weitererzählen soll. Formulieren Sie Ihre Ziele aber bitte nicht aus Ihrer Warte als Redner, sondern aus der Warte Ihres Publikums, zum Beispiel:

*Punkt B: Meine Zuhörer stimmen der Investition X am Ende des Meetings zu.*

Damit können Sie kontrollieren, ob Sie mit Ihrer Rede Erfolg hatten. Wenn Ihre Zuhörer nach Ihrer Rede ihre Zustimmung zur Investition X erteilen, dann haben Sie Ihr Ziel erreicht.

*Formulieren Sie ambitionierte, aber realistische Ziele*
Die Wirkung Ihrer Rede lässt sich also nur dann überprüfen, wenn zuvor Ziele formuliert wurden, die man in konkretem Wissen, Verhalten, einer Überzeugung oder einem konkreten Handeln des Publikums kontrollieren kann. Das oben genannte Ziel wäre zum Beispiel dann unrealistisch, wenn Sie diese Rede vor Menschen halten, die zu einer derartigen Entscheidung gar nicht befugt sind oder deren Budgetrahmen durch diese Entscheidung gesprengt würde. In diesem Fall könnten Sie Ihre Rede noch so gut aufbauen und vortragen, Sie würden mit Sicherheit scheitern.

Ziele sind keine Träume, Wünsche oder Hoffnungen, sie müssen realistisch erreichbar sein. Wenn Sie ein Ziel formulieren, denken Sie nicht nur an Ihre eigenen Wünsche, sondern denken Sie ganz pragmatisch auch an das, was in der konkreten Redesituation bei dem Publikum, das Sie vor sich haben, *möglich* ist.

# AKTIVIEREN SIE IHRE ZUHÖRER - PERMANENT!

*Nützen Sie die natürliche Aufmerksamkeitskurve*
Im Gegensatz zur spontanen Wortmeldung haben Sie bei einer geplanten Rede die Aufmerksamkeit Ihres Publikums zu Beginn „gratis". Das liegt daran, dass die Neugier und die Erwartungshaltung, die jeder Mensch zum Ereignis mitbringt, zu Beginn am größten sind. „Wird es so interessant, wie ich hoffe?", sagt sich Ihr Publikum vielleicht innerlich zu Beginn Ihrer Rede oder „Schön, etwas Neues zu hören!". Die Amerikaner nennen diesen Moment den „Honeymoon", also die Hochzeitsnacht und den Beginn der Flitterwochen des Redners mit seinem Publikum. Ein guter Vergleich, denn wie ein junges Ehepaar können Sie diesen Moment eigentlich nur selbst verderben.

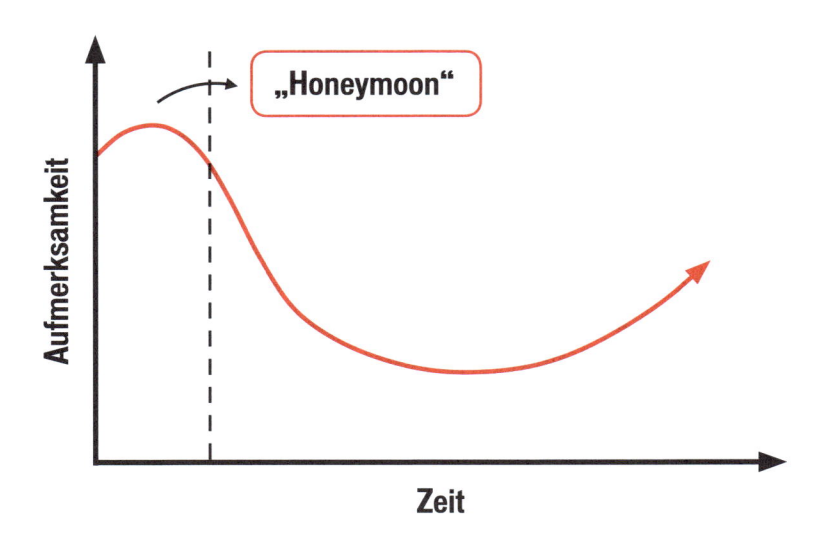

Aber auch wenn jemand grundsätzlich mit keinen besonderen Erwartungen zu Ihrer Rede gekommen ist, spricht das nicht gegen Sie. Seine Aufmerksamkeit wird zu Beginn Ihrer Rede am höchsten sein, dann einige Minuten lang auf diesem Niveau bleiben, bevor sie allmählich durch natürliche Ermüdung absinkt. Erst am Ende steigt die Aufmerksamkeit wieder an. Auch das ist ein ganz natürlicher Vorgang, der darauf beruht, dass das Publikum spätestens am Ende Ihrer Rede neugierig sein wird, ob sich das, was es insgeheim erwartet hat, erfüllen wird oder nicht.

• • • • • • • • • • • • • • • • • • • • • • • • • • • • • • • • • • • • • • • • • • • • • • • • •

Bringen Sie Ihre wichtigsten Botschaften dann, wenn das Publikum am aufmerksamsten ist, also zu Beginn und am Schluss einer Rede oder nach einer erfolgten Aktivierung.

• • • • • • • • • • • • • • • • • • • • • • • • • • • • • • • • • • • • • • • • • • • • • • • • •

Wenn Sie Ihre Rede mit jeweils einem starken Start und Finale aufbauen (wie Sie das machen, erfahren Sie in „Station 2: Story und Struktur"), haben Sie in dieser Hinsicht schon ein gutes Stück Arbeit geleistet. Wenn Sie länger sprechen, wird das allerdings zu wenig sein, Sie müssen Ihre Zuhörer zusätzlich motivieren.

### *Fangen Sie die Stimmung Ihres Publikums ein*

Das Leben wird Ihnen nicht immer Vorschusslorbeeren zuspielen. Ihr Publikum kann auch von vornherein unruhig, launisch, reserviert oder unaufmerksam sein. Versuchen Sie, die Stimmung wahrzunehmen, seien Sie aufmerksam, beobachten Sie die Menschen. Fangen Sie einzelne Blicke ein: Schauen die Menschen im Raum Sie erwartungsvoll an? Blicken sie reserviert? Sitzen sie entspannt oder unruhig? Lächeln sie? Schauen sie auf die Uhr?

Schließen Sie dabei aber nicht von einem Herrn, der vielleicht gelangweilt dreinschaut, auf das gesamte Auditorium. Oder von einer Dame, die munter und neugierig lächelt, auf alle anderen im Saal. Lassen Sie die Stimmung im ganzen Raum neutral und ohne vorschnell zu interpretieren auf sich wirken.

Damit stellen Sie Ihre grundsätzliche Ausgangssituation fest:

→ **Habe ich ein angenehmes, interessiertes Publikum?** Dann können Sie sich voller Zuversicht auf Ihre Aufgabe stürzen: auf Ihre Inhalte und darauf, wie Sie sie diesen Menschen am besten vermitteln.

→ **Habe ich ein schwieriges Publikum vor mir?** Dann müssen Sie sich darauf einstellen, unter Umständen besondere Maßnahmen zu ergreifen. Welche das sein können, erfahren Sie im nächsten Abschnitt.

## Ihr Inhalt muss zum Publikum UND zur Situation passen

Ein Teilnehmer der *Rhetorischen Kraftkammer* hielt im Seminar eine Rede über ein Medikament, welches er häufig verschrieb. Das Feedback der anderen Teilnehmer war exzellent, der Vortrag wurde in höchsten Tönen gelobt. Der Arzt selbst war über diese Reaktion allerdings sichtlich verwundert. Um uns über seine Irritation aufzuklären, erzählte er die Entstehungsgeschichte der Rede:

Der Arzt wurde von einem Produktmanager eines Pharma-Unternehmens gebeten, bei einem Teammeeting seiner Außendienstmitarbeiter einen Vortrag über das Medikament zu halten, das von diesem Team vertrieben wurde. Da er mit der Wirkweise des Medikaments äußerst zufrieden war, sagte er gerne zu. Er bereitete sich umfassend vor und freute sich auf den Auftritt.

Am Tag des Vortrags fuhr er zum Veranstaltungsort. Er hatte ein Kongresszentrum erwartet, doch es handelte sich um eine Autobahnraststätte. Aber es gab keinen Zweifel: Der Vortrag fand dort in einem Seminarraum statt. Unverdrossen und pünktlich zum vereinbarten Beginn seines Vortrags um 19.00 Uhr kam er an. Doch die Tagesordnung hatte sich verzögert, die anwesenden Pharmareferenten waren in hitzige Diskussionen verstrickt. Thema: das Medikament, über das er später sprechen sollte. Die Absatzzahlen waren gesunken, weil viele Ärzte das Produkt ablehnten, und die Teilnehmer waren äußerst unzufrieden.

Der gute Mann wartete und wartete. Zwei Stunden später öffnete sich endlich die Tür und man bat ihn zu seinem Vortrag. Aufgrund der fortgeschrittenen Zeit und „um die Sache endlich fertigzukriegen", wollte man keine Pause machen. Die Anwesenden hatten seit der Mittagspause nichts gegessen.

Da stand der Arzt nun vor seinem Publikum. Es war müde. Es war hungrig. Es wollte eigentlich nach Hause. Und vor allem: Es hasste das Thema des Vortrags und beäugte den Redner argwöhnisch.

„Was soll ich sagen?", schloss der Arzt seine Erzählung, „mein Vortrag war ein Desaster. Dabei war es großteils Wort für Wort derselbe, den ich gerade gehalten habe."

### *Sie sind für den Inhalt und das Publikum verantwortlich*

Sie können also die beste Rede der Welt vorbereitet haben – wenn bei Ihrem Auftritt das Publikum partout nicht mitspielen will, sind Sie verloren, und das Ergebnis wird nicht befriedigend sein. Es gibt keinen Automatismus, der bewirken würde, dass ein spannender Vortrag automatisch ein gebannt lauschendes Publikum zur Folge hat.

Eine Rede ist nicht nur eine „technische" Übermittlung von Information, sie ist vor allem auch eine Form der Kommunikation. Kommunikationswissenschaftler haben umfassend gezeigt, dass zwischen dem Sender und dem Empfänger der Nachricht immer zwei Ebenen gleichzeitig bedient werden:

➜ die Inhalts- oder Sachebene
➜ die Beziehungsebene

Wir Menschen kommunizieren immer auf beiden Ebenen gleichzeitig: Auf der Inhaltsebene werden Daten, Zahlen und Fakten ausgetauscht, auf der Beziehungsebene zur gleichen Zeit Emotionen vermittelt, die darüber Aufschluss geben, in welchem Verhältnis die beiden Kommunikationspartner zueinander stehen wollen. Es gilt der wichtige Grundsatz:

••••••••••••••••••••••••••••••••••••••••••••

Information kann nur dann frei fließen, wenn die Kommunikationspartner positive oder zumindest neutrale Gefühle füreinander haben. Ist die Beziehungsebene gestört, wird automatisch auch die Sachebene beschädigt.

••••••••••••••••••••••••••••••••••••••••••••

Natürlich ist es wichtig, dass Ihre Fakten stimmen und dass Sie in der Vermittlung Ihrer Daten und Zahlen genau sind. Aber gleichzeitig sind Sie als Redner für die gute Atmosphäre im Auditorium verantwortlich, und wenn Sie diese vernachlässigen, werden Sie auf Dauer keinen Erfolg haben.

Für keines der Probleme, die dem Arzt bei seinem Auftritt begegneten, konnte er selbst etwas. Die missgünstige Stimmung des Publikums war den Umständen geschuldet und hatte nichts mit der Person des Redners zu tun. Und genau so sollten Sie die Situation Ihres Auftritts auch betrachten:

---

Nehmen Sie nichts persönlich! Weder negative Stimmung im Publikum noch positive.

---

Was ist, wenn Sie zu Beginn Ihres Auftritts die Wahrnehmung machen, dass Sie einem Publikum gegenüberstehen, das offenbar von vornherein negativ gestimmt ist? Meist haben solche Stimmungen gar nichts mit Ihnen zu tun, sondern mit den persönlichen Lebensumständen der Zuhörer, die sie ins Auditorium mitbringen und nicht von einer Sekunde auf die andere „löschen" können.

Es kann aber auch vorkommen, dass eine schlechte Stimmung sehr wohl mit Ihnen oder Ihrem Thema zu tun hat und dass Sie diese Situation einschätzen können, bevor Sie das Podium betreten. In solchen Fällen müssen Sie sich zu Beginn Ihrer Rede um Ihr Publikum kümmern, wenn Sie etwas erreichen wollen. Identifizieren Sie den Grund für die Störung und greifen Sie diesen aktiv auf, um bei Ihrem Publikum das grundsätzliche Einverständnis herzustellen, Ihnen zuzuhören. Das ist zwar nicht einfach, aber unbedingt nötig. Die folgenden vier rhetorischen Maßnahmen werden Ihnen dabei helfen, mit den unterschiedlichen Ausprägungen Ihres Publikums umzugehen.

### 1. Das unfreiwillige Publikum

Irgendjemand hat diesen armen Menschen befohlen, Ihnen zuzuhören. In Wahrheit wären sie lieber woanders, meistens bei ihrer Arbeit, die ihnen ohnehin schon über den Kopf wächst. Also sind sie schlechter Laune.

**Rhetorische Maßnahme:** Sprechen Sie die Situation gleich zu Beginn an und zeigen Sie Verständnis. Sagen Sie den Menschen, welchen Gewinn sie davon haben, wenn sie Ihnen eine faire Chance geben und zuhören.

*Ich verstehe, wie wertvoll Ihre Zeit ist. Gerade deshalb konzentrieren wir uns heute kurz und knackig auf drei für Sie besonders spannende Themen, nämlich ...*

**2. Das Publikum, das Ihre Position geschlossen ablehnt**
Meist werden unterschiedliche Ansichten zum Thema im Auditorium vorhanden sein, aber es gibt auch den Fall, dass Sie eine komplette Gruppe gegen sich haben.
**Rhetorische Maßnahme:** Entschuldigen Sie sich nicht für Ihre Meinung! Bringen Sie Ihre wichtigsten Thesen gleich zu Beginn und stellen Sie den Unterschied zur Meinung dar, die im Publikum vorherrscht. Appellieren Sie an die Fairness des Publikums, mit Ihnen in einen Dialog zu treten und Ihnen zunächst zuzuhören. Bieten Sie Ihrem Publikum einen ausführlichen Frageteil an, bei dem Sie auf seine Meinung eingehen.

*Ich weiß, dass es zu diesem Thema unterschiedliche Meinungen gibt. Genau deshalb bitte ich Sie auch, mir Raum für meine Darstellung zu geben. Ich verspreche Ihnen, dass wir in der anschließenden Fragerunde auf alle Aspekte eingehen ...*

Diese Vorgangsweise hätte unserem Arzt von vorhin vermutlich auch geholfen.

**3. Das Publikum, das von einem wichtigen Ereignis abgelenkt ist**
Stellen Sie sich vor, Sie halten als Gast eine Rede vor Mitarbeitern in einem Unternehmen, in dem wenige Stunden zuvor ein umfangreicher Stellenabbau angekündigt worden ist. Was auch immer Ihr Thema ist, es wird in diesem Augenblick von anderen Inhalten und Emotionen verdrängt. Aktuelle Ereignisse, die sich in die Köpfe Ihres Publikums drängen, können Ihnen die Arbeit grundsätzlich schwermachen.
**Rhetorische Maßnahme:** Sprechen Sie die Situation an, geben Sie Ihrem Publikum zu verstehen, dass Sie um die schwierige Situation wissen, und zeigen Sie Verständnis. Wenn es sich anbietet, greifen Sie die Situation auf und entwickeln daraus die Thesen Ihrer Rede.

*Ich habe von den Vorfällen gehört und verstehe Ihre Sorge. Vielleicht ist es gerade vor diesem Hintergrund interessant, einen Blick auf folgendes Thema zu werfen ...*

### 4. Das Publikum, das über das Thema besser Bescheid weiß als Sie

Das kann durchaus passieren, wenn unverhofft viele Experten im Publikum sitzen oder ein Vorredner das Thema bereits behandelt hat.

**Rhetorische Maßnahme:** Teilen Sie Ihrem Publikum mit, dass Sie um seinen hohen Kenntnisstand wissen, und kündigen Sie Ihren Vortrag als einen Beitrag aus Ihrer ganz persönlichen Sichtweise an: Ihre Gedanken, Ihre Emotionen, Ihre Erfahrungen, Ihre Visionen zum Thema. Der Trick dabei ist: Wenn Sie so vorgehen, akzeptiert Ihr Publikum gerne auch Inhalte, die es schon kennt, denn es kann sicher sein, dass Sie nun einmal darüber sprechen müssen, um ihre eigenen Standpunkte zu erklären.

*Wunderbar, das gibt mir die Gelegenheit, Ihnen von einer spannenden persönlichen Erfahrung und einem besonders interessanten Aspekt des Themas zu berichten, nämlich ...*

# SO FÖRDERN SIE DIE AUFMERKSAMKEIT IHRES PUBLIKUMS

Selbst die spannendste Rede ist nicht davor gefeit, dass die Konzentration des Publikums nachlässt. Seien Sie wachsam, achten Sie auf solche Momente und lassen Sie sich nicht anstecken! Wenn Sie in solchen Augenblicken selbst mutlos werden und mit Ihrer Energie nachlassen, schaukelt sich die Müdigkeit zwischen Ihrem Publikum und Ihnen hoch, und die Veranstaltung dümpelt nur mehr träge dahin.

Sie sind für das richtige Niveau an Aufmerksamkeit verantwortlich, und wenn die Müdigkeit im Saal Platz greift, sind Sie und Ihre Energie gefordert. Über akustische und verbale Aktivierung können Sie die Aufmerksamkeit Ihres Publikums fördern – und wie das funktioniert, erfahren Sie in den nächsten beiden Abschnitten.

**Drei Maßnahmen zur akustischen Aktivierung**

*1. Überraschen Sie Ihr Publikum*
Kennen Sie Joseph Haydns „Sinfonie mit dem Paukenschlag"? Sie trägt auch den Titel „Surprise" – Überraschung. Im 16. Takt des 2. Satzes setzt ein Fortissimo-Schlag des gesamten Orchesters ein: Auf ein Zeichen des Dirigenten holt jeder Orchestermusiker alles aus seinem Instrument heraus, was in ihm steckt, und setzt dann sein Spiel fort, als sei nichts gewesen.

Auch Sie können dieses Mittel zum Einsatz bringen: Klopfen Sie auf das Mikrofon oder schlagen Sie einmal kurz mit der Hand aufs Pult – natürlich nicht wütend, sondern freundlich und bestimmt. Das Publikum wird seine Aufmerksamkeit danach gerne wieder auf Sie richten.

*2. Setzen Sie Pausen*
Sprechpausen sind wunderbare Aktivierungsmittel, denn sie bringen eine Unterbrechung in den gewohnten Gang – und damit ebenso eine Überraschung. Richtig und bewusst gesetzt, wirkt eine Pause wie ein „Paukenschlag". (Mehr zu Pausen siehe „Station 4", „Energieventil 3: Modulation der Stimme")

## 3. Modulieren Sie Ihre Stimme

Die besten Redner wirken dann am stärksten, wenn sie ganz leise sprechen, so leise, dass das Publikum ein wenig die Ohren spitzen muss, um das Gesagte zu verstehen. Die Wirkung beim leisen Sprechen basiert aber nicht bloß auf dem Senken der Stimme, sondern darauf, dass der Redner aus einem bestimmten inneren Grund leise spricht, zum Beispiel, weil er dem Publikum eine vertrauliche oder immens wichtige Nachricht übermitteln will. Gehen Sie dabei ruhig auch ein paar Schritte nach vorne Richtung Publikum, um die Wirkung zu unterstreichen:

> (Geheimnisvoll) ... *also, unter uns gesagt ...*

## Sechs Maßnahmen zur verbalen Aktivierung

### 1. Bieten Sie einen Nutzen

Sprechen Sie immer wieder den konkreten Nutzen Ihres Inhalts für den Zuseher an oder „teasern" Sie nutzvolle Inhalte an (mehr dazu finden Sie im Kapitel „Die Stimulanz: Spannung, Neugier, Emotion" in „Station 3: Wirksame Sprache".)

> *Für alle Rheumaspezialisten unter Ihnen wird es jetzt besonders interessant, denn wir kommen zu ...*

### 2. Liefern Sie Brandaktuelles

Wenn es sich anbietet, bringen Sie aktuelle Nachrichten und Ereignisse in Ihre Inhalte ein:

> *Erst heute Morgen habe ich per Mail die gute Nachricht erhalten, dass unser Auslandsengagement jetzt auch von der Handelskammer gefördert wird. Das bedeutet ...*

### 3. Zeigen Sie Gefühle

Bei Sportübertragungen im Fernsehen können Sie immer wieder Interviews mit Sportlern sehen, die gerade direkt aus dem Wettkampf oder dem Spiel kommen. Sie können noch gar nicht richtig durchatmen, haben sie schon das Mikrofon vorm Gesicht und werden gefragt, warum sie so spät noch ein Gegentor kassiert oder an der Schlüsselstelle wertvolle Zehntelsekunden liegengelassen haben. Diese Interviews sind beim Publikum nicht wegen der Information beliebt, sondern wegen der Emotion. Menschen lieben Emotionen. In ihnen können sie sich selbst wiederfinden. Nutzen Sie dies bei Ihrer Rede, indem Sie bewusst emotional zu Ihren Inhalten Stellung beziehen:

*Über diesen Punkt freue ich mich ganz besonders, und ich werde Ihnen auch sagen, warum ...*
*Was mich an diesen Zahlen extrem schockiert hat, ist Folgendes ...*

### 4. Überraschen Sie mit Paradoxen
Sie können in Ihrer Rede nicht nur mit akustischen Signalen überraschen, sondern auch mit Inhalten, die dem, was das Publikum eigentlich erwarten würde, widersprechen:

*Wir stehen im Augenblick in wirtschaftlich schweren Zeiten. Da könnte man eigentlich Verhältnisse wie in den 30er-Jahren befürchten, als es in Deutschland über 6 Millionen Arbeitslose gab. Aber jetzt spitzen Sie Ihre Ohren: Die Bundesagentur für Arbeit meldet im November den niedrigsten Arbeitslosenstand seit über 20 Jahren!*

### 5. Sprechen Sie die Menschen persönlich an
Dieses Mittel können Sie vor allem in Reden vor kleineren Gruppen gut einsetzen: Sprechen Sie einen Menschen im Publikum persönlich mit Namen an, wenn Sie bemerken, dass er Schwierigkeiten mit der Konzentration hat. Natürlich nicht, um ihn bloßzustellen – Guckt mal, der schläft! –, sondern um ihm zu helfen, dabeizubleiben. Laden Sie ihn ein, stellen Sie ihm eine freundliche Frage, die ihn zum Mitdenken herausfordert, sprechen Sie gemeinsame Interessen an.

### 6. Stellen Sie Fragen
Mit Fragen regen Sie zum Mitdenken und Nachdenken an und binden die Zuhörer und Zuhörerinnen mit ein. Wählen Sie aus folgenden Möglichkeiten:

**Die „echte" Frage**
Stellen Sie dem Publikum eine Frage, um Meinungen zu erheben oder sich ein Bild vom Wissensstand im Publikum zu machen. Meister dieser Technik ist der Harvard-Professor Michael Sandel, der seine Vorlesungen (*Justice with Michael Sandel*) immer mit einer Frage beginnt, die für das jeweilige Thema ausschlaggebend ist, zum Beispiel:

> *Stellen Sie sich vor, Sie könnten wählen: a) eine Person zu töten, um damit das Leben von fünf anderen Menschen zu retten, oder b) nichts zu tun und damit in Kauf zu nehmen, dass fünf Menschen sterben – was würden Sie tun? Und warum?*

Sandel stellt diese Frage nicht, um sie selbst zu beantworten, sondern um Meinungen im Publikum zu erheben und diese dann aufzugreifen und in seiner Vorlesung in einen juristischen und philosophischen Kontext zu stellen. Der Erfolg seiner Vorlesungen beruht im Wesentlichen darauf, dass das Publikum sich durch diese Fragen wahrgenommen und persönlich angesprochen fühlt. Auf diese Weise interagiert Sandel während seiner Rede permanent mit seinem Publikum.

**Die Quizfrage oder die Entscheidungsfrage**
Der Seminarkabarettist Bernhard Ludwig interagiert mit dieser Art von Fragen in seinen Programmen gerne mit dem Publikum. Ein Beispiel:

> *Die Psychologie hat die Zufriedenheit von Menschen in einer Partnerschaft untersucht und entdeckt, dass ein Geschlecht weltweit und in allen Kulturen generell unglücklicher ist als das andere. Was glauben Sie? Welches Geschlecht ist das? Sind die Frauen in einer Partnerschaft unglücklicher? Oder die Männer?*

Die Quizfrage ist eine interessante, kuriose oder witzige Frage, die das Publikum zur Beantwortung reizt und deren Beantwortung einen bedeutenden Aspekt Ihres Inhalts beleuchtet. Wichtig ist, dass die potenzielle Antwort des Publikums nicht Ihr Erklärungsmuster zerstört. Dies ist beim Beispiel von Bernhard Ludwig garantiert, denn egal wie das Publikum antwortet, der Redner kann inhaltlich anschließen:

*Sie haben recht/Sie haben unrecht: Es sind tatsächlich die Frauen. Dieses Ergebnis ist bemerkenswert, denn man fragt sich jetzt natürlich, was diesen armen Geschöpfen in einer Partnerschaft fehlt. Zuallererst einmal ...*

**Die Abstimmungsfrage**
Der Meister dieser Technik ist zweifellos der amerikanische Startrainer Tony Robbins. In seinen Vorträgen vergehen kaum zehn Minuten, ohne dass er das Publikum vor eine Abstimmung stellt:

*Wer von Ihnen hatte schon einmal finanzielle Probleme? Seien Sie ehrlich und sagen Sie „Ich". Wer hat diese Erfahrung bereits selbst gemacht? Heben Sie die Hand.*

Robbins ist mit dieser Fragetechnik selbst über mehrere Stunden Vortrag hindurch ständig in intensivem Kontakt mit oft Tausenden Menschen.

Mit einer Abstimmung erhalten Sie immer wieder ein wertvolles Bild über eine vorherrschende Meinung oder Erfahrung im Publikum. Überdies erhalten auch die Menschen im Auditorium einen interessanten Einblick in die Denkart der Anwesenden.

**Die rhetorische Frage**
Rhetorische Fragen stellen Sie nicht, um tatsächlich eine Antwort aus Ihrem Publikum zu bekommen. Rhetorische Fragen sind also nicht als Fragen gemeint, sondern sie drücken eine Botschaft, eine Behauptung aus.

*Wollen wir überhaupt mehr Geschäft machen?*
*Wer möchte seinen Kindern eine bessere Welt hinterlassen?*

## Wenn gar nichts mehr geht: Machen Sie eine Pause!

Bestehen Sie im äußersten Notfall nicht darauf, dass Ihre Rede nach Ihrem vorbereiteten Konzept und wie am Schnürchen abläuft. Manchmal sind Menschen einfach so müde, dass gar nichts mehr geht. Kommen Sie Ihrem Publikum in diesem Fall entgegen und gewähren Sie ihm fünf Minuten

Pause. Öffnen Sie Türen und Fenster und überlegen Sie in der Pause, wie Sie möglichst attraktiv fortsetzen können. Eine kleine Unterbrechung kann Wunder wirken, trauen Sie sich, Ihre Zuhörer werden es Ihnen danken.

Weitere wertvolle Tipps, wie Sie Ihr Publikum während des gesamten Vortrags aktivieren und stimulieren können, zum Beispiel mit Geschichten, Action-Sprache oder Teasing, finden Sie in „Station 3: Wirksame Sprache".

## Ihr 10-Punkte-Trainingsplan für Station 1 - Publikumsorientierung

1 Holen Sie Ihr Publikum immer dort ab, wo es sich im Moment befindet.
2 Entscheiden Sie sich, welches Grundmotiv Sie primär befriedigen wollen: Information, Überzeugung oder Unterhaltung?
3 Prüfen Sie mit dem Zielgruppencheck, welches Wissen, welche Meinung, welche Erwartung und welche Erfahrung Ihre Zuhörer zu Ihnen und Ihrem Thema mitbringen.
4 Finden Sie den gemeinsamen Nenner zwischen Ihren Inhalten und den Interessen der Zuhörer.
5 Legen Sie Ihren Punkt A (Ausgangssituation) und Ihren Punkt B (Ziel) fest.
6 Formulieren Sie ein realistisches Redeziel und prüfen Sie, ob das aus Sicht der Zuhörer attraktiv und erreichbar ist.
7 Konzentration auf das Wesentliche: Was sollen die Zuhörer nach Ihrem Vortrag wissen, entscheiden, umsetzen, weitererzählen?
8 Beachten und nutzen Sie beim Aufbau Ihrer Rede die natürliche Aufmerksamkeitskurve.
9 Fördern Sie die Aufmerksamkeit Ihrer Zuhörer mit Überraschungen, Geschichten, Fragen und persönlicher Ansprache.
10 Achten Sie auf eine intakte Beziehungsebene – sie beeinflusst, wie Ihr Inhalt aufgenommen wird.

# Station 2: Story und Struktur

Das entscheidende Erfolgskriterium für Rhetorik: Funktioniert das, was Sie sagen? Ist es **logisch und überzeugend**? Können Ihre Zuhörer Ihren Ausführungen folgen und erreichen Sie damit Ihr Ziel? In der zweiten Station der *Rhetorischen Kraftkammer* erfahren Sie, wie Sie Ihr **Redeziel** formulieren und Struktur – einen roten Faden – in Ihre Inhalte bringen: vom kurzen, schlagkräftigen Statement in maximal drei Minuten bis hin zum längeren Vortrag oder zur Keynote. Außerdem lernen Sie verlässliche **Methoden** für gelungene Starts und packende Abschlüsse kennen. Dazu stelle ich Ihnen zahlreiche praktische **Baupläne** und inspirierende **Formulierungsbeispiele** vor, mit denen Sie für jede Redesituation gerüstet sind.

# DIE RICHTIGE VORBEREITUNG

Bevor wir uns detailliert mit den drei typischen Teilen von Reden – Start, Mittelteil und Finale – beschäftigen, widmen wir uns der Vorbereitung. Vorbereitung bedeutet, genau herauszufinden, was Sie sagen wollen – und wozu. Selbstverständlich immer abgestimmt auf die Interessen Ihrer Zuhörer, wie bereits in Station 1 beschrieben. Bevor Sie mit der Erarbeitung Ihrer Inhalte beginnen, stellen Sie sich drei Fragen:

*1. Warum spreche ich?*
Was ist der Anlass dafür, dass der Vortrag oder die Rede gehalten werden soll? Ist es ein Ritual, das aus einem bestimmten Grund in regelmäßigen Abständen immer wieder abgehalten wird? Oder gibt es einen Veranstalter, der aus einem bestimmten Grund gerade Sie eingeladen hat, über das Thema X zu sprechen? Gibt es einen bestimmten Grund, warum der Chef gerade Sie für einen Vortragstermin ausgewählt hat? Was wollen Sie Ihrem Team, das Sie um sich versammelt haben, genau mitteilen?

*2. Was erwartet mein Publikum?*
Erwartungshaltungen ergeben sich aus zwei externen Faktoren:

→ **dem Anlass der Rede:** Wenn Sie zum Beispiel in der (rituellen) Vorstandssitzung die Zahlen des letzten Quartals vorstellen, ergibt sich daraus automatisch, was Ihre Kollegen dort von Ihnen erwarten: eine verlässliche Gesamtübersicht über das Quartalsergebnis, aber auch einen verlässlichen Hinweis auf wichtige und kritische Punkte.
Wenn Sie Arzt sind und einen Informationstag für Patienten abhalten, kommt Ihr Publikum mit der Erwartungshaltung, hilfreiche Informationen über seine Krankheit zu bekommen; es wünscht sich, über Möglichkeiten der Heilung aufgeklärt zu werden, und sicher auch, dass man ihm mit ernsten, beruhigenden Worten zur Seite steht.

→ **dem öffentlichen Image des Themas:** Wenn Sie Lobbyist sind und bei einer Veranstaltung über Ihre Tätigkeit sprechen, müssen Sie damit rechnen, dass es im Publikum allgemeine Vorbehalte geben könnte.

Ihr Thema ist also eventuell mit einem Image belastet, und Sie müssen damit rechnen, dass man von Ihnen erwartet, dass Sie sich mit diesen Vorbehalten auseinandersetzen, und zwar ehestmöglich.

*3. Was genau möchte ich mit meiner Rede erreichen?*
Sie können mit einer Rede drei verschiedene Zielrichtungen verfolgen. Je klarer Sie sich über diese drei Ziele sind, umso präziser wird Ihre Argumentation ausfallen und umso eher werden Sie Ihr Ziel erreichen.

→ **das Ziel der Rede:** Dieses Ziel definiert sich durch eine konkrete Haltung oder Handlung, die das Publikum nach dem Ende einnehmen oder durchführen soll. „Das Publikum soll ab jetzt jeden Tag zehnmal den Yoga-Sonnengruß üben" wäre ein solches Ziel. „Das Unternehmen bucht mich für ein Rhetoriktraining" wäre eine andere Möglichkeit.
→ **das Ziel des Redners:** Dieses Ziel beschreibt, welchen Eindruck Sie als Rednerin oder Redner beim Publikum hinterlassen möchten. Möchten Sie kompetent wirken, entscheidungsfreudig, verständnisvoll, innovativ, kreativ, offen, durchschlagskräftig, menschlich oder humorvoll? Dann müssen Sie auch dieses Ziel genau benennen, um dann unterstützende Inhalte auszuwählen.
→ **das persönliche Ziel:** In Verhandlungen gibt es oft eine „Hidden Agenda", das heißt versteckte Ziele, die zwar nicht offiziell, aber durchaus mit Ernsthaftigkeit verfolgt werden. Ihr persönliches Ziel bezieht sich vielleicht auf Ihren Ruf als Redner oder als Mitarbeiterin Ihres Unternehmens, auf Gehalts- oder Karriereverbesserungen oder ein gehobenes Image, welches eine gute Rede mit sich bringen kann.

## Welche Inhalte brauche ich?

Wenn Sie die vorigen Fragen geklärt haben, ist es an der Zeit, sich konkrete Gedanken über den Inhalt zu machen. Doch bevor Sie nun Ihre Argumente und Details ausformulieren, beschäftigen Sie sich zuerst mit der groben Struktur Ihres Themas. Dazu ordnen Sie Ihre Inhalte in drei Ebenen an.

- **Das geplante Thema:** Genau darum soll es in der jeweiligen Redesituation gehen. Es ist das Motto, das große Allgemeine, das Sie sich aufgrund Ihres Motivs zur Aufgabe gemacht haben.
- **Das Modul:** Module sind Teilgebiete Ihres Themas. Das können Sichtweisen, Aspekte, Informationsblöcke oder logische, sich automatisch aus dem Thema ergebende Teilbereiche sein. Jedes Thema benötigt zumindest drei Module, damit es plausibel erläutert und ausgeführt werden kann. Ideal sind drei bis fünf Module pro Thema als Grundstruktur.
- **Das Detail:** Details sind die kleinsten Einheiten Ihrer Rede: Argumente, Fakten, Statistiken, Zitate, Beispiele und so weiter. Die Details sind die Grundbausteine Ihrer Module, sie bilden die Substanz Ihrer Rede. Je stichhaltiger und plausibler die Details sind, umso mehr Autorität können Sie in Ihrer Rede ausüben und umso besser wird Ihr Publikum Sie verstehen.

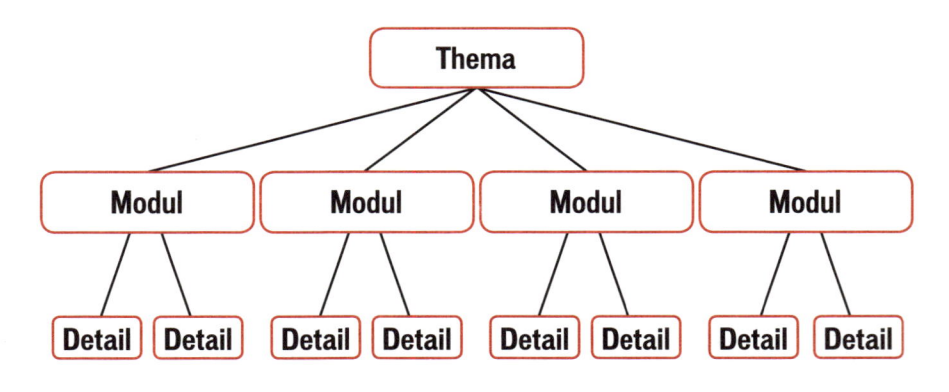

```
                            Thema
        ┌──────────┬──────────┼──────────┬──────────┐
      Modul      Modul      Modul      Modul
      ┌─┴─┐      ┌─┴─┐      ┌─┴─┐      ┌─┴─┐
   Detail Detail Detail Detail Detail Detail Detail Detail
```

Ihre wichtigste Aufgabe als Redner oder Rednerin ist es, dem Publikum zu Ihrem Thema ein Maximum an Aussagekraft –nicht Information! – innerhalb einer begrenzten Redezeit zu vermitteln. Sie werden also wohl oder übel auswählen müssen. Und trotzdem soll Ihr Publikum das Gefühl haben, dass innerhalb der Zeit, die es Ihnen zuhörte, das Thema optimal abgehandelt worden ist.

Wenn Sie Ihr Thema gefunden haben, legen Sie die Module fest, die zum Thema gehören, und schreiben diese als Überschrift auf eine Moderationskarte.

Jetzt suchen Sie die Details, die Sie benötigen, um das jeweilige Modul sinnvoll abzuhandeln. Sie müssen noch nicht jedes Argument und jedes Faktum vollständig ausformulieren; hier geht es bloß darum, dass Sie für jedes Detail wiederum einen Titel finden und diesen Titel, passend zum jeweiligen Aspekt, auf Ihrer Moderationskarte notieren.

## Anfang – Mitte – Schluss: Ordnen Sie Ihre Inhalte

Sie haben nun eine Sammlung von Inhalten – in Form von Modulen und Details – in Händen, die Ihr Motiv unterstützen sollen. Sie haben alles ausgeschlossen, was Sie nicht brauchen, und alles in Ihre Auswahl aufgenommen, was Ihnen bei der Umsetzung Ihres Themas hilft. Sie haben aber keine Reihenfolge, keine Ordnung und damit immer noch keine Struktur im eigentlichen Sinn. In meinem Buch *Sicher präsentieren – wirksamer vortragen* nenne ich diese Vorgangsweise „Erst die Inhalte – dann die Story". Das bedeutet, dass Sie sich zuerst überlegen müssen, was Sie grundsätzlich in Ihren Vortrag packen, und sich erst danach an die Strukturierung machen.

Die Strukturierung Ihres Inhalts ist nun der nächste Schritt. In den folgenden Abschnitten werden wir uns mit der Strukturierung in drei einfache Teile beschäftigen.

→ **Der Start** ist dazu da, die Aufmerksamkeit des Publikums zu wecken und ihm ein Versprechen zu geben: Deine Investition in Zeit und Aufmerksamkeit zahlt sich aus!
→ **Der Hauptteil** ist dazu da, das Bedürfnis des Publikums nach Substanz zu befriedigen. Hier geben Sie die Hauptinformationen Ihrer Rede an Ihre Zuhörer weiter. Der Hauptteil braucht meist wiederum eine eigene Struktur.
→ **Das Finale:** Auf diesen Punkt läuft die ganze Rede hinaus. Das Finale kann absehbar, überraschend, provokant, schockierend, aufklärend und noch vieles mehr sein. Wenn das Publikum die Hauptinformation, die Substanz der Rede vernommen und begriffen hat, möchte es von Ihnen auf den Punkt hören, welche Schlüsse es aus dieser Information ziehen und was es aus dem Gesagten mitnehmen soll.

# DER GELUNGENE START

Wer aus der Poleposition startet, hat die größten Siegeschancen. Das gilt nicht nur im Sport, sondern auch in der Rhetorik. Aus diesem Grund ist das Training des Starts und verschiedener Startvarianten ganz besonders wichtig und ein unverzichtbarer Teil unserer *Rhetorischen Kraftkammer*.

Aber was passiert eigentlich genau am Start?

→ Der Redner holt das Publikum dort ab, wo es sich gerade befindet (Punkt A).
→ Der Redner stellt das Thema und den Anlass klar.
→ Der Redner stimmt das Publikum auf den Inhalt ein und setzt, falls nötig, seine Agenda.
→ Der Redner weckt das Interesse des Publikums für den Inhalt.

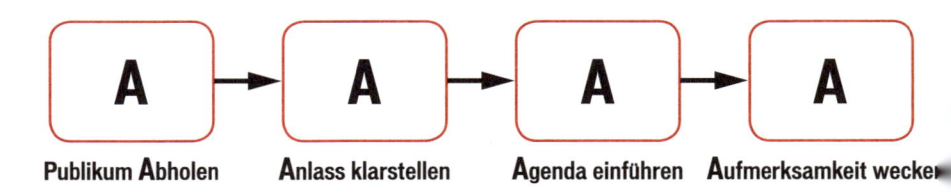

| A | A | A | A |
|---|---|---|---|
| **P**ublikum **A**bholen | **A**nlass klarstellen | **A**genda einführen | **A**ufmerksamkeit wecken |

## Ziehen Sie die richtigen Register

Je nach Situation und Voraussetzung können Sie vier verschiedene Register ziehen. Sie müssen aber nicht immer alle verwenden, und auch die Reihenfolge können Sie, mit etwas Übung, variieren. Ein paar Beispielformulierungen für die vier Register:

*Register 1: Holen Sie das Publikum ab*
   *Warum haben wir uns heute getroffen?*
   *Sie wissen, dass wir seit gestern ein neues System haben.*
   *Sie als Autoren wissen, wie schwierig es ist, einen guten Verlag zu finden.*

*Register 2: Stellen Sie den Anlass klar*
   Unsere Unit 3 stagniert nun bereits das achte Monat in Folge …
   Heute wird die Entscheidung für unseren nächsten Standort fallen …
   Hier und heute geht es ums nackte Überleben …

*Register 3: Geben Sie die Agenda vor*
   Wir reden deshalb über …
   Zuerst ist wichtig, dass …
   Dann geht es um …
   Zum Schluss werden Sie erfahren …

*Register 4: Wecken Sie die Aufmerksamkeit*
   Sehen Sie diesen braunen Apfel? Genauso faul sind unsere Offshore-Investments …
   Stellen Sie sich vor, wir würden im Mittelalter leben …
   Herzlichen Glückwunsch, Sie haben gewonnen …

Sie können die Reihenfolge der Register auch variieren. Beginnen Sie immer mit dem Register, das für das Bedürfnis des jeweiligen Publikums laut Ihrer Analyse am dringendsten oder attraktivsten ist.

## Steigern Sie mit einem gekonnten Start die Aufmerksamkeit

Ein direkter, ungekünstelter Start, zum Beispiel nur mit den Registern 1, 2 und 3, funktioniert immer und ist für unroutinierte Sprecher der richtige Weg. Die richtige Würze bekommt ein Einstieg aber erst durch ungewöhnliche Zutaten: Spannung, Kreativität oder etwas völlig Unerwartetes führt zu hoher Aufmerksamkeit zu Beginn. Im Anschluss finden Sie nun zehn Anregungen für wirkungsvolle Starts für Ihre eigenen Reden.

### 1. Laut und effektvoll
Auf YouTube finden Sie unzählige Mitschnitte eines Auftritts von Steve Ballmer von Microsoft, der bei einer Jahreskonferenz des Unternehmens auf die

Bühne stürmte und dort eine Minute lang wie ein aufgescheuchter Gorilla seine Runden drehte. Dabei brüllte er seinem Publikum zu: „Steht auf! Steht auf!", um dann hinter das Pult zu rennen, dort erschöpft durchzuschnaufen und in den Saal zu rufen: „Ich habe vier Worte für euch: Ich – liebe – diese – Firma!"

Ein solcher Auftritt ist sicher effektvoll und er erzeugte natürlich Gesprächsstoff unter seinen Zusehern. Er hat stark zu Steve Ballmers Image beigetragen und war sicher genau deshalb so konzipiert. Derartige Auftritte prägen landläufig die Idee davon, wie ein effektvoller Redestart auszusehen hat – auch wenn ein solches Vorgehen mit Vorsicht zu genießen ist.

## 2. Der machtvolle Redestart für ruhige Menschen

Den ruhigeren Naturellen unter Ihnen kann ich eine Maßnahme ans Herz legen, die auf jeden Fall funktioniert. Und sie ist dazu noch ganz einfach:

Treten Sie zu Beginn vor Ihre Zuhörer, genau dorthin, wo Sie mit Ihrer Rede beginnen werden. Stehen Sie gerade, blicken Sie freundlich ins Publikum und sagen Sie – nichts. Warten Sie so lange, bis Sie bemerken, dass die Menschen im Saal Ihnen ihre Aufmerksamkeit widmen. Erst dann beginnen Sie Ihre Rede.

In welcher Stimmung und mit welcher Erwartungshaltung Ihr Publikum Ihnen auch immer begegnet: Wenn Sie bei Ihrem Auftritt zunächst ruhig sind, haben Sie seine Aufmerksamkeit garantiert. Diese 20 oder 30 Sekunden der Stille sind das machtvollste Instrument, das Ihnen für einen effektvollen Start zur Verfügung steht. Probieren Sie es aus, zuerst mit kurzer Stille, ein paar Sekunden reichen für den Beginn, und dann immer länger. Achtung: Suchtfaktor!

## 3. Der direkte Einstieg

August 2009, Kansas City. Die Wirtschaftskrise ist voll in Gang, in Amerika gehen Woche für Woche Banken pleite, und die Zuversicht, sich aus der Krise erfolgreich herausarbeiten zu können, liegt weltweit darnieder. Der Markenexperte John Gerzema startet seinen Vortrag mit den Worten:

> *Durch die Krise gesundet das Wirtschaftsverhalten der Konsumenten. – 13 Billionen Dollar an Vermögen haben sich im Laufe der letzten zwei Jahre in Luft aufgelöst. Wir haben die Zukunft des Kapitalismus hinterfragt. Wir haben die Finanzindustrie hinterfragt. Wir haben das Kontrollsystem unserer Regierung durchleuchtet. Und wir haben hinterfragt, wohin wir gehen. Und doch – all das könnte sehr gut ein bahnbrechender Augenblick in der amerikanischen Geschichte sein, eine Gelegenheit für den Konsumenten, tatsächlich die Kontrolle zu übernehmen und uns zu einem neuen Höhenflug zu führen. Ich nenne das „das Große Zurückspulen". Und die Idee ist einfach ...*

Der direkte Einstieg ohne Umschweife wirkt auf das Publikum emotionalisierend. Dieser Einstieg funktioniert am besten, wenn die These, die Sie als Redner vorbringen, einen neuen, überraschenden und erfrischenden Blick auf das Thema zulässt.

### 4. Die persönliche Geschichte – das Schlüsselereignis

Es könnte natürlich auch sein, dass Ihre Botschaft, so wertvoll diese auch sein mag, von vornherein eher Kopfschütteln auslöst und Sie Ihr Publikum von sich stoßen würden, wenn Sie mit der Tür ins Haus fallen. In diesem Fall tun Sie gut daran, die Geschichte zu erzählen, wie Sie selbst zu der wertvollen Erkenntnis gekommen sind, die Sie nun auch Ihrem Publikum vermitteln möchten. Diese Methode ist ein Angebot an die Zuhörer, Ihren eigenen Erkenntnisweg mitzugehen und auf diese Art Verständnis für Ihre These zu entwickeln.

Bieten Sie dem Publikum als Einstieg einen relevanten Blickwinkel an – und erzählen Sie: Wie haben Sie selbst diesen Blickwinkel entdeckt? Was hat Sie dazu geführt? Wie haben Sie die Änderung Ihres Blickwinkels selbst erlebt und empfunden?

> *Vor drei Jahren war ich der festen Überzeugung, dass ... Heute bin ich vom genauen Gegenteil überzeugt. Der Auslöser dazu war folgendes Erlebnis ...*

### 5. Der Bezug auf die Aktualität

Aktualität weckt Interesse – die gesamte Medienbranche lebt im Grunde von dieser Tatsache.

Wenn Sie aktuelle Informationen zu Ihrem Thema haben, welche Ihr Publikum noch nicht kennt, dann setzen Sie diese Informationen an den Beginn Ihrer Rede. Damit zeigen Sie dem Publikum einerseits, dass Sie selbst immer auf dem neuesten Stand sind, andererseits befriedigen Sie das Bedürfnis Ihres Publikums nach Aktualität und verleihen Ihrem Thema einen zusätzlichen Wert.

*Wir sprechen ja heute über die drastischen Veränderungen im Gesundheitssektor. Wer hat heute die Zeitung gelesen? Bitte ein Handzeichen ... danke ... Hat Sie die heutige Aussage der Gesundheitsministerin genauso irritiert wie mich? Genau darum geht es nämlich ...*

### 6. Die Veranschaulichung des Problems

Ärzte haben dieses Problem, wenn sie bei Patiententagen sprechen; Universitätsprofessoren, wenn sie einen öffentlichen Vortrag halten; Wissenschaftler, wenn sie im Fernsehen zu einem bestimmten Thema Auskunft geben: Sie sprechen als Experten über ein Thema, das für ein uneingeweihtes Publikum schwer zu begreifen ist.

In solchen Fällen tun Sie gut daran, mit einer einfachen, für jedermann verständlichen Erklärung des Phänomens zu starten, über das Sie sprechen. Damit lösen Sie in Ihrem Publikum einen Aha-Effekt aus, also das beglückende Gefühl, plötzlich etwas klar zu sehen, das bisher dem eigenen Verständnis nicht zugänglich war. Die einfache Erklärung macht das Thema für das Publikum nützlich und angenehm.

Beginnen Sie Ihren Vortrag mit einem einfachen Vergleich. Einem Arzt habe ich zum Beispiel für seinen Vortrag über Arteriosklerose vor Laien empfohlen, Fotos von verkalkten Geschirrspülerschläuchen in Großaufnahme zu zeigen, um dann einen fliegenden Wechsel zu Bildern von verkalkten Arterien zu vollziehen. Die Wirkung war umwerfend, die Zuhörer waren sofort auf seiner Seite. – In „Station 3: Wirksame Sprache" finden Sie weitere wertvolle Tipps zu wirkungsvollen Formulierungen.

### 7. Das Paradox

Ein Paradox widerspricht scheinbar dem gesunden Menschenverstand, es ist ein Widerspruch, der offenbar nicht aufzulösen ist, aber eine wichtige Erkenntnis in sich birgt. Ein Paradox reizt das Publikum immer zur Aufklärung, genau wie eine rhetorische Frage zur Beantwortung reizt. Dadurch erzeugt es Spannung, denn das Publikum beteiligt sich, während es dem Redner zuhört, innerlich an der Auflösung des Widerspruchs. Es reicht übrigens, wenn Ihre Aussage nur scheinbar paradox ist und nicht im streng wissenschaftlichen Sinn. – Eine Blindverkostung mit alkoholfreiem Wein begann mit folgenden Worten:

*Sie alle werden nun zwei Gläser Wein bekommen, einen Riesling und einen Merlot. Bitte trinken Sie beide Gläser innerhalb der nächsten zehn Minuten und ich verspreche Ihnen, Sie werden danach völlig nüchtern sein ...*

**8. Die Gretchenfrage**
Liebhaber von Goethes *Faust* kennen diese Frage, Gretchen stellt sie Faust im ersten Teil: „Nun sag, wie hast du's mit der Religion?" Diese Frage erscheint uns modernen Menschen ein wenig altmodisch, aber dahinter steckt ein dringendes Bedürfnis der fragenden Margarete gegenüber ihrem geliebten Faust: das Bedürfnis nach emotionaler Sicherheit.

Die Gretchenfrage rührt in Goethes *Faust* an den Kern des Problems, das zur Debatte steht – daher hat sie ihren Namen bis heute. Genau wie Gretchen stellt der oder die Fragende sie mit der Absicht, den Gefragten zu einem klaren, ehrlichen Bekenntnis herauszufordern. Diese Absicht macht die Gretchenfrage auch für die Rhetorik interessant: Wenn Sie eine solche Frage stellen, dann fordern Sie Ihr Publikum zu einer Stellungnahme heraus. Da Ihr Publikum aber während der Rede natürlich nicht laut antworten kann, sucht es diese Antwort in Gedanken, das heißt, es beteiligt sich innerlich an Ihrer Rede.

Der Ozeanograf Robert Ballard wandte dieses Mittel bei einem Vortrag 2008 in Monterey an. Ballard leitet das „Institute for Archeological Oceanography", das sich mit der Erkundung und Erforschung der Tiefsee befasst. Eine seiner Sternstunden war die Entdeckung des Wracks der *Titanic*. Sein Problem ist jedoch, dass seine Arbeit notorisch unterfinanziert ist. In seinen Vorträgen verfolgt Ballard also immer auch das Ziel, Sponsorgelder für seine Tauchgänge einzuwerben:

*Die erste Frage ist die: Unser Land hat zwei Erkundungsprogramme. Eines ist NASA, mit der Mission, das „Jenseits" zu erforschen, den Himmel zu erkunden, wo wir mit Glück alle hingehen werden. Nun, es gibt aber noch ein anderes Programm, das einer anderen Regierungsbehörde angehört, zu Erforschung der Ozeane. Es ist die NOAA, die „Nationale Wetter- und Ozeanografie-Behörde". Und meine Frage ist folgende: „Warum ignorieren wir die Ozeane?"*
*Hier ist der Grund, warum ich diese Frage stelle: Wenn Sie die finanziellen Mittel der NASA zur Erforschung des Weltraums betrachten, würde deren jährliches Budget der NOAA reichen, um die Ozeane 1 600 Jahre lang zu erforschen. Warum? Warum schauen wir nach oben? Weil es der Himmel ist? Und die Hölle dort unten? Ist es ein kulturelles Problem? Warum haben die Menschen Angst vor dem Ozean? Oder nehmen sie an, dass der Ozean nur ein dunkler, unheimlicher Ort ist, der nichts zu bieten hat?*

„Spannende Fragen", denken wir als Publikum, denn warum soll die Tiefsee um sage und schreibe 1 600 Mal weniger Entwicklungsmöglichkeiten für den Menschen bereithalten als der Weltraum? Und schon haben wir Stellung bezogen. Und schon haben wir uns, ohne uns dessen eigentlich richtig bewusst zu sein, auf die Seite von Ballard geschlagen und sind nun neugierig darauf, was dieser Mann uns von der Tiefsee erzählen wird.

Suchen Sie zu Ihrem Inhalt also jene Frage, die an den Kern des Problems rührt, das Sie darstellen möchten, und beginnen Sie damit Ihre Rede.

### 9. Die Provokation
Mai 2011, Salzburg: Der CEO der Erste Bank, Andreas Treichl, spricht über die Lage des Kreditmarkts. Er beschwert sich darüber, dass seine Bank aufgrund der strengen Regeln für die Kreditvergabe den Klein- und Mittelbetrieben kaum mit Krediten unter die Arme greifen könne. Dann wurde er etwas rustikal:

*Das ist eine Frechheit und ein ganz großer Fehler. Unsere Politiker sind zu blöd, zu feig und zu unverständig. Sie haben von der Wirtschaft keine Ahnung, um dagegen zu wirken, und das wird Österreich schaden, und wir werden hinter andere Länder zurückfallen.*

Es gab natürlich einen lauten Aufschrei unter den Politikern, die sich nicht gerne beschimpfen lassen wollten. Aber Experten gaben dem Bankchef in der Sache recht. Und das Thema kam in den darauffolgenden Wochen auf die Tagesordnung der öffentlichen Diskussion.

Wenn wir andere Menschen respektieren, sie sogar sehr mögen und keinesfalls verletzen wollen: Was könnte der Grund dafür sein, dass wir sie trotzdem provozieren? Der Grund könnte sein, dass wir sie – wie Andreas Treichl die Politiker – wachrütteln möchten. Wir befürchten, dass sie einem Irrtum unterliegen oder sehenden Auges ins Verderben laufen. In einem solchen Fall helfen freundliche Worte oft nichts mehr, wir müssen härter zupacken. Dies kann der Anlass dafür sein, eine Rede mit einer Provokation zu beginnen: um das Publikum wachzurütteln, das man als Redner in einem fatalen Irrtum wähnt.

### 10. Die Verbündung mit dem Publikum

2010 sprach der englische Premierminister David Cameron vor Studenten der Politikwissenschaft und vor Mitgliedern von Jugend-Parteiorganisationen über aktuelle Trends in der Politik, die seiner Meinung nach dazu führen, dass Politiker sich mehr und mehr selbst hinterfragen sollen:

> *Jemand sagte einmal: „Politik ist Showbusiness für Hässliche." Wenn das stimmt, bin ich wohl richtig in meinem Beruf. Darüber hinaus ist es eine Ehre, als Politiker eine Rede über die Politik zu halten, vor allem hier in Großbritannien, wo deren Ruf durch den Skandal um die Staatsausgaben so tief gesunken ist. – Neulich dachten Wissenschaftler sogar darüber nach, in ihren Experimenten die Ratten durch Politiker zu ersetzen. Jemand fragte: „Wieso?", und sie sagten: „Naja, erstens gibt es genug Politiker. Zweitens interessiert niemanden wirklich, was mit ihnen passiert. Und schließlich gibt es einfach Dinge, die Ratten niemals tun würden."*

Der Redner nimmt sich selbst von seiner „Beschimpfung" nicht aus und zieht sich mit durch den Kakao. Damit „verbündet" er sich in kürzester Zeit mit seinem Publikum. Wenn Sie dieses Mittel anwenden, beachten Sie dabei aber unbedingt die feine Grenze zur Anbiederung, zum „Einschleimen" – Ihr Publikum würde es durchschauen. Garantiert.

## Was Sie am Anfang niemals tun sollten

*Entschuldigen Sie sich nicht*
2007 hielt der amerikanische Kriegsfotograf James Nachtwey einen Vortrag über seine Arbeit. Nachtwey ist einer der besten und einfühlsamsten Fotografen der Welt – und auch einer der schüchternsten und zurückhaltendsten. Er startete seinen Vortrag mit folgenden Worten:

> *Für jemanden, der seine gesamte Karriere über versucht hat, unsichtbar zu sein, ist das Stehen vor einem Publikum eine Mischung aus einer außerkörperlichen Erfahrung und einem Reh im Scheinwerferlicht, also verzeihen Sie mir bitte, dass ich gegen ein wichtiges Gebot verstoße, indem ich mich auf das geschriebene Wort verlasse; und ich hoffe nur, dass ich nicht vom Blitz getroffen werde, bevor ich fertig bin. Ich möchte zunächst ...*

Nachtwey entschuldigte sich also zu Beginn dafür, dass er seinen Vortrag ablesen würde. Dann erzählte er, wie er Kriegsfotograf geworden war, er sprach darüber, welche Grundsätze er in seinem Beruf verfolgt und wie er mit den Menschen umgeht, die er ablichtet. Und dann zeigte er seine außergewöhnlichen Fotos. Hier war ein einzigartiger Mensch und absoluter Meister seines Faches zugange und spätestens jetzt fragte sich jeder im Auditorium: Warum und wofür um alles in der Welt hat sich dieser Mann vorab bei seinem Publikum entschuldigt? Der Vortrag endete mit stehenden Ovationen für den Redner.

Im Training begegnen mir häufig Menschen, die wie James Nachtwey das Gefühl haben, der Situation eines Auftritts nicht gewachsen zu sein. Mit jeder Entschuldigung lösen Sie jedoch im Publikum ein Gefühl aus, das Ihre Autorität untergräbt: Mitleid. Oder schlimmer noch: Vertrauensverlust. Stellen Sie sich vor, ein Redner sagt: „Bitte um Entschuldigung, dass ich nicht genug Zeit fand, mich auf diese Rede vorzubereiten. Sie werden also in den nächsten zwanzig Minuten nur einen groben Überblick über unser Thema erhalten." Warum soll das Publikum dem Redner dann überhaupt zuhören?

Wenn Sie sich der Herausforderung Ihres Auftritts aus einem triftigen Grund nicht gewachsen fühlen, dann treffen Sie – rechtzeitig – *vorher* eine klare Entscheidung: Sagen Sie ab. Und wenn Sie das nicht tun, dann stellen Sie sich. Nützen Sie jede Ihnen verbleibende Minute zur Vorbereitung darauf, den Anforderungen des Anlasses gerecht zu werden. Und starten Sie auf jeden Fall ohne Entschuldigung in die Rede – auch, aber vor allem, wenn Ihnen eigentlich danach ist.

*Begrüßen Sie nicht alle und bedanken Sie sich nicht bei allen*
2011 erhielt Natalie Portman den Oscar für ihre Darstellung der Ballett-tänzerin im Film *Black Swan*. Bei der Preisverleihung im Kodak Theatre in Hollywood ging sie auf die Bühne und bedankte sich mit einer endlosen, melodramatischen Rede. Nachdem sie fertiggesprochen hatte, spendete das Publikum Beifall – vor allem aus Erleichterung darüber, dass die Liste der Bedankten endlich ein Ende gefunden hatte. Natalie Portman ist eine wunderbare Schauspielerin, aber die Litanei einer Dankesrede interessant zu gestalten, das hat nicht einmal sie zustande gebracht.

Ein Grundproblem von Begrüßungen und Danksagungen in Reden: Einerseits sind diese ein wichtiges Zeichen der Höflichkeit und vor allem bei Festreden unverzichtbar, denn hier geht es darum, sich das Wohlwollen jener Menschen zu sichern, bei denen man sich bedankt. Wenn Sie aber diese Begrüßungen oder Danksagungen an den Beginn Ihrer Rede setzen, besteht die Gefahr, gleich am Anfang ein Signal der Langeweile auszusenden und Ihr Publikum nicht zum Zuhören zu animieren. Wie gehen Sie mit dieser Herausforderung um?

➜ **Beschränken Sie die Liste der Bedankten auf die drei allerwichtigsten Personen.** Fassen Sie alle anderen zu Gruppen zusammen, mit denen sich diese Menschen identifizieren können.
➜ **Beginnen Sie Ihre Ansprache niemals mit einer Liste von Namen.** Finden Sie einen zugkräftigen Einstieg für Ihre Ansprache, indem Sie beispielsweise über die Bedeutung des Projekts sprechen, für das Sie sich bedanken, und bringen Sie erst danach Ihre Danksagungen.
➜ **Versehen Sie jeden Namen mit einer persönlichen Bemerkung.** Aber nur dann, wenn es für das Publikum wichtig ist, sich ein Bild über die genannten Personen zu machen. Diese Bemerkung kann sich beispielsweise auf die Leistung des betreffenden Menschen im betreffenden Projekt beziehen oder auf Vorzüge, die Sie persönlich an ihm schätzen.

### Vermeiden Sie Floskeln

„Ich freue mich sehr, heute vor Ihnen zum *Thema Risikobewertung der Staatsfinanzen in Zeiten der Krise* sprechen zu dürfen. Die Staatsfinanzen sind, wie Sie ja sicher wissen …" – Wie viel Prozent aller Redner, die Sie in Ihrem Leben bisher hörten, begannen ihre Ausführungen mit den Worten „Ich freue mich sehr" oder mit ähnlichen Formulierungen? 70 Prozent? Und wie viele von diesen 70 Prozent, glauben Sie, freuten sich wirklich darüber, dass sie ihre Rede halten durften?

Wenn unsere Seminarteilnehmer ihre Übungsreden mit derartigen Floskeln beginnen, bitte ich sie immer, sich zu überlegen, was sie wirklich angesichts ihres Publikums bewegt. Nicht als Privatperson, sonst würden manche wahrscheinlich sagen: „Ich fürchte mich und will nach Hause", sondern in ihrer Rolle als Redner vor ihrem Publikum.

Wenn Sie zum Beispiel als Arzt auf einem Patiententag sprechen, könnten Sie sagen:

*Es ist mir ein großes Anliegen, vor Ihnen zu sprechen, denn ich werde Ihnen heute neue Diagnose- und Behandlungsmöglichkeiten für die Krankheit vorstellen, die Sie belastet – Möglichkeiten, die Ihnen neue Hoffnung geben können.*

Als Controller könnten Sie die Präsentation der letzten Quartalszahlen vor dem Vorstand so einleiten:

*Ich bin heute hier, um Sie zu warnen. Ich finde, unsere Situation ist an manchen Punkten gefährlich, und wir sollten uns diese Punkte gemeinsam in aller Sorgfalt ansehen.*

Und natürlich können Sie zu Ihrem Publikum auch sagen:
*Ich freue mich, dass ich hier im Saal so viele bekannte Gesichter von Menschen sehe, die schon lange zu unserem geschätzten Kundenkreis zählen. Aber ich freue mich auch, dass ich so viele neue Gesichter sehe – dies sagt mir, dass wir mit unserem Thema der Veranstaltung „Ein neuer Blick in Kundenköpfe" ein dringendes Interesse unseres Publikums bedienen.*

Hier ist, wie beim einleitenden Beispiel, wieder die Freude im Spiel. Doch was ist hier anders? Was unterscheidet die hier ausgedrückte Freude von der Floskel? Es ist die Antwort auf die Frage „Warum?". *Warum* freuen Sie sich vor Ihrem Publikum? *Warum* ärgern Sie sich? *Warum* sind Sie optimistisch? Nachdenklich? Gespannt? Verwirrt? Welche Empfindung Sie auch immer zum Ausdruck bringen wollen, sagen Sie dazu, *warum* Sie so empfinden. Finden Sie plausible Beweggründe, die am besten direkt in das Thema oder in den Anlass führen. Sprechen Sie diese Begründungen aus. Sagen Sie: Ich freue mich, *weil* … Ich ärgere mich, *weil* … Ich bin optimistisch, *weil* … Seien Sie dabei immer ehrlich zu sich selbst und zu Ihrem Publikum. Täuschen Sie Empfindungen nicht vor, das Publikum würde es merken. (Mehr zum „Zauberwort ‚weil'" finden Sie in „Die Relevanz: Was hat der Zuhörer davon?" in „Station 3: Wirksame Sprache".)

### *Fangen Sie nicht bei Adam und Eva an*
„Unser heutiges Thema ist die Revolution der Kommunikation durch das Web 3.0. Doch lassen Sie mich zuvor noch kurz einen Überblick über die Geschichte der Kommunikationswissenschaft geben. Im Jahr 1453 …"

Eine Chronologie stellt einen Zusammenhang zwischen der Vergangenheit und dem momentanen Zustand her und hilft uns, Entwicklungen besser zu verstehen. Dementsprechend haben wir grundsätzlich die Tendenz, etwas von Anfang an zu erzählen. Das Problem dabei: Eine Erzählung von Anfang an ist nicht spannend.

Sehen Sie sich berühmte Filmbiografien wie *Gandhi*, *J. Edgar* oder *Der letzte Kaiser* an, und Sie werden erkennen, dass diese nie mit der Geburt des Protagonisten beginnen. Ein 25jähriger Mann wird aus einem südafrikanischen Zug geworfen, weil er in einem Erste-Klasse-Abteil reist – als Inder. So beginnt *Gandhi*. Mitten im Leben, sofort mit einem Ereignis. Beginnen Sie also Ihre Rede niemals mit einer Chronologie, verzichten Sie auf die Firmenhistorie, listen Sie nicht Jahreszahlen auf. Starten Sie mit einem der vier Anfangsregister – Publikum **a**bholen, **A**nlass klarstellen, **A**genda einführen, **A**ufmerksamkeit wecken –, um Spannung zu erzeugen (siehe dazu auch „Der gelungene Start" in „Station 2"). Später können Sie dann detaillierter über Entwicklungen von Produkten, Wissen oder Ideen sprechen.

# DER HAUPTTEIL IHRER REDE

Am Anfang Ihrer Rede müssen Sie es schaffen, das Interesse Ihres Publikums zu wecken und es auf Ihre Seite zu bekommen. Nur wenn Ihre Zuhörer gespannt sind auf das, was jetzt kommt, ist der Start gelungen. Diese erste Aufgabe haben Sie erfüllt.

Nun wartet das Publikum darauf, dass die Erwartungen, die Sie zu Beginn geweckt haben, auch erfüllt werden. Sie haben Ihren Zuhörern einen Schatz, etwas Wertvolles versprochen – dieses müssen Sie nun liefern.

*Ihre Botschaften brauchen eine klare Struktur*
Stellen Sie sich vor, Sie hören jemandem zu und der Redner gibt nur unzusammenhängende Aussagen ohne klare Richtung von sich. Schon nach kurzer Zeit wissen Sie nicht mehr, was Sie gehört haben. Das ist ein Hinweis auf fehlende Struktur in der Sprache. Überzeugende Statements, Botschaften oder Reden besitzen eine klare Logik, den sogenannten roten Faden, und folgen einer nachvollziehbaren Struktur. Da diese aber nicht automatisch in der Sprache vorhanden ist, müssen Sie selbst dafür sorgen. Denn es sind nicht die Wörter selbst, die die Rhetorik so spannend machen, sondern deren richtige Verwendung und Aneinanderreihung. Um unseren Seminarteilnehmern diese Verwendung zu erleichtern, haben wir sogenannte Baupläne entwickelt. Mit diesen Bauplänen bringen Sie Ihre Inhalte in eine logische und für die Zuhörer spannende Reihenfolge.

# DIE 3-MINUTEN-BLITZINFO

Die 3-Minuten-Blitzinfo ist eine kurze und knackige Struktur für kräftige Statements und durchdachte Wortmeldungen. Sie dauert nicht länger als drei Minuten und hilft Ihnen in Meetings, Diskussionsrunden sowie beim Überzeugen Ihrer Gesprächspartner, Mitarbeiter, Vorgesetzten oder Kunden. Informationen zu einer Blitzinformation zu verdichten bedeutet, sich auf Ihre Kernbotschaften zu konzentrieren. Die 3-Minuten-Blitzinfo besteht aus der Schlagzeile (1. Block), den Indizien (2. Block) und dem Fazit (3. Block).

- Schlagzeile
- Erstes Indiz
- Zweites Indiz
- Drittes Indiz
- Fazit

In der Schlagzeile halten Sie in einem Satz fest, was Sie sagen möchten, also Ihr Thema. Zum Beispiel:

*Ein gelungener Einstieg ist der effizienteste Weg des Redners zur Überzeugung seines Publikums.*

Für die Schlagzeile haben Sie maximal 15 Sekunden Zeit – das ist die Zeit, in der Sie einen kurzen Satz ohne Nebensätze formulieren können. Konzentrieren Sie sich bei der Gestaltung Ihrer Schlagzeile also darauf, was Ihr eigentliches Anliegen ist, und verpacken Sie dieses in einen prägnanten Satz.

Wenn Ihre Schlagzeile interessant klingt, möchten die Zuhörer natürlich mehr wissen. Sie möchten Indizien dafür, dass die Behauptung, die Sie aufgestellt haben, der Wahrheit entspricht. Also bringen Sie im zweiten Block drei Indizien, um Ihre These zu erhärten:

1. *Dies ist deshalb so, weil das Publikum sich von der Art, wie der Redner ihm begegnet, mindestens ebenso beeinflussen lässt wie von den Fakten.*
2. *Das Publikum trifft unbewusst am Anfang einer Rede die Entscheidung, ob es sich auf die Seite des Redners stellen wird.*
3. *Dies gilt umso mehr in kontroversiellen Redesituationen, in denen der Redner zuallererst einmal Vorbehalte ausräumen und seine Autorität herstellen muss.*

Blitzinfo heißt, auch im zweiten Block können Sie aufgrund der knapp bemessenen Redezeit nicht alle Beweisstücke und Details anführen, die Sie besitzen. Sie müssen auswählen und gewichten. Dazu empfehle ich die Argumentation der „Trojanischen Schlachtordnung". Bei den antiken Schlachten um die kleinasiatische Stadt Troja wurden die Heere nach folgender Taktik aufgestellt:

→ In der vordersten Reihe standen die kräftigsten Soldaten, die am besten bewaffnet waren. Diese hatten die Aufgabe, den Ansturm der feindlichen Truppen aufzuhalten.
→ In der zweiten Reihe standen die Soldaten, die weniger kräftig und schlechter bewaffnet waren. Sie konnten, wenn der erste Ansturm gestoppt war, die Lücken schließen, die an der vordersten Front entstanden waren.
→ In der dritten Reihe, zunächst abseits vom Schlachtgeschehen, stand die Garde, die Elitetruppe, die am allerbesten trainiert war und die meiste Kampferfahrung besaß. Diese hatte die Aufgabe, die feindlichen Schlachtreihen zu überrennen, sobald sie ins Wanken gerieten. Die Garde entschied gewöhnlich die Schlacht.

Ordnen Sie Ihre Indizien genauso an:

→ An der ersten Stelle steht ein kräftiges Argument, das dem Publikum signalisiert: Diese These kann man nicht einfach vom Tisch wischen.
→ An der zweiten Stelle kommt ein Argument, das weniger kräftig sein kann, aber dennoch auch ein gutes Indiz dafür ist, dass Ihre These stimmt. Das Publikum soll dazu sagen können: „Stimmt, guter Punkt."
→ Am Schluss kommt dann Ihre Garde, also jenes Argument, mit dem Sie die letzten Bedenken zerstreuen, die noch im Publikum vorhanden sein könnten. Jenes Argument, von dem das Publikum sagen kann: „Okay, jetzt gibt es keinen Zweifel mehr."

Nun schließen Sie Ihre Argumentation mit einer Schlussfolgerung, einem Fazit ab:

*Deshalb sollten Sie als Redner besonderes Augenmerk auf die Gestaltung des Anfangs legen. Holen Sie Ihr Publikum ab und führen Sie es zum Schatz – zu der Überzeugung, die Sie vertreten!*

Sprechen Sie die Beispielsätze durch und stoppen Sie die Zeit – Sie werden feststellen, dass die Blitzinfo wunderbar in maximal drei Minuten zu absolvieren ist:

| | |
|---|---|
| 1. Block: | 15 Sekunden |
| 2. Block: | 45 Sekunden |
| | 45 Sekunden |
| | 45 Sekunden |
| 3. Block: | <u>30 Sekunden</u> |
| | 180 Sekunden = 3 Minuten |

Mit der 3-Minuten-Blitzinfo verschwenden Sie niemandes Zeit. Gleichzeitig vermitteln Sie Ihrem Publikum durch Prägnanz und Schlüssigkeit, dass Sie das Thema beherrschen und auf den Punkt bringen können.

# DER 3-MINUTEN-BLITZVORSCHLAG

Die 3-Minuten-Blitzinfo passt für Situationen, in denen Sie Ihr Publikum über einen Sachverhalt *informieren* und dabei gute Stimmung für Ihren Inhalt und Ihre Person erzeugen müssen. Wenn Sie im Meeting oder in einer Diskussion in aller Kürze einen Vorschlag, eine Idee oder ein Projekt einbringen möchten, für das Sie die *Zustimmung* der Anwesenden benötigen, eignet sich der 3-Minuten-Blitzvorschlag.

Ein Vorschlag oder eine Idee ist immer dazu da, ein Problem zu lösen, eine Situation zu verbessern oder auch eine sich bietende Chance zu nutzen. Dementsprechend muss der 3-Minuten-Blitzvorschlag dieses Problem oder diese Chance zu Beginn klar thematisieren, damit Sie Ihre Idee plausibel machen können.

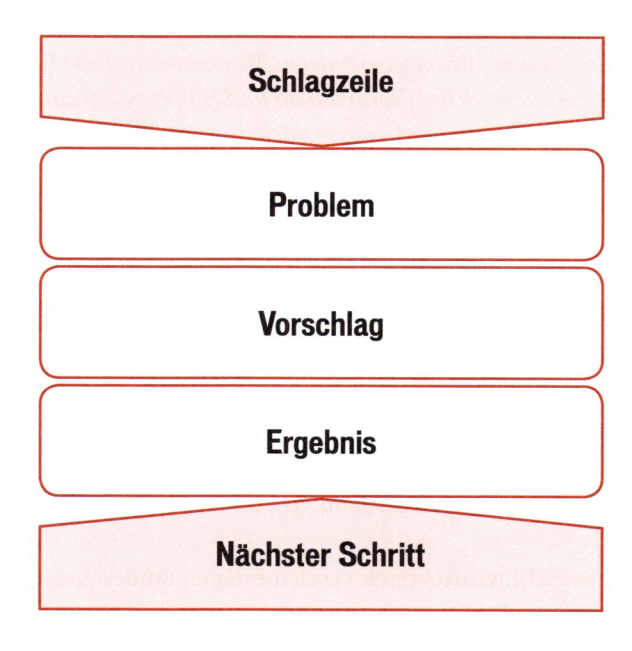

- Schlagzeile
- Problem
- Vorschlag
- Ergebnis
- Nächster Schritt

Mit Hilfe der Schlagzeile erklären Sie Ihrem Publikum die aktuelle Situation oder Lage in einem Satz:

*An Ihrer Stromrechnung können Sie Ihren Jahresverbrauch erkennen – aber nicht, wie viel Strom jedes einzelne Gerät in Ihrem Betrieb verbraucht.*

Im zweiten Block umreißen Sie zunächst das Problem:

*Im Augenblick ist es so, dass in Betrieben viele Geräte existieren, die sogenannten „Blindstrom" verursachen. Das können E-Motoren, Computer oder sogenannte „Vorschalt-Geräte" sein. Blindstrom verringert die Leistung Ihrer Geräte und erhöht damit Ihre Stromkosten; und, wie gesagt: Er ist auf der Stromrechnung für Sie nicht sichtbar.*

Damit haben Sie Ihren Zuhörern das Problem verdeutlicht, damit es offen für Ihren Lösungsvorschlag ist:

*Wir schlagen also eine sogenannte „Blindstrom-Kompensation" vor. Das bedeutet: Wir ermitteln, in welchen Anlagen in Ihrem Betrieb Blindstrom entsteht, und installieren, wo es nötig ist, eine Kompensationsanlage, die den Blindstrom eliminiert. Das alles mit hochqualitativen Geräten und unserer bewährten Servicegarantie.*

Und jetzt erfährt das Publikum, was es von diesem Vorschlag hat („Na und?")?

*Durch den Einbau dieser Anlage wird der Blindstrom nicht mehr ins öffentliche Netz weitergeleitet. Dadurch verringern sich Ihre Stromkosten, und zwar in einem Ausmaß, dass sich die Anschaffungskosten bereits nach zehn Monaten amortisieren werden.*

Der dritte Block „Nächster Schritt" fungiert als Abrundung Ihrer Argumentation, denn das Publikum möchte, bevor es sich entscheidet, natürlich wissen, welche konkreten Schritte nötig sind, um den Vorschlag umzusetzen:

*Wenn Sie sich für diesen Weg entscheiden, vereinbaren wir für Sie einen Termin mit unserem Technikteam. Das Team analysiert den Stromfluss in Ihrem Betrieb und legt Ihnen ein konkretes Angebot vor.*

Mit dem 3-Minuten-Blitzvorschlag kann wie bei der 3-Minuten-Blitzinfo ein Maximum an Information und Überzeugung in ein Minimum an Redezeit gepackt werden. Natürlich ist mit dieser Form der Inhalt nicht in seiner ganzen Tiefe zu transportieren. Was Sie aber durch diese Beschränkung gewinnen, ist wiederum Spannung und volle Konzentration auf Ihr Ziel. Ihr Publikum ist überzeugt und will nun noch mehr darüber erfahren, was genau hinter Ihrem Vorschlag steckt. In diesem Sinne ist der Blitzvorschlag auch kein kompletter Vortrag, er kann aber ein hervorragendes Vorspiel zu einem Vortrag oder zu komplexeren Ausführungen zu einem bestimmten Thema sein.

# DER HPS-KURZVORTRAG

Mit dem HPS-Kurzvortrag kommen Sie ohne Umschweife zur Sache. Dieser einfache und wirkungsvolle Bauplan hilft, wenn es rasch gehen soll und die Wirkung trotzdem souverän und professionell sein muss. Schon bei der Vorbereitung geben die fünf Module Orientierung bei der Auswahl von Informationen und Argumenten. Verwenden Sie den HPS-Kurzvortrag in Situationen, in denen die Zeit knapp ist und die Botschaft klar und überzeugend platziert werden muss.

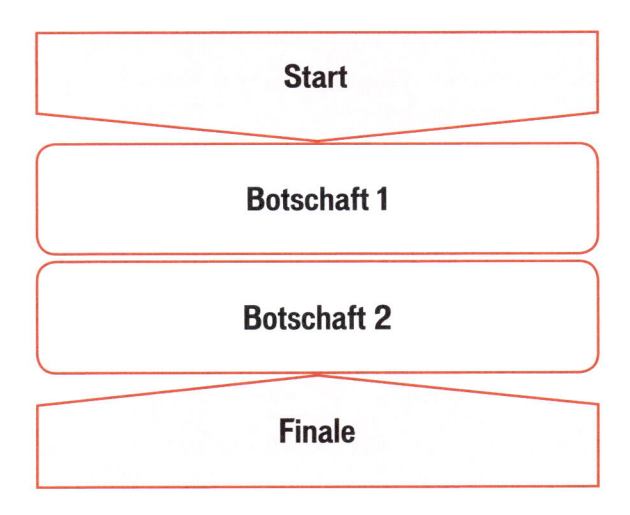

```
┌─────────────────┐
│      Start      │
└─────────────────┘
┌─────────────────┐
│   Botschaft 1   │
└─────────────────┘
┌─────────────────┐
│   Botschaft 2   │
└─────────────────┘
┌─────────────────┐
│     Finale      │
└─────────────────┘
```

Der schwedische Arzt und Professor für Volksgesundheit Hans Rosling ist bekannt dafür, dass er in seinen Vorlesungen immer wieder die Weltsicht seiner Zuhörer auf den Prüfstand stellt. 2009 trat er mit einem Vortrag vor Mitarbeitern des amerikanischen Außenministeriums auf, bei dem er das Ziel verfolgte, Vorurteile der sogenannten „westlichen Welt" gegenüber der „Dritten Welt" zu entkräften. So startete er in den Vortrag:

*Guten Morgen. Ich werde heute über Ihre Sichtweise von unserer Welt sprechen. Stimmen Ihre Sichtweisen mit meinen Daten überein? – Falls nicht, muss eines der beiden aktualisiert werden, nicht wahr?*

Und schon ist Hans Rosling mit Hilfe von nur drei Sätzen mitten im Thema – bereit, seine erste Botschaft zu platzieren.

→ Mit dem ersten Satz kommt der Redner ohne Umschweife zur Sache und gibt dem Publikum das Thema vor.
→ Mit dem zweiten Satz öffnet er ein fragendes Teasing (siehe „Die Stimulanz" in „Station 3"), mit dem er das Publikum einlädt, sich selbst zu hinterfragen. Eine hervorragende Methode, um die Zuhörer zum Mitdenken anzuregen.
→ Im dritten Satz steckt ein feiner Trick. Natürlich geht der Redner davon aus, dass seine Daten stimmen und das Publikum seine Gedanken neu ordnen wird müssen. Allerdings gesteht er mit einem Augenzwinkern zu, dass er sich auch irren könnte.

Wenn das Publikum ins Thema eingeführt ist, setzen Sie im Anschluss Ihre drei Botschaften. Hier gilt als wichtigste Regel: Geben Sie nicht alles von sich, was Sie zum Thema wissen. Halten Sie es wie der französischen Philosoph Voltaire, der meinte: „Das Geheimnis zu langweilen besteht darin, alles zu sagen."

Hans Roslings drei Botschaften in den 20 Minuten seiner Rede lauteten:

*1. Die Unterscheidung zwischen „westlicher Welt" und „Entwicklungsländern" gibt es nicht mehr. Sie entstammt einer Weltsicht aus den 50er-Jahren.*

*2. Viele Entwicklungsländer haben seit dem Zweiten Weltkrieg gegenüber der „westlichen Welt" in wichtigen Kriterien (z. B. Jahreseinkommen pro Person) stark aufgeholt. Natürlich gibt es noch arme Länder, aber wir haben heute eine Welt, die nicht mehr als geteilt betrachtet werden kann.*

*3. Wir müssen einen Weg finden, um diese Länder auf eine bessere Art und Weise zu unterstützen. Und wir müssen die Art, wie wir die Welt betrachten, mit Fakten belegen.*

Jede dieser Botschaften wird inhaltlich von Daten und Beispielen gestützt. Alle Inhalte, die Sie als Redner bringen, bereiten den Boden für eine Ihrer

Botschaften oder werden aus einer Ihrer Botschaften abgeleitet. Alle Informationen, die Sie zu Ihrem Thema geben, alle Daten, Fakten und Beispiele, stehen im Dienst einer Ihrer drei Botschaften. Auf diese Weise machen Sie dem Publikum Ihre Einstellung klar und geben eine Struktur vor. Das bewahrt Sie davor, aus Ihrem Vortrag eine Übersicht über Ihren Wissensstand zu machen.

„Wir müssen einen Weg finden, um diese Länder auf eine bessere Art und Weise zu unterstützen" ist die zentrale Botschaft Roslings. Alles, was er in diesen 20 Minuten seinem Publikum sagt, läuft gewissermaßen auf diesen Satz hinaus.

Definieren Sie in Ihrer Vorbereitung Ihre Kernbotschaft und setzen Sie diese an das Ende Ihrer drei Botschaften. Folgende Fragen helfen Ihnen, Ihre Kernbotschaft zu finden:

➜ Was ist die bedeutendste Erkenntnis, die Sie vermitteln wollen?
➜ Was ist an Ihrem Vorschlag/Ihrem Produkt/Ihrer Idee für das Publikum am nützlichsten?
➜ Was ist der schlagendste Beweis dafür, dass Ihre Überzeugung der Wahrheit entspricht?
➜ (Wenn Sie eine Meinung entkräften wollen:) Was ist der größte Irrtum Ihres Publikums?

Was das Publikum jetzt von Ihnen erwartet, ist eine logische Schlussfolgerung aus der Kernbotschaft. Ein Hinweis darauf, was das Publikum von Ihren Ausführungen halten soll. Wie es die neuen, durch die Rede präsentierten Gedanken in seinem täglichen Leben umsetzen soll. Hans Rosling hat das wie folgt gemacht:

*Wir brauchen eine neue Denkweise. Die Welt nähert sich einander an, aber nicht die untere Milliarde. Die sind immer noch so arm, wie sie es immer waren. Das ist nicht haltbar, und eine neue Denkweise wird sich auch nicht um eine Supermacht herum entwickeln. Aber Sie werden eine der wichtigsten Supermächte bleiben – und die hoffnungsvollste Supermacht für die kommende Zeit. Und Ihre Institution wird dabei eine entscheidende Rolle spielen, nicht nur für die Vereinigten Staaten, sondern für die ganze Welt. Sie haben einen falschen Namen: „Außenministerium". Das ist nicht das Außenministerium, das ist das Weltministerium. Und wir setzen große Hoffnungen in Sie.*

Beenden Sie den Vortrag, indem Sie eine der folgenden Fragen beantworten:

→ Was folgt aus Ihrer Kernbotschaft?
→ Wie lässt sich die Essenz dessen, was Sie gesagt haben, in einem Satz auf den Punkt bringen?
→ Wie lässt sich das Gesagte vom Publikum in seinem täglichen Leben anwenden?
→ Was soll der Zuhörer jetzt konkret tun, nachdem er Ihren Vorschlag, Ihre Idee, Ihr Angebot gehört hat?
→ (Wenn Sie das Weltbild des Publikums kritisiert haben:) Wie kann Ihr Publikum sein Weltbild richtigstellen?

# AUS DEM STEGREIF: SPONTANRHETORIK

Herr Meister fliegt als Vertreter des Ministeriums, für das er arbeitet, nach Brüssel, um an einer Konferenz teilzunehmen. Seine Vorgesetzte soll die Konferenz leiten. Pünktlich um 9 Uhr sind alle Teilnehmer, seine Kollegen aus den 27 EU-Staaten, anwesend. Nur seine Vorgesetzte fehlt noch. Da kommt die Meldung, sie sei an diesem Morgen erkrankt und außerstande, die Konferenz zu leiten. Herr Meister wird angewiesen, kurzfristig ihre Funktion zu übernehmen.

Er sehnt sich das berühmte Loch im Boden herbei.

Frau Schlette ist Leiterin einer Regionalorganisation des Deutschen Handelsverbandes. Kurz nachdem sie in diese Position bestellt wird, verstirbt ein Mitarbeiter, den sie nicht gekannt hat. Trotzdem geht sie natürlich zum Begräbnis. Als sie dort erscheint, treten mehrere Mitarbeiter an sie heran und sagen, die Kollegen erwarten von ihr, dass sie als Leiterin der Organisation am Grab spontan ein paar Worte spreche. Ihr Name stehe auch schon auf der Liste.

Frau Schlette fällt aus allen Wolken.

Frau Heinrich ist Softwareentwicklerin in einem Unternehmen, das Zeichenprogramme für Architekten entwirft. Sie mag ihre Arbeit, denn sie ist eine passionierte Tüftlerin. Das „Praktische", also das Kommunizieren mit Kunden und das Verkaufen, überlässt sie gerne anderen. Zu Schulungen begleitet sie ihren Chef als technische Assistentin, falls ein Programm bei der Vorführung streikt. Eines Tages sagt der Chef nach der ersten Kaffeepause zu den Teilnehmern: „Ich muss kurzfristig weg, den zweiten Teil der Schulung übernimmt meine geschätzte Kollegin – Sie sind bei ihr in sehr guten Händen."

Frau Heinrich gerät in Panik.

## Freies Sprechen bringt neue Chancen

„Sprechen aus dem Stegreif" ist eine eigene Disziplin innerhalb der Rhetorik. Der ehemalige Direktor der US-Luftwaffenakademie Chuck Miller bezeichnete die Stegreif-Rede sogar als „Krone der Rhetorik". Ohne Vorbereitung sprechen zu können, zeichnet den meisterlichen Rhetoriker aus.

Doch auch spontanes Reden kann man trainieren. Es ist eine Fertigkeit wie Schreiben, Lesen oder Rechnen. Und selbst wenn Ihnen angesichts der Herausforderung einer spontanen Wortspende das Herz ebenso in die Hose rutschen sollte wie den drei Beispielkandidaten: Betrachten Sie solche Situationen als Chance!

Spontaneität heißt per Definition, dass man mit der jeweiligen Aufgabe beginnt, ohne das Endergebnis vorher zu planen. Ein Stegreifbericht war in früheren Zeiten eine Eilbotschaft, die zu Pferd überbracht wurde, etwa ein Frontbericht im Krieg. Da es in diesem Fall wichtig war, die Botschaft schnell abzusetzen, sprach der Bote im Sattel sitzend, ohne vom Pferd zu steigen. Etwas „aus dem Stegreif tun" heißt also wörtlich übersetzt: etwas tun, „ohne vom Pferd zu steigen" – wie ein Reiter, der etwas erledigt, ohne abzusitzen und ohne lange darüber nachzudenken.

### *Nehmen Sie den Druck aus der Situation*

Wenn Sie um eine spontane Wortspende gebeten werden, wird in den allermeisten Fällen auch das Publikum mitbekommen, dass Sie unmöglich vorbereitet sein können. Eine spontane Ansprache ist nicht nur für Sie selbst spontan, sondern auch für das Publikum.

Wenn die Bitte um eine spontane Wortspende fernab von Ihrem Publikum an Sie gerichtet wird, sagen Sie dies zu Beginn Ihrer Rede dazu. Und auch, was Sie dazu prädestiniert, über das vorliegende Thema zu sprechen, das erleichtert den Einstieg:

*Man hat mich gerade gebeten, dass ich spontan ein paar Worte zum Thema X sage. Da ich damit seit mehr als zwei Jahrzehnten beruflich verbunden bin, werde ich gerne aus meiner Erfahrung und aus meiner Warte einen Teil beitragen.*

Damit verschaffen Sie sich Respekt für Ihre Spontaneität und können nun frei drauflosreden und aus Ihren Erfahrungen schöpfen. Halten Sie sich kurz und denken Sie an Prägnanz, Relevanz und Stimulanz.

***Seien Sie vorbereitet***
Bei der Oscarverleihung gibt es in jeder Preiskategorie fünf Kandidaten. Nur einer gewinnt den Oscar und hält die Dankesrede. Und doch müssen auch die vier anderen darauf vorbereitet sein, etwas zu sagen.

Seien Sie grundsätzlich darauf gefasst, dass man mit der Bitte um eine spontane Wortspende an Sie herantreten wird. Dazu ist es hilfreich, in Diskussionen oder Meetings ständig mitzudenken und zu überlegen, was man zu diesem Thema nun selbst sagen würde.

Ein Tipp: Üben Sie bei Fernsehdiskussionen, indem Sie laufend überlegen: „Was würde ich an der Stelle des gefragten Diskutanten nun antworten?"

***Manchmal ist es besser, nein zu sagen***
Man wird Sie kaum um eine spontane Wortmeldung zu einem Thema bitten, von dem Sie überhaupt keine Ahnung haben. Wenn doch, finden Sie den Mut, abzulehnen. Sprechen Sie nur über Dinge spontan, von denen Sie etwas verstehen. Und weigern Sie sich konsequent, spontan über Dinge zu sprechen, die Ihnen gänzlich unbekannt sind. Geben Sie eine plausible Erklärung für Ihre Ablehnung.

Frau Schlette aus unserem Beispiel hat übrigens eine Wortspende auf der Beerdigung abgelehnt. Sie gab als Begründung an, dass sie den verstorbenen Mitarbeiter nicht gekannt habe und es deshalb als pietätlos erachten würde, vor seinen Verwandten und engsten Freunden an seinem Grab zu sprechen. Diese Begründung wurde von allen akzeptiert.

# SPRECHDENKEN: SO TRAINIEREN SIE DAS SPONTANE REDEN

Spontan sprechen heißt:

→ einen Gedanken zu beginnen, ohne am Anfang zu wissen, wie sein Ende lautet;
→ nicht druckreif sprechen zu wollen;
→ die Formulierungen und die Abfolge der Gedanken nicht genau im Voraus zu planen.

Und wenn es klappt, steht am Ende ein Ergebnis, das trotz fehlender Planung die Zuhörer überzeugt.

### Der spontane Satz und der geplante Satz

Wie funktioniert das Sprechen in der „geplanten Rede"? Das Denken eilt dem Sprechen immer um eine Nasenlänge voraus. Wir können unseren Satz erst dann „veröffentlichen", wenn wir ihn sinngemäß innerlich erfasst haben.

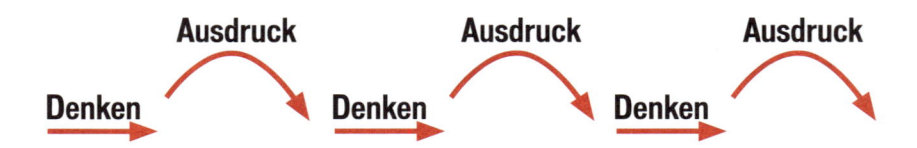

**Denken → Ausdruck ↘ Denken → Ausdruck ↘ Denken → Ausdruck ↘**

In der Rhetorik geht das vorausplanende Denken noch weiter, denn es plant nicht nur jeweils von Satz zu Satz, sondern auch von Sinnzusammenhang zu Sinnzusammenhang, von Kapitel zu Kapitel. Es konzentriert sich auch auf die größeren logischen Einheiten der Rede, zum Beispiel die Abfolge der einzelnen Indizien im Fünfsatz. Jedes Mal, wenn Sie in Ihrem Vortrag ein Kapitel abgeschlossen haben, werden Sie innerlich kurz durchatmen und die logische Abfolge Ihrer Gedanken von Punkt A hin zu Punkt B prüfen. Und erst dann geht es wieder weiter.

Beim spontanen Sprechen funktioniert die Abfolge von Denken und Sprechen umgekehrt: Die Situation hindert Sie daran, Sätze und Gedanken lange im Vorhinein zu planen. Sie sind also gezwungen, mit einem Satz zu beginnen, ohne genau zu wissen, wie er endet, oder mit einem Gedanken zu enden, ohne genau zu wissen, wie der nächste lautet. Der vollständige Satz steht innerlich noch nicht fest, aber Sie haben schon begonnen, ihn auszusprechen. Das bedeutet, Sie müssen Ihre Gedanken während des Sprechens entwickeln.

Ausdruck → Denken → Ausdruck → Ausdruck → Denken → Ausdruck

Dieser Vorgang erzeugt natürlich Unsicherheit, denn: „Was passiert, wenn mir im entscheidenden Moment nicht der richtige Gedanke einfällt?"

Für genau diese Herausforderung werden Sie nun einen hilfreichen Bauplan kennenlernen, den HPSpresso. Mit seiner Hilfe geben Sie Ihren Gedanken Struktur und spontane, kurze Reden oder Statements sind kein Problem mehr. Doch zuerst noch einige allgemeine, hilfreiche Tipps zum spontanen Sprechen.

## So gelingen spontane Statements

Spontan Reden hat zur Folge, dass man Gedanken nicht mit derselben Perfektion in Worte und Formulierungen umsetzt wie bei der geplanten Rede. Das liegt in der Natur der Sache, doch wenn Sie die folgenden Tipps berücksichtigen, wird auch Ihr spontanes Statement gelingen:

→ **Kritisieren Sie sich nicht selbst.** Lassen Sie kleine Fehler zu, sie machen Ihre Statements menschlich und natürlich. Tun Sie alles, um Druck aus der Situation zu nehmen und präzise und konzentriert zu bleiben.
→ **Sprechen Sie bei Ihrem Statement so, wie Sie zu einem guten Freund sprechen würden.** Das heißt ganz natürlich, in Ihren eigenen Worten,

mit Hilfe Ihrer „inneren Grammatik". Konzentrieren Sie sich auf Ihre Gedanken und deren logischen und plausiblen Fluss, aber nicht auf die Art und Weise, wie Sie sie formulieren könnten.

→ **Lassen Sie Ihre Hände „mitsprechen", dies wird den Fluss Ihrer Gedanken unterstützen.** Bewegen Sie Ihre Hände und Arme ganz natürlich mit, so als würden Sie ein Alltagsgespräch führen.

→ **Haben Sie Mut zu Pausen.** Pausen sind wichtig, damit Sie innerlich den nächsten Gedanken greifen können. Haben Sie keine Angst vor kurzer Stille, diese erleben nämlich nur Sie, nicht aber Ihr Publikum. Dieses empfindet Pausen als angenehm, weil es dadurch selbst „Luft schnappen" und mitdenken kann.

# SPRECHDENKEN MIT DEM HPSPRESSO

Für manche Menschen scheint es ganz einfach zu sein: Sie können auf jede Frage oder zu jedem Thema ein kurzes Statement abgeben, welches auch noch durchdacht und logisch klingt. Und manche schaffen es scheinbar mühelos, zwei oft auf den ersten Blick konträre Standpunkte zu einem logischen Schluss zu bringen. Welches Geheimnis steckt dahinter? Es ist auch hier wieder eine rhetorische Struktur, die, richtig angewandt, zu logischen, eleganten und überzeugenden Aussagen führt.

Wie bei einem Espresso Kaffeebohnen und Wasser zu einer anregenden Essenz verbunden werden, werden beim HPSpresso zwei rhetorische Zutaten zu einer starken Essenz verbunden: Die Zusammenführung von zwei Positionen, um daraus eine neue Schlussfolgerung zu ziehen, das ist das Prinzip des HPSpresso.

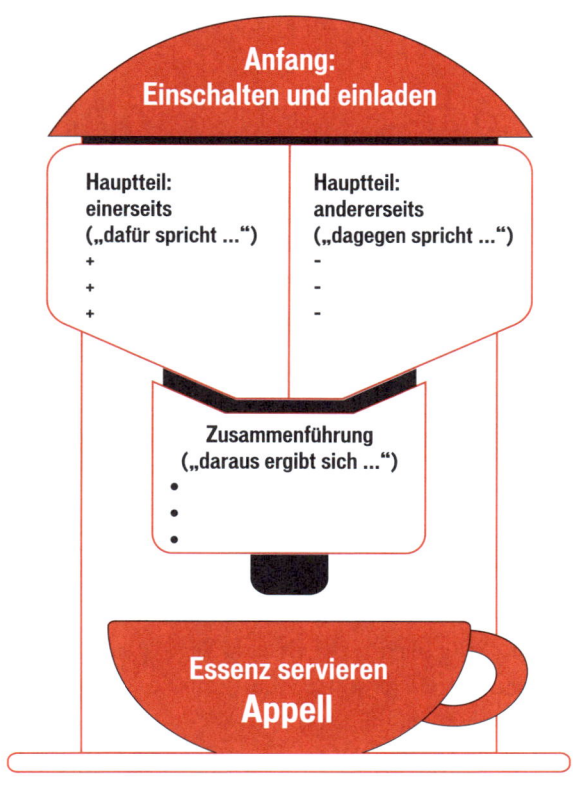

**Anfang:**
**Einschalten und einladen**

**Hauptteil:**
einerseits
(„dafür spricht ...")
+
+
+

**Hauptteil:**
andererseits
(„dagegen spricht ...")
-
-
-

**Zusammenführung**
(„daraus ergibt sich ...")
•
•
•

**Essenz servieren**
**Appell**

## Anfang: Einschalten und einladen

Stellen Sie zunächst die Basis Ihrer Beziehung zum Publikum her und bringen Sie zum Ausdruck, was Sie gerade emotional beschäftigt:

*Wenn ich vor mir in den Saal blicke und sehe, wie viele Menschen uns zum 100. Geburtstag unseres Unternehmens beglückwünschen wollen, dann macht mich das stolz – denn es zeigt mir, dass wir in den letzten 100 Jahren etwas richtig gemacht haben.*

Geben Sie als Nächstes die Richtung vor und definieren Sie den Rahmen. Beantworten Sie die Frage: Worum geht es hier und heute? Zum Beispiel:

*Es geht heute um die Frage, ob und in welcher Form wir die Mitarbeiter am Gewinn unseres Unternehmens beteiligen wollen. Mitarbeiterbeteiligung bedeutet ja, dass man ...*

Wenn Sie ein Statement abgeben, das sich auf eine kritische Bemerkung oder eine eingebrachte Frage bezieht, dann wiederholen Sie an dieser Stelle die kritische Frage, zum Beispiel:

*Was tut unser Unternehmen, um die Mitarbeiter am Gewinn zu beteiligen?*

Wenn Sie Ihre Rede so beginnen, geben Sie dem Publikum ein deutliches Signal: Sie kommen effektiv und schnell zur Sache und bieten die Gelegenheit, sich innerlich an Ihren Gedanken zu beteiligen.

## Hauptteil: Aroma entwickeln

Nun gehen Sie mit Ihrem Publikum zielgerichtet die Strecke von der Einführung in die Fragestellung bis hin zur Essenz. Sie folgen dem Prinzip: Wenn A so ist und wenn andererseits B so ist, dann muss C so sein. Diese Folgerung muss logisch und nachvollziehbar sein.

Mit dem HPSpresso breiten Sie also zuerst das Für und das Wider offen vor dem Publikum aus und ermöglichen Ihren Zuhörern damit, sich am Vorgang des Abwägens innerlich aktiv zu beteiligen. Dabei müssen Sie sorgfältig auf die Gewichtung achten: Ihr Publikum soll die These und die Antithese Ihres Projektes oder Ihrer Idee kennenlernen, aber es soll selbstverständlich weder ausschließlich die eine noch ausschließlich die andere Seite attraktiv finden. Das Publikum soll Ihr Anliegen akzeptieren, nicht aber die These oder die Antithese.

Damit die Argumentation flüssig ist, müssen die Übergänge zwischen den beiden Hauptteilen sorgfältig formuliert sein:

**Einerseits** *dachte ich früher immer* … (These)
**Andererseits** *zeigt die Erfahrung deutlich* … (Antithese)
**Dadurch habe ich herausgefunden, dass** … (Synthese)

Nehmen Sie sich die Zeit, die Zusammenhänge des Widerspruchs, den Sie vor Ihrem Publikum ausbreiten wollen, zu verdeutlichen. Das können übrigens auch andere Gegensätze sein, zum Beispiel:

*heute/morgen*
*der eine/die andere*
*Frau X im Beruf/Frau X privat*

Welchen Gegensatz auch immer Sie haben, betonen Sie vor allem den Übergang. Und treffen Sie in der Folge eine klare Entscheidung: Was ist der Schluss, den Sie aus dem Gegensatz ziehen? Formulieren Sie deutlich, dass Sie zu Ihrer Schlussfolgerung kommen:

*Die Antwort sieht so aus …*
*Daraus müssen wir folgern, dass …*
*Sie sehen, daraus ergibt sich eine zwingende Konsequenz, nämlich …*

März 2011, Long Beach: Bill Ford, der Urenkel von Henry Ford, spricht mit dem besonderen Ziel vor Augen, zwei Standpunkte miteinander zu „verheiraten", um aus diesem Widerspruch eine dritte, neue Position zu entwickeln. Zusammengefasst sagt Bill Ford seinem Publikum, dass der Verkehr einerseits die Umwelt belastet und man dagegen etwas tun muss (These), dass der Verkehr aber andererseits auch die Freiheit der Mobilität garantiert, die als menschliches Gut genauso gefährdet ist wie die Umwelt (Antithese). Was also tun? –Bill Ford bringt seine Schlussfolgerung (Synthese):

*Die Antwort liegt sicherlich nicht darin, alles genauso zu machen wie bisher. ... Wir werden intelligente Autos bauen, aber wir müssen auch intelligente Straßen, intelligentes Parken und intelligente öffentliche Verkehrssysteme schaffen. Wir wollen unsere Zeit nicht damit verschwenden, in Staus oder an Mautstellen festzusitzen oder Parkplätze zu suchen. Wir brauchen ein integriertes System, das Echtzeitdaten verwendet, um die individuelle Mobilität massiv zu verbessern, ohne Ärger und Einschränkungen für die Reisenden.*

Am Ende läuft der Vortrag auf ein klares Anliegen hinaus, das der Redner seinem Publikum mit auf den Weg gibt:

*Unsere besten und klügsten Köpfe müssen sich des Problems der Verkehrsüberlastung annehmen. Firmen, Unternehmer, Investoren, sie alle müssen verstehen, dass dies sowohl die Chance auf ein großes Geschäft als auch ein enormes soziales Problem darstellt. ... Wir brauchen Leidenschaft und Energie, um die globalen Verkehrsprobleme anzugehen. Aber dafür brauchen wir Menschen wie Sie hier, Vordenker. Offen gesagt, Sie alle müssen sich darüber Gedanken machen, wie Sie zur Lösung des Problems beitragen können.*

## Praktische Varianten des Hauptteils

Vielleicht kennen Sie den Begriff „Dialektik", der aus den Anfängen der Philosophie stammt. Dialektik bezeichnet die „Kunst der Gesprächsführung", wobei es ausdrücklich darum geht, Widersprüche zwischen den Gesprächspartnern aufzudecken und einander gegenüberzustellen. Dies alles mit dem Ziel, die Widersprüche zusammenzuführen und daraus neue Erkenntnisse zum betreffenden Thema zu entwickeln. Die Dialektik ist gleichsam die Kunst des fruchtbaren Kompromisses, sie schafft aus scheinbar unvereinbaren Standpunkten völlig neue Sichtweisen. Für die Rhetorik ist diese Kunst deshalb interessant, weil sie Spannung erzeugt: Sie beteiligt das Publikum am Weg der Argumentation bis hin zur Erkenntnis.

Für jede These lässt sich, wenn man es darauf anlegt, eine Gegenthese finden. Genau das können Sie mit dem HPSpresso hervorragend nutzen.

Sie können in verschiedenen Redesituationen und zu verschiedenen Inhalten Widersprüche aufdecken und nach diesem Prinzip für sich nutzbar machen:

*Sollen wir in das Produkt X investieren?*
*Dafür spricht, dass …*
*Dagegen spricht, dass …*
*Daraus können wir schließen, dass …*
*Die Lösung wäre also …*

Sie können auf diese Weise aber auch einer Mitarbeiterin zum 50. Geburtstag gratulieren:

*Wir feiern heute einen ganz besonderen Tag!*
*Frau X ist einerseits als Mitarbeiterin …*
*Andererseits ist sie als Mensch …*
*Daraus ergeben sich ihre ganz besonderen Leistungen, nämlich …*
*Für die Zukunft wünschen wir ihr, dass sie …*

Folgende Varianten werden Ihnen gute Dienste leisten:

### *Die Analyse*
Die Analyse lässt sich gut anwenden, wenn eine wichtige Entscheidung getroffen werden soll, bei der die Vorteile und Nachteile sich anscheinend die Waage halten.

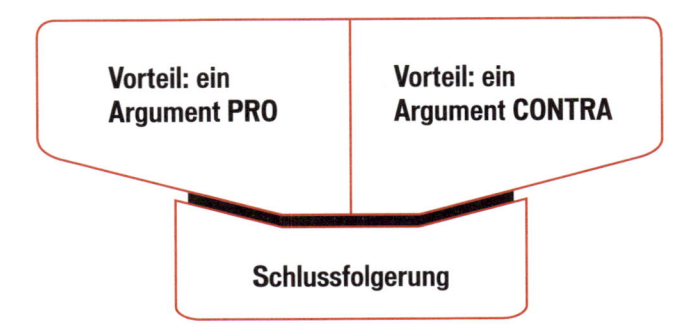

```
┌─────────────────────┬─────────────────────┐
│   Vorteil: ein      │   Vorteil: ein      │
│   Argument PRO      │   Argument CONTRA   │
└─────────────────────┴─────────────────────┘
        ┌─────────────────────────────┐
        │      Schlussfolgerung       │
        └─────────────────────────────┘
```

*Abwägen von Alternativen*

Alternativen abzuwägen bietet sich in Situationen an, in denen es um das Ausloten von Handlungsmöglichkeiten geht – um daraus wiederum eine Entscheidung abzuleiten.

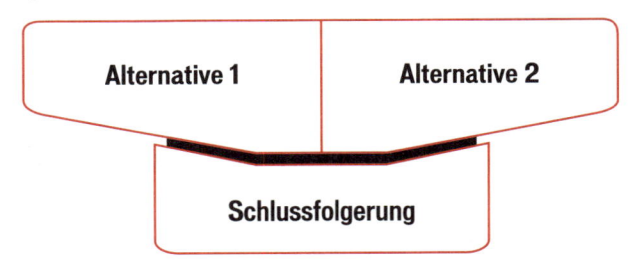

```
┌─────────────────────┬─────────────────────┐
│    Alternative 1    │    Alternative 2    │
└─────────────────────┴─────────────────────┘
        ┌─────────────────────────────┐
        │      Schlussfolgerung       │
        └─────────────────────────────┘
```

*Aufdecken von Zusammenhängen*

Diese Form entspricht dem klassischen Denken von Ursache und Wirkung und der daraus folgenden Entwicklung (die dann wiederum eine neue Ursache sein kann). Sie kann verwendet werden, um Zusammenhänge zwischen bestimmten Ursachen und Wirkungen aufzuzeigen.

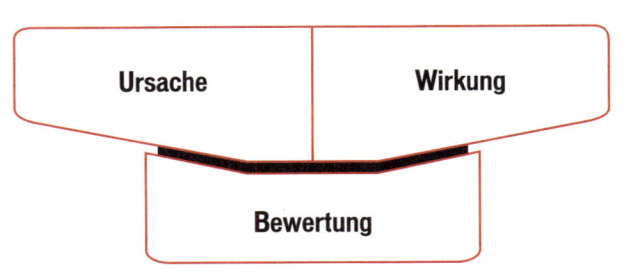

```
┌─────────────────────┬─────────────────────┐
│       Ursache       │       Wirkung       │
└─────────────────────┴─────────────────────┘
        ┌─────────────────────────────┐
        │        Bewertung            │
        └─────────────────────────────┘
```

*Klären und Nutzbarmachen von Widersprüchen*
Diese Form ist etwa in Diskussionen oder Meetings dazu geeignet, fruchtbare Lösungen aufzuzeigen, wenn „der Karren festgefahren ist", das heißt, wenn die Diskussion zu keiner Lösung kommt, weil die Widersprüche unvereinbar scheinen.

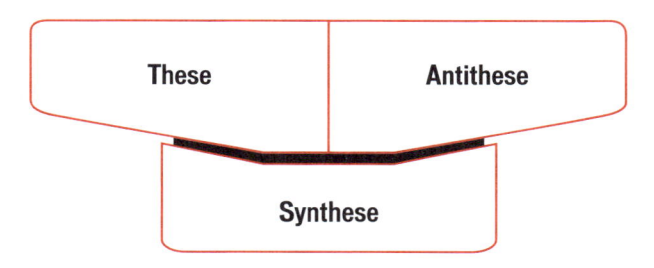

```
    These       Antithese
        Synthese
```

*Rückschau bei Jubiläen*
Wenn Sie bei Feiern zum runden Jahrestag eines Unternehmens (einer Organisation, eines Vereins, einer Idee …) eine Ansprache halten sollen, dann werden Sie diesem Anlass am besten gerecht, indem Sie das Bedürfnis des Publikums nach Besinnung bedienen: Besinnung auf die Geschichte des Unternehmens und auf seinen augenblicklichen Zustand sowie Ausblick darauf, was in der Zukunft zu erwarten ist.

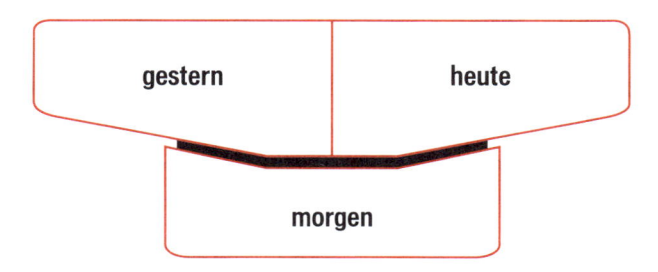

```
    gestern       heute
         morgen
```

*Ehrung von Personen*
Wenn in Ihrem Unternehmen ein Mitarbeiter geehrt werden soll (Geburtstag, Dienstjubiläum …), können Sie diesen Menschen aus zwei Blickwinkeln betrachten, nämlich seine Person als Mitarbeiter einerseits und seine Person im privaten Bereich, also seine persönlichen Eigenschaften als Mensch, an-

dererseits. Diese beiden Blickwinkel können Sie zu einem „Steckbrief seiner besonderen Qualitäten" zusammenführen.

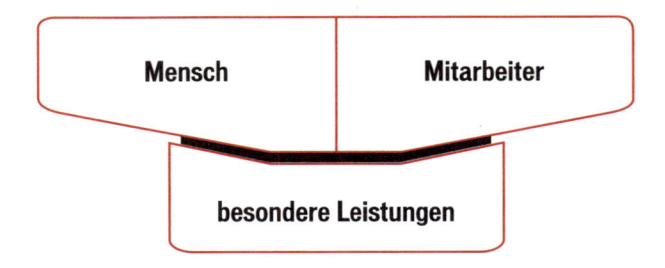

```
┌─────────────┬─────────────┐
│   Mensch    │ Mitarbeiter │
└──────┬──────┴──────┬──────┘
       │             │
       ├─────────────┤
       │ besondere Leistungen │
       └─────────────┘
```

## Das Finale: Servieren Sie die Essenz

Der Redner ist abgetreten, aber die Zuschauer schauen immer noch nach vorne zu seinem Platz. Das Buffet dampft verlockend im Nebenraum, aber niemand geht hin. Der Sekt in den Händen der Anwesenden wird warm und die Stimmung wirkt ein bisschen verkrampft. – Was ist passiert?

Niemand hat den Zuschauern am Ende der Rede gesagt, wie es jetzt weitergeht. Während der Rede wussten die Menschen, was sie zu tun hatten: einfach zuhören. Doch nach dem Ende der Rede war der Rahmen weg und kein neuer war gegeben.

Sagen Sie den Menschen, was Sie nach dem Ende Ihrer Rede tun oder denken sollen. Bei der Firmenfeier könnte das so klingen:

*Liebes Publikum, liebe Anwesende! Sie alle haben Ihre Energie und Arbeitskraft in unser Unternehmen gesteckt – heute sollen Sie Ihre Energie ins Feiern stecken! Nebenan ist ein Buffet für Sie vorbereitet, das ich hiermit eröffne. Lassen Sie es sich schmecken! Und bitte erheben Sie mit mir das Glas auf erfolgreiche 50 Jahre!*

Dieses Prinzip gilt nicht nur für Festreden, es gilt genauso für jede andere Rede, die für das Publikum immer einen neuen Rahmen für neue Gedanken, Entscheidungen oder Handlungen zur Verfügung stellt. Servieren Sie nun also Ihre Essenz:

*Unterstützen Sie daher …*
*Deshalb genehmigen Sie …*
*Überlegen Sie nun unbedingt …*
*Aus diesem Grund heben wir das Glas …*
*Nehmen wir uns daher vor …*

Wenn Sie sich am Ende etwas offenhalten möchten oder müssen, tun Sie das mit:

*Bevor wir eine Entscheidung treffen, sollten wir uns zuerst …*
*Bitte überlegen Sie, wie Sie das angehen können …*

Mit der Schlussfolgerung, die Sie mit dem HPSpresso aus zwei widersprüchlichen Standpunkten ziehen, können Sie eine klare Botschaft oder einen klaren Appell ableiten. Wenn diese Essenz sich zwingend aus all dem ergibt, was Sie bisher gesagt haben, bildet sie den klaren Schlusspunkt.

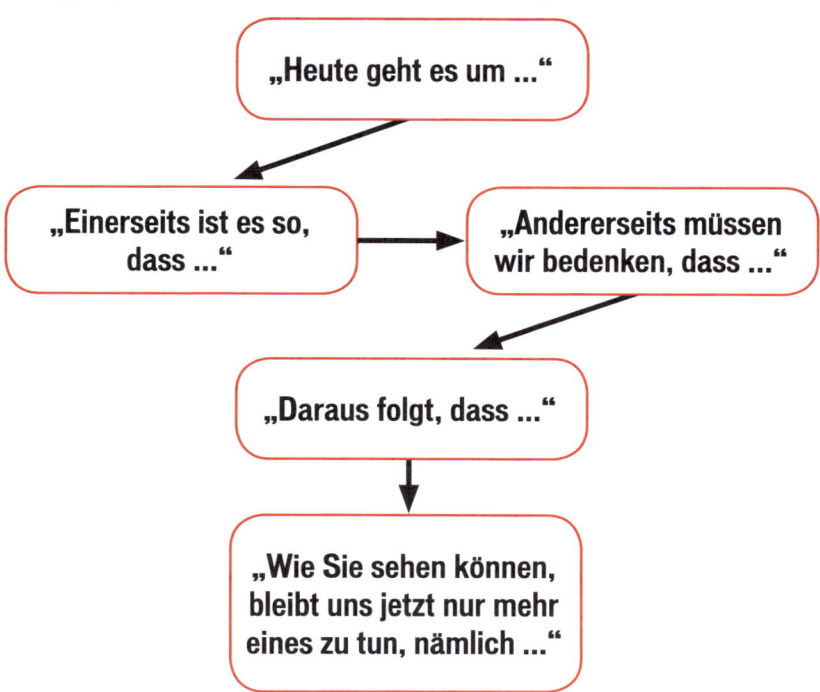

„Heute geht es um …"
↓
„Einerseits ist es so, dass …" → „Andererseits müssen wir bedenken, dass …"
↓
„Daraus folgt, dass …"
↓
„Wie Sie sehen können, bleibt uns jetzt nur mehr eines zu tun, nämlich …"

# KURZ UND ÜBERZEUGEND: ELEVATOR PITCH UND BUSINESS PITCH

Stellen Sie sich vor, Sie sind Unternehmer und stellen Ihrer Hausbank Ihre neue Geschäftsidee vor, für die Sie eine Finanzierung brauchen; Sie müssen in einem Meeting oder auf einer Konferenz ein kurzes Statement über sich selbst oder Ihre Tätigkeit abgeben: Ob beim Smalltalk auf Netzwerktreffen oder als Gesprächseinstieg mit neuen Kunden am Telefon, wenn Überzeugungsarbeit in kürzester Zeit gemeistert werden soll, leistet ein Pitch wertvolle Hilfe. Mit Blitzinfo und Blitzvorschlag haben Sie bereits zwei Möglichkeiten für derartige Situationen kennengelernt. Ein Pitch geht noch einen Schritt weiter: Er ist eine aktive Verkaufsunterstützung für Sie selbst und Ihre Ideen und bringt das, was Sie tun und leisten können, auf den Punkt.

Je nach Anlass wählen wir unterschiedliche Bezeichnungen. Beim klassischen „Elevator Pitch" geht es meist um Projektideen; Verkaufspräsentationen sind „Sales Pitches"; Selbstpräsentationen nennen wir „Personal Pitch"; und frische Geschäftsideen werden mit Hilfe des „Business Pitches" transportiert.

## Der Elevator Pitch

Der Elevator Pitch wird heute vor allem eingesetzt, wenn Unternehmer eine Idee vor Kapitalgebern präsentieren. Diese müssen sinnvolle und profitable Ideen schnell von unzureichend durchdachten Vorhaben unterscheiden können und verwenden den Elevator Pitch als Basis ihrer Bewertung.

Ein Elevator Pitch im klassischen Sinn sollte nicht länger als eine Liftfahrt dauern, das heißt 30 Sekunden bis drei Minuten. Wenn man heutzutage von „Elevator Pitch" oder „Elevator Speech" spricht, bezieht sich das vornehmlich auf diese kurze Zeitspanne. (Eine geschäftliche Verkaufspräsentation kann aber auch länger dauern; als Obergrenze empfehle ich hier 20 Minuten.)

Wie ist überzeugende Kommunikation in dieser kurzen Zeit überhaupt möglich? – Vor einigen Jahren veranstaltete das Xing-Forum „Netzwerk für Existenzgründer" einen Wettbewerb, um die besten Elevator Pitches zu küren. Aus über 150 Einsendungen wurde folgender Beitrag zum Sieger gewählt:

*Der Fahrstuhl nach oben ist besetzt.*
*Mit diesem alten Schlager von Hazy Osterwald können sich fortan Mitbewerber oder Konkurrenten Ihres Unternehmens trösten. Denn von nun an dürfen Sie sich in diesem Aufzug ganz ungeniert und exklusiv breitmachen.*
*Mein Name ist Frank Herold, teleorga, B2B-Telemarketing.*
*Telefonisch transportiere ich Ihren USP, Ihren Sales Pitch, … SIE!*
*Kurzum: Ich bringe Ihr Geschäft ins Geschäft.*
*Die Jury des Wettbewerbs? Das sind Sie! Der Gewinner? Ganz klar: Sie!*

Der Vergleich weckt den Wunsch, gleich in diesen Fahrstuhl einzusteigen. Die Jury lobte diesen Beitrag für seine Einfachheit, Klarheit und Verständlichkeit. In dieser Beurteilung steckt im Grunde alles, was ein guter Elevator Pitch können muss: Er muss prägnant und klar sein und er muss den Wunsch des Adressaten wecken, sich ausführlicher über das Angebot zu informieren.

Behalten Sie bei der Vorbereitung auf einen Elevator Pitch immer folgenden Grundsatz im Auge: In einer solch kurzen Zeit ist es unmöglich, tiefere Einsichten zu erzeugen oder breitere Zusammenhänge eines Themas darzustellen; und es kann auch nie darum gehen, im Publikum tiefe Überzeugungen herzustellen oder von ihm definitive Entscheidungen in existenziellen Fragen zu erreichen, wie das bei einer gewöhnlichen Rede der Fall ist.

• • • • • • • • • • • • • • • • • • • • • • • • • • • • • • • • • • • • • • • • • •

Das Ziel eines Elevator Pitches ist die Zusage zu einem Gesprächstermin, bei dem dann Einzelheiten besprochen, Angebote gelegt, Geschäftsbeziehungen geknüpft werden können. Es geht um das Okay zum nächsten, intensiveren Schritt.

• • • • • • • • • • • • • • • • • • • • • • • • • • • • • • • • • • • • • • • • • •

## In sieben Schritten zum Elevator Pitch

### 1. Schritt: Was ist der Gegenstand des Elevator Pitches?
Notieren Sie: Wofür wollen Sie mit Hilfe des Elevator Pitches werben? Was wollen Sie verkaufen? Vor wem sprechen Sie? Hier eine Liste von Themen, die in einem Elevator Pitch behandelt werden können:

- Ihr Produkt vor einem potenziellen Kunden
- Ihre Geschäftsidee vor einem potenziellen Investor
- Ihr Projekt, Ihre Idee vor Ihrem Vorgesetzten
- Ihr Unternehmen, Ihre Firma, Ihr Start-Up ... vor einem potenziellen Partner
- Sie selbst vor einem Kunden, Investor, Personalchef, Geschäftspartner

*2. Schritt: Wer sind Sie?*
Außer Ihrem Namen gehört in diese Rubrik Ihre Berufsbezeichnung und eine prägnante Definition dessen, wofür Sie zuständig sind. Es geht hier vor allem um die Antwort auf die Frage: Was prädestiniert Sie ganz besonders dafür, für das Produkt/das Projekt einzutreten, das Sie bewerben?

*3. Schritt: Was tun Sie?*
Notieren Sie, was Sie in Ausübung Ihrer Tätigkeit für Ihre Kunden tun.

*4. Schritt: Was ist der Nutzen Ihrer Tätigkeit?*
Notieren Sie, was sich für Ihren Kunden durch Ihre Tätigkeit positiv verändert, in drei verschiedenen Punkten. Was hat er davon?

*5. Schritt: Was zeichnet Sie besonders aus?*
Notieren Sie, was Sie/Ihr Produkt/Ihre Tätigkeit besonders auszeichnet, zum Beispiel im Unterschied zu Ihren Mitbewerbern oder zur bisherigen Vorgangsweise.

Alles zusammengenommen klingt Ihr Pitch bis jetzt so:

*Mein Name ist XY, als Ingenieur für Z bin ich auf die Optimierung von ABC spezialisiert.*
*Ich betreue meine Kunden, indem ich TUN 1 und TUN 2.*
*Dadurch können Sie NUTZEN 1, aber auch NUTZEN 2 und NUTZEN 3.*
*Dies ist vor allem deshalb so wertvoll, weil meine Kunden dadurch ihr XYZ effizienter gestalten können.*

Dies ist das Muster Ihres Pitches, das grundsätzlich gleich bleiben kann, unabhängig davon, wer Ihnen zuhört.

Es fehlen aber noch zwei wichtige Elemente, nämlich ein spannender Anfang und ein kräftiger Schluss – genau wie in einer normalen Rede. Diese beiden Elemente geben Ihnen die Möglichkeit, ganz speziell auf die Redesituation und die Erwartungshaltung Ihres Adressaten einzugehen.

### 6. Schritt: Was ist Ihr Ziel?

Notieren Sie einen Appell. Dieser wird im Elevator Pitch in Form einer „Checkfrage" formuliert. Überlegen Sie sich zunächst, was Sie von Ihrem Gegenüber möchten – einen Gesprächstermin? Einen Termin für ein Telefonat? Ein Arbeitsessen? Was immer es auch ist, sagen Sie am Ende deutlich, was Sie möchten:

*Ich schlage vor, Ihnen mein Projekt in einem persönlichen Gespräch näher vorzustellen. Wann können wir ein solches Gespräch planen?*

### 7. Schritt: Was ist an Ihrem Gegenstand interessant?

Was Ihnen jetzt zu tun bleibt, ist, Ihren Adressaten zu Beginn des Pitches für Ihre Idee/Ihr Projekt einzunehmen, es so spannend zu machen, dass er Ihnen Autorität in Ihrer Sache zugesteht. Sie brauchen ein Teasing, also einen „Aufmacher", eine Zeile, die das Interesse Ihres Gegenübers wachruft. In der Fachsprache nennen wir eine solche Zeile einen „Hook", einen „Angelhaken". In der Musik ist ein Hook die erste Idee, die ein Musikstück eröffnet. Denken Sie an die ersten Takte der 5. Sinfonie von Ludwig van Beethoven oder an das „Yesterday" im gleichnamigen Song der Beatles und Sie wissen, wie ein Hook in der Musik wirkt.

Dasselbe brauchen Sie auch für Ihren Elevator Pitch: einen oder wenige besonders eingängige Sätze. Im Prinzip können Sie dabei dieselben vier Register anwenden, die auch für die Eröffnung einer gewöhnlichen Rede wirksam sind (siehe „Der gelungene Start" in „Station 2") – für diesen Fall aber ganz besonders knackig formuliert.

## Am Haken: Attraktive Einstiege

Anschließend finden Sie nun bewährte Varianten für kurze und attraktive Starts.

*Holen Sie Ihr Publikum ab: Machen Sie Ihren Nutzen deutlich*
Beispiel Marion Höper, Gebäude-Energieberatung, Holzminden
*Kennen Sie das auch? – Sie pendeln zwischen den Baustellen und Ihrem Büro hin und her, das Handy immer am Ohr ... Sie finden nur noch in der Mittagspause oder nach Feierabend Ruhe für die sich stapelnde Büroarbeit? Und dann schaffen Sie auch nur das Nötigste? – Bevor sich entscheidende Fehler in Ihre Zeichnungen einschleichen, geben Sie diese Arbeit doch einfach ab! Sie organisieren und stehen vorne im Rampenlicht, und ich erledige die Aufgaben im Hintergrund. Sie können ganz entspannt in die Besprechungen gehen, da Ihre Präsentation rechtzeitig fertig ist. Ohne Kompromisse und professionell!*

*Wecken Sie die Aufmerksamkeit: Stellen Sie die Bedeutung Ihres Inhalts klar*
Beispiel: InTouch Massagen, Hamburg
*Machen Sie die Augen zu. Stellen Sie sich vor, Sie liegen in eine kuschelige Decke gehüllt und ganz entspannt einfach nur so da.*
*Eine Stunde lang, frei vom Alltag, frei vom Stress, frei von den vielen Gedanken und Terminen.*
*Sie öffnen die Augen, trinken einen Schluck Wasser und fühlen sich ruhig und erfrischt. Kraftvoll und kreativ. Aufgetankt.*
*Sie erlebten gerade eine Stunde Reiki. Was ist Reiki? – Eine japanische Methode der Tiefenentspannung, die durch das Auflegen der Hände funktioniert. Entweder habe ich Ihnen die Hände aufgelegt oder Sie sich selbst.*
*Genießen Sie diese Entspannung. Lassen Sie Reiki geschehen oder lernen Sie es selbst!*

*Stellen Sie den Anlass klar: Beschreiben Sie die Ausgangssituation oder das Problem*
Beispiel: Blackwell IT
*Das kennen Sie bereits ... Sie sitzen in Hamburg, haben einen Kunden in Dubai, einen Partner in Rom und einen Subunternehmer in den USA und Sie arbeiten an einem gemeinsamen Projekt. Sie haben etwas Dringendes zu besprechen und zu entscheiden. Es fehlt die Zeit, den Termin zu koordinieren, einen Ort auszusuchen und dahin zu fliegen, um das Thema zu besprechen.*

*Steigen Sie direkt ein: Setzen Sie eine interessante und unerwartete These an den Anfang*
Beispiel: Inkassobüro Hübner, Reichenbach
*Haben Sie sich schon einmal Gedanken gemacht, was Sie zum Überleben brauchen? Ist es Essen, Trinken, Kleidung und ein Dach über dem Kopf? Oder Ihre Villa, Ihr Pferd oder Ihre Yacht? – Egal, was für Sie das Wichtigste auf Erden ist, es kostet Geld. Dafür arbeiten Sie hart. Doch wird Ihre Arbeit nicht bezahlt, können Sie nicht überleben.*
*Für diesem Fall bin ich Ihr Überlebenspaket. – Darf ich Sie retten?*

*Rufen Sie einen Aha-Effekt hervor: Bringen Sie ein Beispiel oder einen Vergleich zur Veranschaulichung*
Beispiel: Team Factory, Bellikon, Schweiz
*Was machte Ferrari eigentlich erfolgreich? – Top-Auto, Top-Fahrer, Top-Koordination und Abstimmung, Top-Team!*
*Und was macht Sie erfolgreich? – Klare Visionen und Ziele, innovative Produkte, effiziente und schlanke Prozesse, zufriedene Kunden, Top-Team!*
*Und wie bei Ferrari: Stillstand heißt Rückschritt. Sobald nicht alle Elemente optimal eingestellt sind, braust die Konkurrenz einfach an einem vorbei.*

*Formulieren Sie ein Paradox, einen scheinbaren Widersinn*
Beispiel: Satzmacher, Stuttgart
*Haben Sie schon einmal versucht, neue Kunden zu gewinnen, ohne ein Wort zu sagen? Oder stellen Sie sich vor, Sie stehen auf der Insel Tuvalu im Pazifik*

*und möchten einem Einwohner erklären, warum er ein Mitarbeiter Ihrer Firma werden soll. Schwierig, oder?*
*Mark Twain hat erkannt: „Die größte Macht hat das richtige Wort zur richtigen Zeit." Nutzen Sie diese Macht für Ihr Unternehmen! Überzeugen Sie Ihre Kunden – von mir bekommen Sie das richtige Handwerkszeug: die richtigen Worte zur richtigen Zeit.*

**Der Kern des Problems: Stellen Sie die Gretchenfrage**
Beispiel: Designer Brause, Hamburg
*Seriöser Typ, unrasiert, sucht Partner. Partner fürs Leben. Aber nie ist der Richtige dabei. Ein erstes Treffen, ein nettes Gespräch, gleiche Interessen – man tauscht Telefonnummern aus: Aber das Telefon klingelt nicht. Man sieht sich nie wieder.*
*Liegt das an der äußeren Erscheinung?*
*Wie ist das bei Ihnen? Ist das Erscheinungsbild Ihrer Firma so, wie Sie von Ihren Kunden wahrgenommen werden möchten?*

Achtung: Verwenden Sie in einem Elevator Pitch zu Beginn niemals eine Provokation. Wie wir weiter oben gesehen haben, können Provokationen zwar wirkungsvolle Einstiege sein, jedoch nur dann, wenn genug Zeit bleibt, dem Publikum die Absicht klarzumachen, die hinter der Provokation steckt. Diese Zeit haben Sie in einem Elevator Pitch nicht. Und wenn Sie Ihren Adressaten provozieren, ohne ihm die Absicht zu erklären, dann lassen Sie ihn nach dem Pitch allein – in genau der Emotion, die Sie ihm „eingeimpft" haben: Er fühlt sich von Ihnen provoziert.

• • • • • • • • • • • • • • • • • • • • • • • • • • • • • • • • • • • •

Stellen Sie einen möglichst persönlichen Kontakt zu Ihrem Adressaten her. Beschreiben Sie seinen Nutzen oder seine Problemstellung so, dass er sich möglichst persönlich davon angesprochen fühlt.

• • • • • • • • • • • • • • • • • • • • • • • • • • • • • • • • • • • •

Der gesamte Elevator Pitch

| | |
|---|---|
| Hook | Seriöser Typ, unrasiert, sucht Partner. Partner fürs Leben. Aber nie ist der Richtige dabei. Ein erstes Treffen, ein nettes Gespräch, gleiche Interessen - man tauscht Telefonnummern aus: Aber das Telefon klingelt nicht. Man sieht sich nie wieder. Liegt das an der äußeren Erscheinung? Wie ist das bei Ihnen? Ist das Erscheinungsbild Ihrer Firma so, wie Sie von Ihren Kunden wahrgenommen werden möchten? |
| Person | Designer Brause verhilft Ihrem Unternehmen zu einem optimalen Erscheinungsbild. |
| Tätigkeit | Gemeinsam mit Ihnen schauen wir, wo Ihre Firma gerade steht und wie sie sich darstellen will. Wir passen Ihr Unternehmensbild genau diesen Voraussetzungen an. |
| Nutzen | Damit spiegeln Ihr Logo, Ihre Geschäftsausstattung und Ihre Firmenkommunikation genau Ihre Unternehmensphilosophie wider. |
| USP | Durch das Zusammenwirken dieser verschiedenen Informationskanäle sehen Ihre Kunden auf den ersten Blick, mit wem sie es zu tun haben. So sprechen Sie genau die Kunden an, die zu Ihnen passen. |
| Checkfrage | Es würde uns freuen, Ihnen unser Portfolio ausführlicher präsentieren zu können. Können wir dazu einen Termin vereinbaren? |

## Der Business Pitch

Der „Business Pitch" dauert etwas länger als der Elevator Pitch und gibt dem Sprecher etwas mehr Raum, seine Argumentation aufzubauen. Er ist nicht für die allererste Kontaktaufnahme mit potenziellen Geldgebern, Kunden oder Partnern gedacht, sondern dafür, eine Projektidee einem Entscheider sauber und prägnant vorzustellen. Und das wiederum mit dem Ziel, detailliertere Gespräche zu vereinbaren oder eine Zusammenarbeit zu beginnen oder fortzusetzen.

Der Business Pitch folgt im Prinzip der Struktur des 3-Minuten-Blitzvorschlags. Die Argumentation startet mit einem Problemaufriss, um daraus den Vorschlag zu entwickeln und anschließend das Ergebnis zu umreißen.

Pro Feld haben Sie maximal 30 Sekunden Zeit, das bedeutet, Sie können maximal drei kurze Sätze à jeweils 10 Sekunden einbauen. Liefern Sie prägnante, knappe Aussagen, die Sie auf dem effektivsten Weg von A nach B, also vom Problem zum finalen Okay, bringen.

Hier ein Beispiel, das der Diskussion um den Atomausstieg in Deutschland nach dem Atomunfall in Fukushima entnommen ist:

*1. Situation, Problem, Umfeld, Trend, Markt*
*Der jüngste Atomunfall in Fukushima hat die Aufmerksamkeit der Öffentlichkeit wieder mehr auf die Gefahren und die Unsicherheit der atomaren Stromerzeugung gelenkt. In Japan gehen die Menschen auf die Straße, um dagegen zu protestieren, aber auch bei uns in Deutschland findet sich längst eine Mehrheit für den Ausstieg aus der Atomkraft. Leider sieht es im Augenblick noch so aus, dass dieses Unterfangen zig Milliarden Euro kosten wird und zu Engpässen in der Stromerzeugung führen kann.*

*2. Idee, Vorschlag, Lösung, Konzept, Projekt*
*Die einzig mögliche Grundlage dafür, dass Atomkraftwerke in Zukunft von neuen Technologien abgelöst werden können, ist eine klare Positionierung der Politik. Daher schlage ich vor, dass sich die Parteien in Deutschland zu einer eindeutigen Entscheidung über den Ausstieg aus der Atomkraft entschließen. Das Thema Atomkraft muss strikt aus den diversen Wahlkampfdebatten herausgehalten werden.*

**Situation, Problem, Umfeld, Trend, Markt**  30 Sek.
1.
2.
3.

**Idee, Vorschlag, Lösung, Konzept, Projekt**  30 Sek.
1.
2.
3.

**Nutzen 1: Erfolg, Gewinn, positiver Effekt**  30 Sek.
1.
2.
3.

**Nutzen 2: Erfolg, Gewinn, positiver Effekt**  30 Sek.
1.
2.
3.

**Finanzierung, Unterstützung, Zusage**  30 Sek.
1.
2.
3.

**OK? - Interessiert? Meeting? Terminvorschlag? Detailgespräch?**

### 3. Nutzen 1: Erfolg, Gewinn, positiver Effekt
*Investoren brauchen Sicherheit für ihr finanzielles Engagement. Wenn nach jeder Bundestagswahl wieder neu über die Grundlagen der Energiepolitik entschieden wird, können wir von Geldgebern nicht erwarten, dass sie auf diesem Gebiet gerne große Risiken eingehen. Klare Vorgaben der Politik sind also die Voraussetzung dafür, dass frisches Geld in den Ausbau neuer Technologien fließen kann.*

### 4. Nutzen 2: Erfolg, Gewinn, positiver Effekt
*Deutschland ist jetzt schon Weltmarktführer bei den erneuerbaren Energien. Ein Ausstieg aus der Atomkraft wird dieser Branche einen zusätzlichen kräftigen Wachstumsimpuls geben, sodass die hohen Kosten für den Umbau der Energieversorgung sich über Umwege rentieren. Außerdem ist alternative Energiegewinnung im Betrieb billiger, da der Ankauf und die teure Entsorgung der Rohstoffe wegfallen.*

### 5. Was muss passieren? Finanzierung, Unterstützung, Zusage
*Damit wir dieses Projekt stemmen können, müssen wir die großen deutschen Energieunternehmen bei den notwendigen Umstrukturierungsmaßnahmen der nächsten Jahre finanziell unterstützen, damit sie nicht gezwungen sind, ihre Einnahmenausfälle über einen höheren Strompreis auf die Kunden abzuwälzen. Dazu brauchen wir einen einstimmigen Beschluss im Kabinett, um die notwendigen Gelder bereitzustellen.*

### 6. Okay?
*Ich schlage vor, dass wir für die Kabinettsmitglieder einen gemeinsamen Termin vereinbaren, bei dem wir sie über die Details des Vorschlags informieren. Wann können wir diesen Termin planen?*

Eine etwas schärfere, allerdings auch schwierigere Variante des Business Pitches, den Business-POWER-Lift, finden Sie in meinem Buch *Sicher präsentieren – wirksamer vortragen*.

# DER LANGVORTRAG

Langvorträge sind rhetorische Anlässe, die länger dauern als die maximale Spanne der menschlichen Aufmerksamkeit. Die Aufmerksamkeitsspanne ist jene Zeit, in der sich eine Person auf eine Handlung konzentrieren kann, ohne dabei abgelenkt zu werden. Psychologen haben in Tests nachgewiesen, dass diese Spanne bei einem erwachsenen Menschen maximal 20 Minuten dauert. Dann benötigt das Gehirn eine Pause – die betreffende Person muss sich, um die Aufmerksamkeit wieder auf ihr höchstes Niveau zu bringen, kurz entspannen, sich zwischenzeitlich mit einer anderen Materie befassen oder sich bewusst neu fokussieren.

Nun gibt es im rhetorischen Tagesgeschäft Aufgaben, die über diese Zeitspanne hinausgehen: Fachvorträge bei Kongressen oder Tagungen dauern 30 bis 45 Minuten, Keynote Speeches dauern bis zu 60 Minuten; Vorlesungen an Universitäten 60 bis 120 Minuten; Schulungen und Seminare – mit den entsprechenden Pausen – manchmal sogar noch bedeutend länger.

Als Rednerin oder Redner besteht also eine Ihrer Herausforderung bei Langvorträgen darin, gegen diese natürliche Ermüdung der Aufmerksamkeit Ihres Publikums zu arbeiten (Methoden dafür finden Sie im Abschnitt „So fördern Sie die Aufmerksamkeit Ihres Publikums" in „Station 1") – oder nach 20 Minuten eine Verschnaufpause einzulegen.

Je länger der Vortrag dauert, desto wichtiger wird die Struktur. Sonst kann es passieren, dass Ihre Zuhörer nach 15 Minuten nicht mehr wissen, worum es geht, geschweige denn was sie davon haben. Dabei hilft uns nun als wertvoller Bauplan der Fünfsatz in unterschiedlichen Varianten.

## Strukturieren Sie Langvorträge mit dem Fünfsatz

Auch der Fünfsatz folgt zuerst einmal der Grundstruktur der Rede, also Start, Hauptteil, Schluss:

Der Begriff „Satz" ist in diesem Fall als inhaltliche Einheit zu verstehen, als ein logischer Gedankenschritt, ein Modul des Bauplans. Dieser Gedankenschritt kann theoretisch sogar in einem einzigen Satz abgehandelt werden,

| | | |
|---|---|---|
| **1. Satz** | Anfang: Was liegt vor? Worum geht es? | **Beschreibung des Status Quo** |
| **2.– 4. Satz** | Mitte: Der Gedankenweg | |
| 1. | | |
| 2. | | **Drei argumentative Schritte** |
| 3. | | |
| **5. Satz** | Schluss: Hauptaussage | **Schlussfolgerung** |

wobei dies vor allem für den Start und den Schluss gilt. Für den Aufbau der Argumentation wird ein einziger Satz kaum ausreichen. Meist wird es daher um die ausführliche Gestaltung einer Aussage oder eines Arguments gehen, inklusive aller Beispiele und Schlussfolgerungen, die man dafür benötigt.

→ Der 1. Satz beschreibt das vorliegende Problem oder knüpft an eine Fragestellung oder Äußerung an, die im Raum steht.
→ Der 2., 3. und 4. Satz beschreiben Ihren Gedankenweg. Sie dienen als Beleg dafür, dass Ihre Hauptaussage richtig ist.
→ Der 5. Satz bildet den krönenden Abschluss Ihrer Argumentation: Er ist die zwingende Schlussfolgerung aus allem, was bisher gesagt wurde, oder fordert das Publikum zum Handeln auf.

Dieses Grundmuster kann zum Beispiel so aussehen:

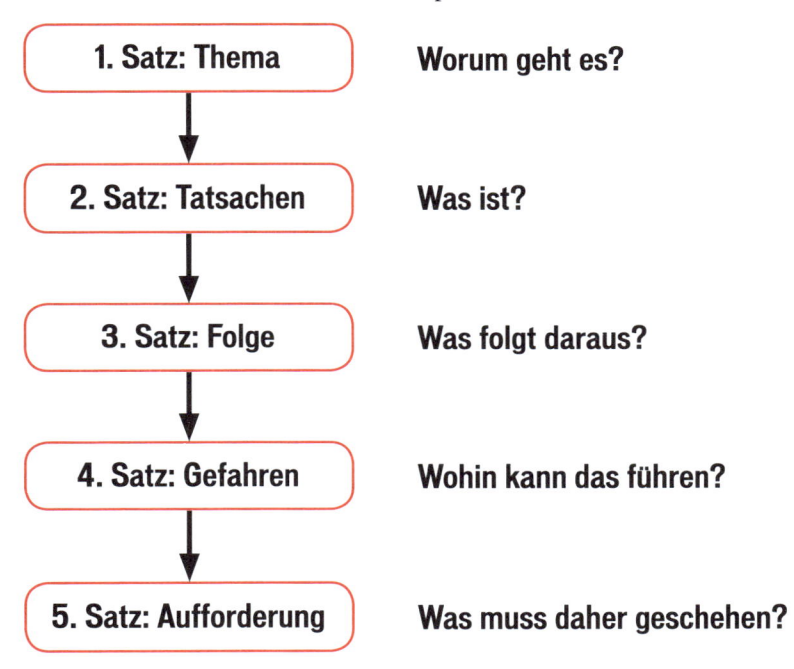

| | |
|---|---|
| **1. Satz: Thema** | **Worum geht es?** |
| **2. Satz: Tatsachen** | **Was ist?** |
| **3. Satz: Folge** | **Was folgt daraus?** |
| **4. Satz: Gefahren** | **Wohin kann das führen?** |
| **5. Satz: Aufforderung** | **Was muss daher geschehen?** |

In der Praxis müssen Sie diese Struktur Ihrer jeweiligen Redesituation bzw. Ihrem Redeziel anpassen. Gehen Sie bei der Planung immer von hinten nach vorne:

→ Definieren Sie zuallererst Ihre Hauptaussage. Was möchten Sie Ihrem Publikum, in einem Satz ausgedrückt, mit auf den Weg geben?
→ Jetzt suchen Sie die Indizien, die für die Richtigkeit dieser Aussage sprechen, inklusive aller Beispiele, die Sie zur Veranschaulichung benötigen.
→ Erst am Schluss formulieren Sie einen passenden Einstieg. Dabei können Sie wiederum eines der Register verwenden, die für den Anfang einer Rede geeignet sind (siehe „Der gelungene Start" in „Station 2").

Jetzt planen Sie Ihren „Gedankenweg". Dieser richtet sich wiederum danach, welche Hauptaussage Sie in Ihrer Rede treffen wollen. Ausgehend von dieser

Hauptaussage ist immer jener Weg der beste, der das Publikum zwingend von seiner Erwartungshaltung, dem Punkt A, zu Ihrer Hauptaussage, dem Punkt B, führt.

Sie lernen nun verschiedene Varianten des Fünfsatzes kennen, die Sie für Langvorträge einsetzen können.

### *Die Reihe*

Die Argumente, die Ihre Hauptaussage stützen, werden „addiert" und entfalten in der Summe ihre Beweiskraft. Sie stützen die Hauptaussage durch ihre Anzahl und die anschauliche Darstellung.

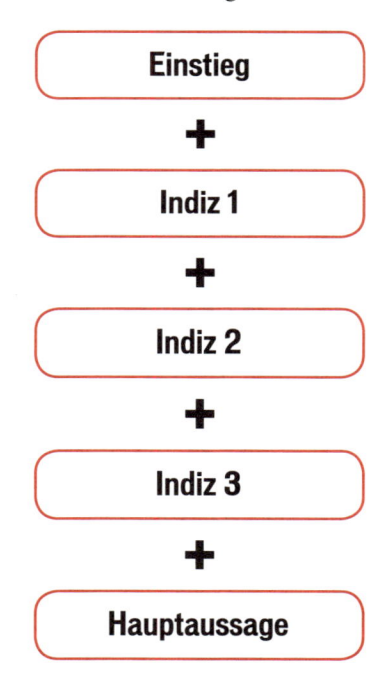

```
Einstieg
   +
Indiz 1
   +
Indiz 2
   +
Indiz 3
   +
Hauptaussage
```

Beispiele für einleitende Formulierungen für die Indizien:

*Lassen Sie mich drei Aspekte des Problems aufzeigen …*
*Erstens … Zweitens … Drittens …*
*Einerseits … Andererseits … Außerdem …*

## Die Kette

Die Kette unterscheidet sich von der Reihe dadurch, dass die Indizien die Hauptaussage nicht in ihrer Summe stützen, sondern dadurch, dass eine Aussage logisch aus der vorherigen folgt. Das Publikum verfolgt in der Rede also gleichsam eine Beweiskette, bei der ein Indiz zwingend zum nächsten führt oder die Argumente durch eine Chronologie miteinander verbunden sind.

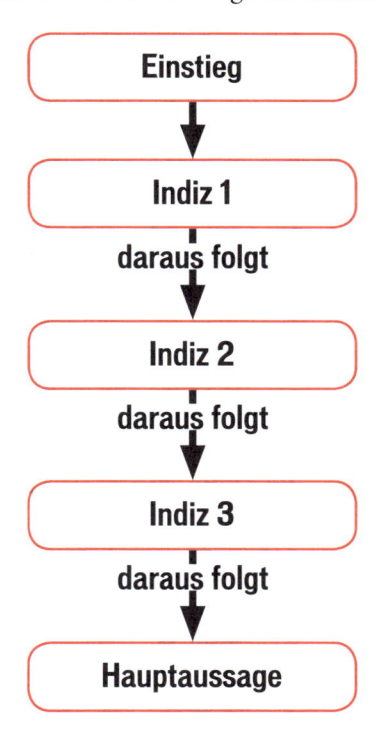

```
            ┌─────────────┐
            │  Einstieg   │
            └──────┬──────┘
                   ▼
            ┌─────────────┐
            │   Indiz 1   │
            └──────┬──────┘
                daraus folgt
                   ▼
            ┌─────────────┐
            │   Indiz 2   │
            └──────┬──────┘
                daraus folgt
                   ▼
            ┌─────────────┐
            │   Indiz 3   │
            └──────┬──────┘
                daraus folgt
                   ▼
            ┌─────────────┐
            │ Hauptaussage│
            └─────────────┘
```

Beispiele für einleitende Formulierungen für die Indizien:

*Wenn a, dann b ... Wenn b, dann c ... Wenn c, dann d ...*
*Früher ... Jetzt ... In Zukunft ...*
*Faktor 1 führt zu 2... Faktor 2 zu 3... Faktor 3 zu ...*

*Die Abgrenzung*

Diese Form wird dazu verwendet, um einer gegnerischen Meinung wirkungsvoll entgegenzutreten. Im Einstieg wird das Thema angerissen. Dann wird die gegnerische Meinung beschrieben, um sie mit Hilfe des 2. Indizes zu widerlegen. Das 3. Indiz bekräftigt noch einmal die eigene These und führt direkt zur Hauptaussage der Rede.

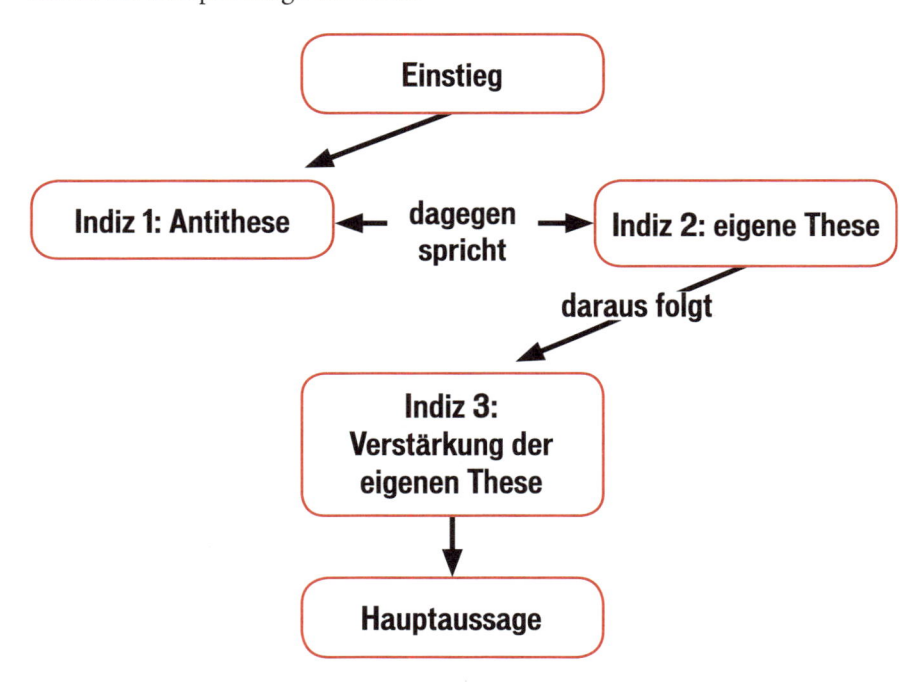

```
                    ┌───────────┐
                    │ Einstieg  │
                    └─────┬─────┘
                          ↙
┌──────────────────┐  dagegen   ┌──────────────────────┐
│Indiz 1: Antithese│ ← spricht →│Indiz 2: eigene These │
└──────────────────┘            └──────────┬───────────┘
                                    daraus folgt
                                           ↙
                            ┌─────────────────────┐
                            │      Indiz 3:       │
                            │  Verstärkung der    │
                            │   eigenen These     │
                            └──────────┬──────────┘
                                       ↓
                            ┌─────────────────────┐
                            │    Hauptaussage     │
                            └─────────────────────┘
```

Beispiele für einleitende Formulierungen für die Indizien:

*Man könnte dazu die Meinung A vertreten, die besagt ...*
*Dabei wird jedoch nicht berücksichtigt, dass ...*
*Daraus erkennt man deutlich, dass ...*

*Die Induktion*

„Induktion" bedeutet „Hinführung". In der Argumentation führen besondere Beispiele, Fallstudien oder allgemein ersichtliche Tatsachen zu einer allgemeinen Aussage hin. Die allgemeine Aussage führt direkt zur Hauptaussage, die dem Publikum durch die besonderen Beispiele plausibel gemacht wird.

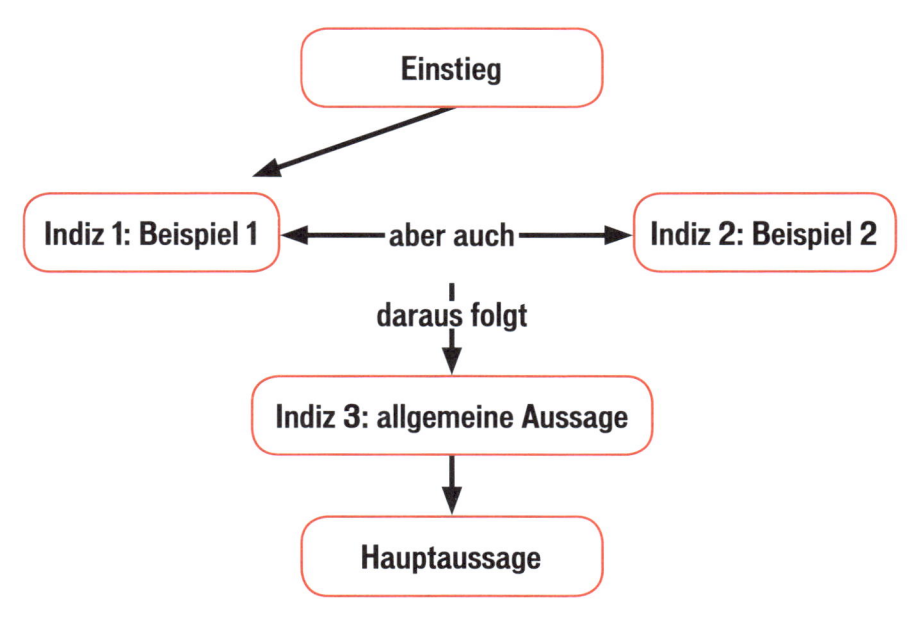

```
                          ┌──────────┐
                          │ Einstieg │
                          └────┬─────┘
                               ↓
┌──────────────────┐                    ┌──────────────────┐
│ Indiz 1: Beispiel 1 │ ←── aber auch ──→ │ Indiz 2: Beispiel 2 │
└──────────────────┘                    └──────────────────┘
                          daraus folgt
                               ↓
                ┌──────────────────────────────┐
                │ Indiz 3: allgemeine Aussage  │
                └──────────────┬───────────────┘
                               ↓
                       ┌──────────────┐
                       │ Hauptaussage │
                       └──────────────┘
```

Beispiele für einleitende Formulierungen für die Indizien:

> *Einerseits ... Andererseits ... Insgesamt bedeutet das ...*
> *Folgendes Beispiel zeigt deutlich ... Aber man muss auch berücksichtigen, dass ... Daraus folgt in logischer Konsequenz, dass ...*

### *Der Kompromiss*

Diese Form wird am besten dann verwendet, wenn zwischen zwei gegnerischen Meinungen ein Ausgleich hergestellt werden soll. Dazu werden beide Meinungen dargelegt, um ihren gemeinsamen Nenner zu definieren und daraus einen „dritten Weg" abzuleiten.

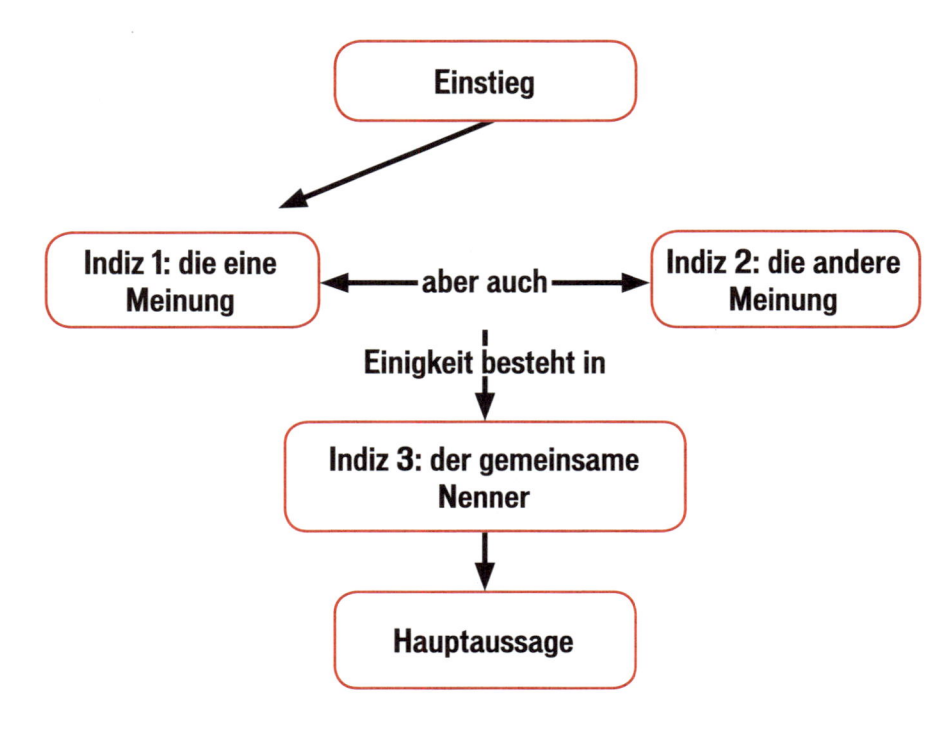

```
        ┌──────────┐
        │ Einstieg │
        └────┬─────┘
             ↙
┌──────────────────┐              ┌──────────────────┐
│ Indiz 1: die eine│ ←— aber auch →│Indiz 2: die andere│
│     Meinung      │              │     Meinung      │
└──────────────────┘              └──────────────────┘
             Einigkeit besteht in
                      ↓
        ┌──────────────────────┐
        │ Indiz 3: der gemeinsame│
        │        Nenner         │
        └──────────┬───────────┘
                   ↓
        ┌──────────────────┐
        │   Hauptaussage   │
        └──────────────────┘
```

Beispiele für einleitende Formulierungen für die Indizien:

*Die einen (Herr X, Gruppe A) sind der Meinung … Die anderen (Frau Y, Gruppe B) meinen dazu … Alle sind sich jedoch einig darin, dass …*

### *Die Alternative*

Auch diese Form bringt zwei gegnerische Meinungen aufs Tapet, allerdings nicht mit der Absicht, einen Kompromiss zu finden, sondern um diese Meinungen abzukanzeln und die eigene Meinung als Lösung zu präsentieren. Dabei wird auf nicht beachtete Aspekte der gegnerischen Meinungen verwiesen oder überhaupt das Problem nicht als solches anerkannt.

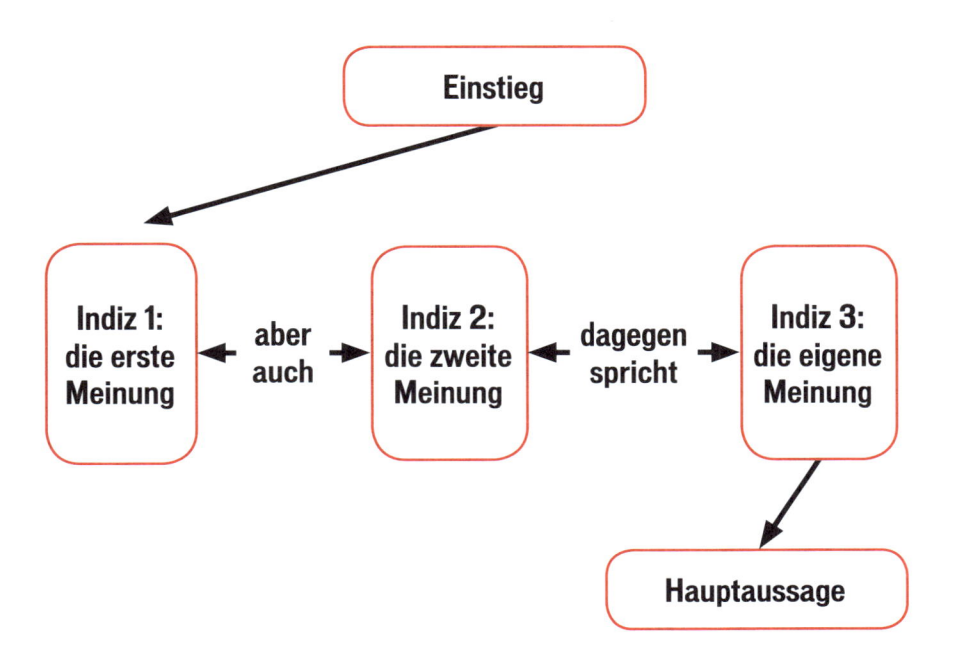

```
          Einstieg
             ↓
Indiz 1:  aber   Indiz 2:  dagegen  Indiz 3:
die erste ←auch→ die zweite ←spricht→ die eigene
Meinung          Meinung            Meinung
                                        ↓
                                   Hauptaussage
```

Beispiele für einleitende Formulierungen für die Indizien:

*Die einen vertreten die Meinung … Die anderen denken darüber … Beide überzeugen jedoch nicht, weil …*

# DIE KEYNOTE SPEECH

Sie sind als Redner oder Rednerin zu einer Keynote Speech eingeladen? Gratulation, diese Einladung bedeutet, dass Sie bereits einige Zeit in der *Rhetorischen Kraftkammer* verbracht und Reputation als Vortragender oder Vortragende gesammelt haben.

Wer sich auf eine Keynote Speech vorbereitet, muss sich vor allem darauf konzentrieren, mit seiner Rede exakt den Ton der Veranstaltung zu treffen. Haben Sie schon einmal einen Auftritt eines A-capella-Chors gesehen? Der Chor singt vor jeder Nummer gemeinsam einen Ton, damit sich die einzelnen Sänger auf das Stück und aufeinander einstimmen können. Im Englischen nennt man diesen zur Einstimmung gesungenen Ton „Keynote", also den Grundton oder auch den musikalischen Grundgedanken eines Musikstücks.

Genau dasselbe macht auch eine Keynote Speech bei Firmenevents, Fachtagungen oder politischen Veranstaltungen, etwa Parteitagen: Sie etabliert den Grundton, also das Thema und den Grundgedanken des Programms, das das Publikum an diesem Tag erwartet. Die Keynote bringt die Kernbotschaft oder die wichtigste Information der Veranstaltung auf den Punkt.

Eine Keynote Speech ist für den geladenen Redner so etwas wie ein Schaufenster, eine hervorragende Möglichkeit, sich selbst und wichtige Meinungen vor einer breiten, interessierten Öffentlichkeit in ein positives Licht zu rücken. Barack Obama katapultierte sich im Juli 2004 bei der National Convention der Demokraten in Boston durch seine Keynote ins Licht der Öffentlichkeit und stand von da an als Präsidentschaftsanwärter fest. Ein Meister der Keynote war Steve Jobs. Er brachte in seinen Auftritten die Grundgedanken und zentralen Botschaften von Apple auf den Punkt und legte damit den Grundstein für den Markterfolg der Apple-Produkte.

## Was erwartet das Publikum von einer Keynote?

2009, Las Vegas, *Synergy*-Konferenz: Der Präsentationsexperte Garr Reynolds eröffnet die Veranstaltung mit dem Motto „Think Differently". Alle erwarten, dass er mit einer Reihe seiner üblichen Präsentationstipps und hervorragenden Slides startet. Doch Reynolds verwendet die ersten acht Minuten seiner etwas mehr als 40 Minuten dauernden Rede darauf, sich selbst dem Publikum vorzustellen. Allerdings nicht so, wie man es in amerikanischen Breiten gewohnt ist, sondern so, wie man es in Japan tut, wo Reynolds lebt. Er animiert seine Zuhörer sogar dazu, sich den jeweiligen Nachbarn kurz auf Japanisch vorzustellen – für das Auditorium eine kuriose, amüsante Erfahrung.

Erst dann steigt Reynolds ins Thema ein. Er kündigt drei Aspekte der Disziplin „Präsentation" an, die für ihn wichtig sind: „Simplicity", „Beginner's Mind" und „Nakedness". Kuriose, nicht naheliegende Themen, die sich jedoch blendend in das Motto der Veranstaltung fügen: „Think Differently".

Reynolds handelt diese Aspekte nicht in ihrer ganzen Komplexität ab, sondern beleuchtet sie nur da und dort mit Schlaglichtern, die eine einzige Funktion haben: dem Publikum die Bedeutung dieser Themen für ihr eigenes berufliches Leben klarzumachen. Sein Anspruch:

............................................................

Wie kann das anwesende Publikum mit Hilfe meiner Erfahrungen und Erkenntnisse sein eigenes Leben verbessern?

............................................................

Und das ist die zentrale Frage, die eine Keynote Speech zu beantworten sucht. Am Ende entlässt Reynolds sein Publikum mit einer Hauptaussage – jener Erfahrung, die seiner Meinung nach für das Leben seines Publikums am nützlichsten und wichtigsten ist.

## Worum es bei einer Keynote wirklich geht

→ **Bei einer Keynote geht es auch um Inhalte. Aber vor allem um Unterhaltung.** Eine Keynote ist grundsätzlich kein Fachvortrag und Sie sind nicht als Experte geladen – auch wenn Sie einer sind. Machen Sie es sich zur ausschließlichen Aufgabe, Ihr Publikum für Ihre Inhalte zu begeistern, dann erfüllen Sie die Funktion einer Keynote am besten.

→ **Eine Keynote bejaht und bekräftigt die Ziele und Inhalte der Veranstaltung.** Als Keynote Speaker haben Sie die Aufgabe, mit Ihren eigenen Inhalten und Aussagen in dieselbe Kerbe zu schlagen wie die Veranstaltung. Die sorgfältige Analyse der Zielgruppe (in diesem Fall des Veranstalters) ist also die wichtigste Aufgabe in der Vorbereitung einer Keynote.

→ **Eine Keynote soll im Publikum ein Gefühl der Gemeinschaft erzeugen.** Sie sind der erste Redner, die erste Rednerin der Veranstaltung und haben die Aufgabe, das Publikum einzustimmen und es den darauf folgenden Fachvortragenden in gut gelaunter Stimmung zu „übergeben". Dazu gehört auch, dass das Publikum das Gefühl hat, sich gemeinsam auf den Tag freuen zu können.

## Praktische Struktur für Ihre Keynote

Wir greifen hier auf den bereits beschriebenen und verlässlichen Fünfsatz mit seinen fünf Modulen zurück.

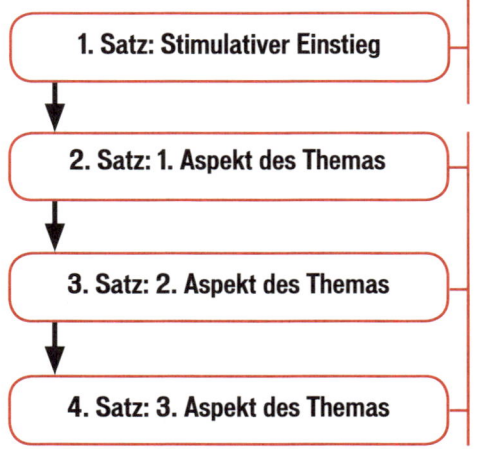

| | |
|---|---|
| 1. Satz: Stimulativer Einstieg | Verwenden Sie Techniken, um Ihr Publikum zum aktiven Zuhören zu stimulieren, zum Beispiel mit einer Quizfrage. |
| 2. Satz: 1. Aspekt des Themas | Gliedern Sie das Thema, für das Sie stehen und über das Sie in der Keynote sprechen wollen, in drei wichtige Aspekte oder zentrale Botschaften. Sprechen Sie über diese Aspekte, indem Sie Informationen hervorheben, die für das Leben und die Arbeit Ihres Publikums relevant sind. |
| 3. Satz: 2. Aspekt des Themas | |
| 4. Satz: 3. Aspekt des Themas | |

Fassen Sie Ihre drei Aspekte nun in einer zentralen Botschaft zusammen, in einem wichtigsten „Learning", das Ihr Publikum mit nach Hause nehmen kann. Beispiele und Inspiration dafür finden Sie im nun folgenden Kapitel.

# DAS BESTE KOMMT ZUM SCHLUSS

Im Kino werden die grundsätzlichen Aussagen über das Leben immer am Schluss getroffen. Die Geschichte führt zu einer „Moral", die der Zuseher am Ende mit nach Hause nimmt.

Diese Form findet sich auch in der Kommunikation, und zwar immer dann, wenn der Sprecher mit seiner Äußerung auf einen ganz bestimmten Punkt hinauswill, von dem er gerne hätte, dass sein Publikum ihn anerkennt und danach handelt. Und auch in einer Rede gehen wir mit unserem Publikum immer von einem Punkt A zu einem Punkt B. Und dort empfehle ich Ihnen grundsätzlich zwei Möglichkeiten:

→ Sie ziehen ein prägnantes, allgemein gültiges Fazit aus Ihren Ausführungen – **Essenz**.
→ Sie fordern das Publikum auf, im Sinne Ihres Vorschlags oder Ihrer Überzeugung zu handeln – **Appell**.

Eine simple Zusammenfassung am Schluss ist zwar auch möglich – und sehr gebräuchlich –, das ist aber wenig wirkungsvoll und nicht besonders stimulierend. In der *Rhetorischen Kraftkammer* trainieren wir einige sehr viel besser geeignete Abschlussaktionen für Ihre Rede:

*Greifen Sie den Anfang noch mal auf*
Dan Ariely, Professor für Verhaltensökonomik, verbringt sein Forscherleben damit, zu zeigen, wie irrational die Entscheidungen oft sind, die Menschen insbesondere im Wirtschaftsleben treffen. Seinen Vortrag, den er darüber 2009 in Monterey hielt, begann er mit einer Geschichte darüber, wie er selbst als junger Wissenschaftler auf das Thema gekommen war:

> *Jeder von Ihnen hat schon mal ein Heftpflaster abgenommen und sich dabei irgendwann gefragt, was wohl besser sei: Soll man es schnell abreißen – Der Schmerz ist dann nur kurz aber dafür sehr intensiv – oder es stattdessen langsam abziehen – was zwar länger dauert, aber jeden einzelnen Moment erträglicher macht. Welches ist der richtige Ansatz? Intuitiv dachte ich, schnell*

*und schmerzvoll. Meine Krankenschwester handelte allerdings intuitiv und zog meine Pflaster nach schweren Verbrennungen in täglicher stundenlanger Qual langsam ab …*

Dann sprach Dan Ariely über die menschliche Intuition: wie sie funktioniert, wie sie unsere Entscheidungen beeinflusst und inwieweit man ihr bei wichtigen Entscheidungen vertrauen soll. Und zum Schluss kam er wieder auf sein Anfangsbeispiel zurück:

*Später sagte mir meine Krankenschwester Ettie:„Ich glaubte nicht, dass Ihre Intuition richtig war. Ich glaubte, meine Intuition war es."*
*Und weil ich dachte, meine Intuition wäre richtig, sie jedoch, ihre Intuition wäre richtig, war es sehr schwierig für sie, ein Experiment zu veranstalten, nur um zu überprüfen, ob sie falsch lag.*
*Denken Sie einmal darüber nach, wie viel höher meine Lebensqualität gewesen wäre, wenn meine Krankenschwestern bereit gewesen wären, ihre Intuition zu hinterfragen, und um wie viel besser unser aller Leben sein könnte, wenn wir nur anfingen, unsere Intuitionen durch systematische Experimente zu überprüfen. Vielen Dank.*

Greifen Sie am Schluss die Gedanken aus Ihrer Einleitung wieder auf, nicht wörtlich, sondern sinngemäß, um mit Hilfe des in der Rede Gesagten neue Schlüsse daraus zu ziehen. Wenn Sie am Schluss auf den Gedanken zurückkommen, den Sie am Anfang geäußert haben, können Sie mit Hilfe des im Vortrag gewonnenen neuen Wissens diesen Anfangsgedanken neu überprüfen und bewerten, um daraus ein Fazit zu ziehen. Eine sehr elegante Methode, sich selbst auf eine Stufe mit dem Publikum zu stellen, ohne dabei als Redner an Autorität einzubüßen.

### *Entwerfen Sie eine Vision für die Zukunft*
Die Vision eines Redners kann für das Publikum zur Realität werden, wenn es so handelt, wie er es vorschlägt. Diese Tatsache macht eine Vision für die Rhetorik interessant: Sie bindet das Publikum an die Überzeugung des Redners, indem sie ihm Hoffnungen auf eine schöne Zukunft macht.

Visionen für die Zukunft zu entwerfen ist dann sinnvoll, wenn man dem Publikum in der Gegenwart nicht viel bieten kann außer große Anstrengungen, Arbeit oder einen ersten Schritt. Ein gutes Beispiel dafür ist die „Ruck-Rede" von Roman Herzog. In dieser Rede, die der damalige deutsche Bundespräsident 1997 in Berlin hielt, beklagt sich Herzog darüber, dass das Leben in Deutschland überreguliert sei und dass damit die Wirtschaft Zwängen ausgesetzt sei, die ihr schaden. Das Publikum sollte sich also aufgefordert fühlen, die Ärmel hochzukrempeln und die Probleme anzupacken. Außer viel Arbeit hatte also Roman Herzog seinen Zuhörern nicht viel zu bieten. Also schließt er mit einer Vision:

*John F. Kennedy hat einmal gesagt: Unsere Probleme sind von Menschen gemacht, darum können sie auch von Menschen gelöst werden. Ich sage: Das gilt auch für uns Deutsche. Und ich glaube daran, dass die Deutschen ihre Probleme werden lösen können. Ich glaube an ihre Tatkraft, ihren Gemeinschaftsgeist, ihre Fähigkeit, Visionen zu verwirklichen. Wir haben es in unserer Geschichte immer wieder gesehen: Die Deutschen haben die Kraft und den Leistungswillen, sich am eigenen Schopf aus der Krise herauszuziehen – wenn sie es sich nur zutrauen. … Ich bin überzeugt: Wir können wieder eine Spitzenposition einnehmen, in Wissenschaft und Technik, bei der Erschließung neuer Märkte. Wir können eine Welle neuen Wachstums auslösen, das neue Arbeitsplätze schafft.*

*Das Ergebnis dieser Anstrengung wird eine Gesellschaft im Aufbruch sein, voller Zuversicht und Lebensfreude, eine Gesellschaft der Toleranz und des Engagements. Wenn wir alle Fesseln abstreifen, wenn wir unser Potential voll zum Einsatz bringen, dann können wir am Ende nicht nur die Arbeitslosigkeit halbieren, dann können wir sogar die Vollbeschäftigung zurückgewinnen. Warum sollte bei uns nicht möglich sein, was in Amerika und anderswo längst gelungen ist? Wir müssen jetzt an die Arbeit gehen. Ich rufe auf zu mehr Selbstverantwortung. Ich setze auf erneuerten Mut. Und ich vertraue auf unsere Gestaltungskraft. Glauben wir wieder an uns selber. Die besten Jahre liegen noch vor uns.*

Visionen sind auch dann hilfreich, wenn man das Publikum zu einer Leistung auffordern möchte, von der es keinen direkten, persönlichen Nutzen hat. Hilfsorganisationen zum Beispiel müssen immer wieder an die Spendenfreundlichkeit ihres Publikums appellieren und tun sich naturgemäß damit umso schwerer, je weiter ihr Einsatzgebiet vom Spender entfernt ist, je abstrakter die Probleme, die mit Hilfe der Spende gelindert werden sollen, in den Augen des Spenders erscheinen. Hilfsorganisationen haben die Möglichkeit, in Vorträgen Visionen für die Zukunft zu entwerfen, die beschreiben, wie das Leben der Menschen, denen sie helfen, in Zukunft aussehen wird.

### *Wiederholen Sie die Kernthese*

Diese Methode nennt man auch „Abriegeln der These": Sie bringen Ihre Kernthese am Schluss noch einmal auf den Punkt, um dem Publikum deutlich zu machen, dass sie sich organisch und logisch aus Ihren Indizien ableitet:

*Aus dem Gesagten folgt, dass x …*
*Wie Sie an diesen Beispielen sehen können, ist es so, dass y …*
*Was folgt daraus? – Natürlich z!*

Bill Gates liefert ein gutes Beispiel dafür. Seine Ausgangsthese in einem Vortrag über seine Wohltätigkeitsstiftung lautet:

*Die Wirtschaft hat einen großen Nachteil: Sie löst nicht alle sozialen Probleme von selbst. Deshalb muss es private Initiativen geben, die sich um diese Probleme kümmern. Aber ich bin optimistisch, dass das funktioniert.*

Bill Gates beschreibt daraufhin zwei besondere Probleme, um die sich die „Bill & Melinda Gates Foundation" kümmert: Malaria und Bildung. Und erzählt von den Erfolgen, die bei dieser Arbeit erzielt werden können. Dann schließt er seinen Vortrag so:

*Ich hatte heute nur die Zeit, zwei Probleme zu umreißen. Aber es gibt noch viele weitere Probleme wie diese: Aids, Lungenentzündung, … Und die Fähigkeiten, die es bedarf, um diese Sachen anzugehen, sind sehr weit.*

*Sie sehen daran: Das System bringt nicht automatisch die Lösungen hervor. Regierungen lösen nicht automatisch diese Probleme auf die richtige Weise. Der Privatsektor setzt seine Ressourcen nicht automatisch in diese Dinge. Also bedarf es brillanter Menschen wie Ihnen, diese Sachen zu untersuchen, Menschen zu motivieren. Und dabei zu helfen, Lösungen zu finden. Und deshalb glaube ich, dass einige großartige Sachen daraus erwachsen werden. Ich danke Ihnen.*

**Fordern Sie zum Handeln auf**
Die Rhetorik ist die Kunst, Menschen zum Handeln zu bewegen. Insofern sind Aufforderungen die Kernelemente der Rhetorik überhaupt. Vernachlässigen Sie Ihre Aufforderungen nicht und gehen Sie keinesfalls davon aus, dass Ihre Zuhörer am Ende von selbst wissen, was nun zu tun ist.

*Bewilligen Sie X!*
*Unterstützen Sie Y!*
*Werden Sie zu Mitstreitern!*
*Kaufen Sie Z!*

Tatsache ist: Eine Rede kann noch so gut sein, das Publikum braucht den wörtlichen Hinweis darauf, wie es nachher weitergehen soll. Wenn Sie diesen Hinweis nicht geben, laufen Sie Gefahr, „in Schönheit zu sterben", das heißt, die Rede ist gehalten, aber die anvisierte Entscheidung wird nicht gefällt, die Unterstützung wird nicht gewährt, Ihr Anliegen verläuft im Sand.

Wenn Sie von Ihrem Publikum erwarten, dass es nach dem Ende Ihrer Rede eine konkrete Handlung setzt, dann sprechen Sie diese Erwartung direkt an.

*Aufgrund der Sachlage, die ich Ihnen beschrieben habe, komme ich zu dem Schluss, dass diese Investition ein Gewinn für unser Unternehmen sein wird. Entscheiden Sie sich für dieses Projekt!*
*Ich komme daher zum Schluss, dass sich diese Vorgangsweise für unser Projekt auf lange Sicht nicht rechnen kann. Meine Meinung dazu: Lassen Sie die Finger davon!*

Wie auch immer Ihre Meinung zum fraglichen Gegenstand ist: Bringen Sie diese auf den Punkt und formulieren Sie aus Ihrer Sicht der Dinge einen Appell, den die Entscheider dann mit in ihre Beratung nehmen.

### *Drei Varianten für wirkungsvolle Aufforderungen*

Es kann sein, dass Sie eine Rede für ein besonderes Anliegen oder einen Appell nützen wollen, den man von Ihnen nicht von vornherein erwartet. In diesem Fall halten Sie sich an den Rahmen der gegebenen Situation und der Beziehung zu Ihrem Publikum. Ich zeige Ihnen hier mehrere Möglichkeiten:

### Die Einladung

Wenn Sie zum Beispiel auf einer Fachtagung als Gast sprechen und dabei nicht nur als Experte auftreten, sondern auch die Gelegenheit nützen wollen, Ihr Unternehmen ins rechte Licht zu rücken, dann ist es ein Gebot der Höflichkeit Ihrem Gastgeber gegenüber, dass Sie ihm nicht mit großen Forderungen ins Haus fallen; dazu haben Sie nicht das Recht. Was Sie aber sehr wohl tun können, ist, zu einem vertiefenden Gespräch einzuladen:

*Sie sehen, unsere Produkte haben sich auch unter schwierigen äußeren Bedingungen gut bewährt. Wenn wir damit Ihr Interesse gefunden haben, stehe ich Ihnen in der Mittagspause gerne noch für weitere Gespräche zur Verfügung. Ich lade Sie herzlich ein, diese Gelegenheit zu nützen, denn im Gespräch haben wir die Möglichkeit, Ihre persönlichen Anliegen und Bedürfnisse noch eingehender zu besprechen.*

### Der Anspruch

Al Gores Vorträge über den Klimawandel sind ein klassisches Beispiel für diese Art von Anspruch, die der Redner an sich selbst stellt: Der Mann vertritt in seinen Auftritten eine Überzeugung, die vom Publikum übernommen werden muss, sonst war sein Vortrag kein Erfolg.

Also muss er diesen Anspruch seinem Publikum am Schluss seiner Rede auch klarstellen. In seiner zweiten Slideshow, die er 2008 nach seiner ersten Präsentation *Eine unbequeme Wahrheit* als „Sequel" herausbrachte, hört sich das so an:

*Manchmal höre ich Leute auf die beunruhigenden Fakten der Klimakrise antworten: „Oh, das ist so schrecklich. Welche Last wir zu tragen haben." Ich würde Sie gerne bitten, dies umzuformulieren. Wie viele Generationen in der ganzen menschlichen Geschichte hatten die Gelegenheit, einer Herausforderung gegenüberzutreten, die unsere größte Anstrengung verdient? Eine Herausforderung, die uns mehr tun lässt, als wir je für möglich gehalten hätten? Ich glaube, wir müssen dieser Hausforderung mit einem tiefen Gefühl von Freude und Dankbarkeit beggenen, dass wir die Generation sind, die in tausend Jahren von Philharmonie-Orchestern und Dichtern und Sängern gefeiert wird, indem sie sagen: Das waren diejenigen, die diese Krise aus eigener Kraft bewältigt haben und die Grundlage für eine strahlende und optimistische menschliche Zukunft gelegt haben! Lassen Sie uns dies tun!*

Sagen Sie Ihren Zuhörern, was Sie gerne von ihnen hätten, aber vergessen Sie nicht, ihnen zu sagen, wie wichtig und sinnvoll es ist, dass sie diese Herausforderung annehmen. Um Ihr Publikum zu motivieren, bringen Sie in Zusammenhang mit Ihrem Appell folgende Informationen auf den Punkt:

➜ Inwiefern macht die Herausforderung Sinn?
➜ Was macht mich optimistisch? Was deutet darauf hin, dass die Herausforderung lösbar ist?
➜ Welche Belohnung erwartet den, der die Herausforderung meistert?

**Die Forderung**
Ihre Verantwortung für ein gemeinsames Ziel kann es mit sich bringen, dass Sie nachdrückliche Forderungen stellen müssen, zum Beispiel wenn Sie und Ihre Zuhörer in einem Arbeitsverhältnis stehen und die Dinge nicht so laufen, wie es wünschenswert wäre. Dann kann es durchaus angebracht sein, mit Hilfe einer Rede einmal kräftig „auf den Tisch zu hauen".

*Beteiligen Sie sich …! Unterstützen Sie …! Nehmen Sie XY ernst …! Entscheiden Sie sich für …! Ich will, dass Sie …!*

Diese Appelle sind dann nicht mehr als höfliche Bitte oder als freundliches Anliegen gemeint, sondern Sie stellen damit die Rute ins Fenster.

Wenn Sie an Ihr Publikum eine Aufforderung richten, denken Sie daran, Ihren Appell plausibel und nachvollziehbar zu machen. Eine scharfe Aufforderung, die aus dem Nichts kommt, erzeugt bei Ihrem Publikum Unverständnis und emotionale Unsicherheit darüber, wie Ihre Äußerung gemeint war. Erklären Sie, aus welchen Gründen Sie böse sind, und machen Sie die Sinnhaftigkeit Ihres Appells deutlich:

→ Was ist meine Forderung?
→ Was ist meine dahinterstehende Haltung?
→ Worauf gründet sich diese Haltung?

*Ich fordere Sie auf, das Projekt wie vorgeschlagen zu unterstützen. Ich bin davon überzeugt, dass es die einzige Möglichkeit ist, dieses Geschäft positiv abzuwickeln. Die Erfahrung aus den letzten Jahren bestätigt diese Vorgangsweise zu 100 Prozent.*

## Die abschließende Frage

*Fassen Sie zusammen und holen Sie Zustimmung ein*
Fragen eignen sich sehr gut dazu, immer wieder zu überprüfen, ob das Publikum mit den bisherigen Ausführungen einverstanden ist, ob die gemeinsame Basis stimmt.

*Unsere Strategie muss also sein, dass Ihre Mitarbeiter effizienter zusammenarbeiten, richtig?*
*Stimmen Sie zu, dass wir hier den Hebel ansetzen müssen?*
*Sind Sie einverstanden, dass wir noch weitere Daten zur Klärung des Problems benötigen?*

*Setzen Sie einen starken Schlussappell*
Der Schluss einer Rede ist ein neuralgischer Punkt, denn was Sie am Schluss

sagen, bleibt besonders im Gedächtnis des Publikums haften. Dieser Moment eignet sich also wunderbar dafür, Ihr Anliegen oder Ihre Meinung durch eine Frage noch zu verstärken:

*Also, packen wir die Gelegenheit beim Schopf und investieren in das Projekt?*
*An diesem Punkt müssen wir uns ehrlich fragen: Warum haben wir die Integration nicht schon längst auf Schiene gebracht?*
*Warum sollen wir also mit unserem Problem zum Schmiedl gehen – und nicht gleich zum Schmied?*

## Was Sie am Ende niemals tun sollten

*Lassen Sie Ihr Publikum nicht im Ungewissen*
Beantworten Sie alle Fragen, die Sie im Laufe der Redezeit gestellt haben, und stellen Sie sicher, dass Ihr Vortrag auf eine klare Aussage hinausläuft. Wenn Sie das nicht tun, wenn Ihre Rede in der Unsicherheit oder im Zwiespalt endet, dann ermächtigen Sie damit das Publikum, die Rede von sich aus abzuschließen, eigene Schlussfolgerungen zu ziehen, die vielleicht nicht in Ihrem Sinne sind. Das wiederum wird sich negativ auf das Erreichen Ihres Redeziels auswirken. Prüfen Sie also rechtzeitig – in der Vorbereitung –, ob alle Fragen, die Sie aufwerfen, im Laufe Ihrer Rede auch verlässlich beantwortet werden.

*Kündigen Sie nicht den Schluss an, um dann lange weiterzureden*
Viele Menschen können auch in ganz alltäglichen Erzählungen nicht zum Schluss kommen: Weil ihnen immer noch weitere wichtige Dinge einfallen, die sie unbedingt noch an den Mann bringen müssen. „Ich komme nun zum Schluss", sagen sie und setzen zu einer neuen, groß angelegten Argumentationsarie an. Und das Publikum wird mit Recht ungeduldig. Es erwartet die Pointe, wird aber vom Redner hingehalten.

„Über mein Thema gibt es so unglaublich viele nützliche, wichtige und spannende Dinge zu sagen!" – Mit diesem Gedanken tragen Sie sich hoffentlich, wenn Sie Ihre Rede vorbereiten. Auch wenn Sie Ihre Rede beginnen, ist dieser Gedanke äußerst hilfreich, wenn Sie sich zu Höchstleistungen motivieren wollen. Aber wehe, wenn Sie den Schluss Ihrer Rede bereits angekündigt haben und sich von diesem Gedanken nicht trennen können!

Egal nach welcher Technik Sie Ihren Schluss gestalten, er ist der Höhepunkt Ihres Auftritts. Er ist die Stelle, an der alle Fäden, die Sie in Ihrer Rede aufgenommen haben, in einen Punkt zusammenlaufen. Es ist für den Erfolg Ihrer Rede von entscheidender Bedeutung, dass der Schluss von Ihrem Publikum nicht nur als Höhepunkt verstanden, sondern auch so empfunden wird; der Schluss einer Rede basiert natürlich auf einer wichtigen Information, aber er ist im Grunde ein Effekt, den Sie bewusst planen und inszenieren sollten.

## Ihr 10-Punkte-Trainingsplan für Station 2 – Story und Struktur

1 Legen Sie genau fest, was Sie sagen wollen und vor allem – wozu? Entscheiden Sie dann, welche Inhalte Sie dafür brauchen.
2 Geben Sie Ihren Inhalten eine nachvollziehbare und logische Struktur, damit Sie schneller und besser verstanden werden.
3 Sammeln Sie Ihre Inhalte und ordnen Sie diese in drei Ebenen an: Thema, Modul und Detail.
4 Ordnen Sie Ihre Inhalte der Grundstruktur Start, Hauptteil, Finale zu und nutzen Sie für den Hauptteil einen Bauplan.
5 Rasch und wirkungsvoll informieren Sie mit der 3-Minuten-Blitzinfo; zum Überzeugen nutzen Sie den 3-Minuten-Blitzvorschlag.
6 Der HPSpresso hilft Ihnen beim „Sprechdenken" und spontanen und logischen Formulieren Ihrer Gedanken.
7 Strukturieren Sie längere Vorträge mit einer Variante des Fünfsatzes.
8 Wählen Sie am Start aus vier Registern: Publikum abholen; Anlass klarstellen; Agenda vorgeben; Aufmerksamkeit wecken.
9 Beginnen Sie unkonventionell mit einem der zehn wirkungsvollen Starts.
10 Verzichten Sie beim Abschluss auf eine simple Zusammenfassung, verankern Sie stattdessen noch einmal Ihre Botschaft und fordern Sie die Zuhörer zum Handeln auf.

# Station 3: Wirksame Sprache

Wirksame Sprache bedeutet, dass Ihre Worte sofort auf Ihre Zuhörer wirken: Sie regen zum Mitdenken an, lösen zustimmendes Kopfnicken aus, erzeugen Neugierde und lassen **„Bilder im Kopf"** entstehen. Erfahren Sie, wie Sie mit Geschichten überzeugen, die spannende Action-Sprache und rhetorische „Spins" einsetzen. Dann können Ihre Zuhörer „miterleben", was Sie sagen, ohne sich auf komplizierte Sätze oder Wörter konzentrieren zu müssen. Und für den Fall, dass es einmal kritisch wird: Die effiziente Abwehr von **rhetorischen Attacken** und **Kampfrhetorik** gibt Ihnen das nötige Rüstzeug für die Praxis. In der dritten Station der *Rhetorischen Kraftkammer* erfahren Sie, wie Ihre **Sprache „wirksamer"** wird und damit Ihre Zuhörer und Zuhörerinnen noch besser erreicht.

## Die Verarbeitung von Rhetorik im Gehirn

Im Gegensatz zu gelesenem Text wird Sprache nicht in kleinen Informationsblöcken verarbeitet, sondern als permanenter Fluss von Klängen. Diese Klänge beinhalten die Überlappung von Konsonanten und Vokalen.

Die Schwierigkeit für Ihre Zuhörer besteht darin, dass jeder Sprecher unterschiedliche Klänge in unterschiedlicher Geschwindigkeit produziert. Um die Sprache zu verstehen, nutzt der Zuhörer einen Ausleseprozess, der den Klang jedes Wortes mit möglichen passenden Worten vergleicht. Wenn Sie zum Beispiel „Elefant" sagen, werden mit dem Klang des Buchstabens E im Gehirn des Zuhörers rund tausend Wörter, die mit E beginnen, aktiviert. Sobald das L kommt, wird die Liste auf hundert Möglichkeiten reduziert, und beim F ist nur noch eine Möglichkeit übrig.

Sobald der Zuhörer das Wort erkannt hat, aktiviert er für 200 bis 400 Millisekunden alle möglichen Bedeutungen des Wortes, selbst solche, die nicht in den Kontext passen. Bei undeutlicher Aussprache ist die Erkennung schwierig und funktioniert oft erst mit zunehmendem gesprochenen Kontext. Das bedeutet für Sie, dass deutliche, prägnante und nicht zu schnelle Sprache zu einem erheblichen Teil für funktionierende Rhetorik mitverantwortlich ist. (Marslen-Wilson 1987; Bard, Shillock & Altmann 1988; Nearey 1989) Die folgenden drei Erfolgsdisziplinen der Rhetorik garantieren, dass Sie nicht nur akustisch, sondern auch inhaltlich immer perfekt verstanden werden.

## Die drei Erfolgsdisziplinen der Rhetorik

Die Trainingsprogramme vieler Sportarten bauen auf drei Säulen auf. Säule 1 ist Kraft, Säule 2 ist Ausdauer und Säule 3 ist Beweglichkeit. Jede dieser drei Säulen beinhaltet wiederum gewisse Unterdisziplinen und fein aufeinander abgestimmte Trainingsprogramme und Übungen, doch im Wesentlichen sind damit die drei größten und wichtigsten Trainingsbereiche beschrieben.

Da wir uns auch rhetorisch in einer Kraftkammer befinden, werden wir uns nun mit den drei Erfolgsdisziplinen beschäftigen, die unerlässlich für starke Rhetorik sind. Es sind dies unsere drei wichtigsten Säulen für wirksame Sprache:

→ **Erfolgsdisziplin 1: Prägnanz**
   die Fähigkeit, wichtige Gedanken kurz und prägnant auf den Punkt zu bringen
→ **Erfolgsdisziplin 2: Relevanz**
   die Fähigkeit, so zu formulieren, dass der Inhalt für das Publikum relevant, interessant und wichtig ist
→ **Erfolgsdisziplin 3: Stimulanz**
   die Fähigkeit, die Aufmerksamkeit und die Emotionen des Publikums wachzurufen

# DIE PRÄGNANZ: BRINGEN SIE ES AUF DEN PUNKT

Das Grundbedürfnis nach Klarheit und Eindeutigkeit ist im Menschen praktisch „serienmäßig eingebaut", es ist ein Grundbedürfnis des menschlichen Gehirns. Zur Veranschaulichung: Welche Figuren sehen Sie auf diesem Bild?

Links sehen Sie einen Kreis und ein Rechteck und rechts ein Dreieck und ein Rechteck, richtig? Man könnte diese Formen aber auch ganz anders sehen, nämlich als zwei Vielecke. Unser Gehirn ist jedoch darauf programmiert, wahrgenommene Strukturen auf ihren wesentlichen Kern und damit auf einfache Grundmuster zu reduzieren. Die Wahrnehmungspsychologen sagen dazu „Prägnanztendenz".

Dieses Phänomen begegnet uns auch bei der Rhetorik: Ihr Publikum wird, während es Ihnen zuhört, hinter Ihren Worten permanent den einfachen Kern Ihres Inhalts zu ergründen suchen. Dem können Sie mit Prägnanz begegnen, der Konzentration auf das Einfache, Wesentliche.

Prägnanz gilt übrigens in der Wissenschaft als ein wesentliches Merkmal der Wahrheit. Wenn Sie Ihren Inhalt auf das Wesentliche konzentrieren, ermöglichen Sie dem Publikum, dieses Wesentliche zu erkennen – und als Wahrheit anzuerkennen.

## „Einfach" ist nicht „vereinfacht"

*Man soll die Dinge so
einfach machen wie möglich.
Aber bitte nicht einfacher.*
Albert Einstein

Monterey 2008, TED-Konferenz: Der britische Physiker Brian Cox wird gleich erklären, wie man sich das Universum im Augenblick des Urknalls vorstellen kann. Doch wie zeigt man ein so komplexes Gebilde wie das Universum in einem Vortrag von 15 Minuten, ohne den Inhalt zu „vereinfachen" oder zu verfälschen?

*Prägnant formulieren bedeutet nicht vereinfachen, sondern verdichten*
Der ehemalige bayrische Ministerpräsident Franz Josef Strauß, der sich gerne über die aufgeblähte Bürokratie der Europäischen Gemeinschaft empörte, brachte das Problem auf den Punkt: „Die Zehn Gebote enthalten 279 Wörter, die amerikanische Unabhängigkeitserklärung 300, die Verordnung der Europäischen Gemeinschaft über den Import von Karamellbonbons aber exakt 25 911!", stellte er in einem Interview für das Magazin *Der Spiegel* fest.

Natürlich ist diese Aussage ironisch gemeint. Aber dahinter steht ein ernstzunehmendes Phänomen: dass nämlich wenige Worte ausreichen können, um damit selbst komplizierte Inhalte (wie etwa eine Verfassung) so darzustellen, dass sie eine Vielzahl von Menschen über Jahrhunderte, ja sogar Jahrtausende in ihrem Denken beeinflussen.

Wie hat der Physiker Brian Cox seine Aufgabe gelöst? Um zu erklären, wie man sich das Universum vorstellen kann, verwendete er ein anschauliches Bild:

*In ganz jungen Jahren war das Universum ganz einfach und leicht zu verstehen – das ist fast so, wie wenn Sie sich eine Schneeflocke in Ihrer Hand vorstellen: ein unglaublich kompliziertes, schönes Gebilde. Aber wenn Sie die Schneeflocke erhitzen, schmilzt sie zu einer Wasserpfütze, und Sie realisieren, woraus die Schneeflocke eigentlich gemacht ist: aus Wasser, H2O. In diesem*

*Sinne sehen wir aus dem heutigen, komplizierten Universum in ein ganz einfaches, vergangenes zurück.*

Ein wunderbares Beispiel dafür, dass es möglich ist, selbst für so komplexe Gebilde wie unser Universum prägnante Darstellungen zu finden.

→ **Vereinfachung** passiert dann, wenn der Redner es sich selbst einfach macht. Wenn er wichtige Aspekte seines Themas ignoriert, wenn er aus Unkenntnis oder Faulheit verkürzt oder – ein Problem der Politik – einen Sachverhalt bewusst vereinfacht, weil er sein Publikum täuschen möchte.
→ **Einfach** ist eine Formulierung dann, wenn der Redner es dem Publikum einfach macht. Wenn er einen Inhalt, so komplex er auch sein mag, auf seinen essenziellen Kern reduziert.

Der japanische Designer Koichi Kanawa sagt: „Einfachheit meint den maximalen Bedeutungsgehalt bei einem Minimum an Mitteln zur Darstellung." Und sicher kennen Sie auch die Prämisse des Architekten Mies van der Rohe: „Less is more." Wichtig dabei ist: Bei aller Reduktion muss die Grundaussage immer erhalten bleiben. Prägnanz verfälscht den Inhalt nicht, sondern enthüllt ihn. Sie erhöht dadurch die Aufmerksamkeit und verstärkt die Aussage.

## So stellen Sie Ihre Inhalte prägnant dar

*Geben Sie sich mit einem Satz erst dann zufrieden, wenn er das Wesentliche dessen ausdrückt, was Sie sagen wollen*

Stellen Sie dazu die einfache Grundfrage: Was ist das Besondere an meinem Gedanken? Formulieren Sie eine Antwort darauf in einem einfachen Aussagesatz und lassen Sie dabei alles Überflüssige weg, das diese Besonderheit nicht abbildet. Verwenden Sie dabei nur Hauptsätze – Nebenund Schachtelsätze verwirren nicht nur das Publikum, sondern auch Sie selbst!

## Nutzen Sie den Verbalstil

Verwenden Sie vor allem Zeitwörter (Verben), um zu beschreiben, was Sie tun und denken, und möglichst wenige Hauptwörter (Substantive).

Statt „Die Inaugenscheinnahme des Betriebes war wegen der Unmöglichkeit der Sicherheitsgewährleistung für die Beschäftigten nötig" sagen Sie:

*Es war nötig, den Betrieb in Augenschein zu nehmen, denn es war nicht möglich, für die Beschäftigten die Sicherheit zu gewährleisten.*

## Verwenden Sie einfache und positive Formulierungen

Statt „Lassen Sie uns aufhören, umständlich um den heißen Brei herumzureden!" sagen Sie:

*Reden wir Klartext!*

„Hin zu"-Formulierungen sind kräftiger und besser geeignet, Menschen zu einem bestimmten Verhalten zu bewegen, als „Weg von"-Formulierungen, denn sie beschreiben das Ziel, auf das das Publikum sich orientieren soll.

Statt „Wir müssen nun gezielt vermeiden, dass die Lagerstände weiter anwachsen" sagen Sie:

*Lagerstände abbauen. Sofort!*

## Wenn Sie eindeutig Stellung beziehen wollen, formulieren Sie auch eindeutige Gedanken

Achten Sie auf sogenannte „Weichmacher", also schwammige Ausdrücke oder Konjunktive, die immer die Möglichkeit beschreiben, aber niemals die Wirklichkeit – also das, was Sie tatsächlich vom Publikum wollen.

Statt (Achtung, drei Weichmacher!) „Falls alles klappt, könnten wir mit diesem Projekt vielleicht den Anschluss finden" sagen Sie

*Dieses Projekt wird uns wieder auf die Erfolgsspur bringen!*

Lesen Sie dazu unbedingt auch das Kapitel „Die Sprache der Mächtigen".

*Stehen Sie zu dem, was Sie haben, und gehen Sie positiv damit um*
Keine Entschuldigungen oder Bankrotterklärungen, niemals.

Statt „Es tut mir leid, dass es so lange dauert! Ich bitte um Entschuldigung, dass ich mein Anschauungsmaterial vergessen habe!" sagen Sie:

*Legen wir nun einen Zahn zu! Damit Sie sich vorstellen können, was ich meine, eine kurze Beschreibung ...*

**Übung: Formulieren Sie prägnante Aussagen**
Formulieren Sie die Aussagen in der linken Spalte zu prägnanten Aussagen um.

| Umständlich/weich | Prägnant |
| --- | --- |
| Unter Beachtung aller Möglichkeiten vermute ich, dass wir vielleicht ein kleines Problem bekommen könnten. | Wir bekommen ein Problem ... |
| Deshalb sollten wir Überlegungen anstellen, ob es nicht sinnvoll wäre, die eine oder andere Alternative ins Auge zu fassen. | Deshalb brauchen wir folgende Alternativen ... |
| Sehr geehrter Herr Müller! Ich habe jetzt einen kleinen Vortrag vorbereitet und versuche, Ihnen nun, soweit mir bekannt, einen kurzen Überblick zu geben. | Ihre Lösung: |
| Ich habe leider keine genaueren Daten gefunden. Dennoch freue ich mich, diese jetzt in kurzen und klaren Worten zu präsentieren und damit hoffentlich das Verständnis für diesen auch für mich teilweise undurchsichtigen Bereich verbessern zu können. | Ihre Lösung: |
| Entschuldigen Sie bitte die farbliche Gestaltung dieser Zahlenmaterialien. Auch wenn schwer lesbar, möchte ich Ihnen die Umsatzpläne zeigen, die wir nächstes Jahr gerne erreichen würden. | Ihre Lösung: |

# DIE RELEVANZ: WAS HAT DER ZUHÖRER DAVON?

Vielleicht haben Sie das schon einmal erlebt: Sie haben eine Information bekommen und hatten sofort das Gefühl, diese wäre so nützlich für Ihr Leben, dass Sie sich darüber ärgerten, nicht schon viel früher davon gehört zu haben. Genau so ging es den amerikanischen Wählern im Jahr 2008. Die meisten hatten genug von zwei Amtsperioden der Regierung Bush und sehnten sich nach etwas Neuem. Egal wie, aber das Leben musste sich ändern.

Da kam Obama mit seinem „Change we can believe in". Die Redekunst dieses Mannes bestand darin, den Menschen das zu sagen, wonach sie sich sehnten, und zwar mit ihren eigenen Worten. Obama gewann diese Wahl deshalb, weil er den Menschen am glaubwürdigsten ihre eigene Sehnsucht erklärte.

Stellen Sie sich vor, Ihr Publikum trägt Wünsche und Hoffnungen mit sich herum, nach deren Erfüllung es sich insgeheim sehnt, und Sie sind derjenige, der diese als Erster laut ausspricht: Das ist das größte Maß an Relevanz – und zugleich die optimale Voraussetzung für den Erfolg Ihrer Rede.

Relevanz ist die Wichtigkeit, die ein Mensch einer Sache beimisst. Relevant ist eine Information dann, wenn das Publikum sie im Augenblick des Vortrags aufgrund seiner momentanen Informations- und Gefühlslage als bedeutend empfindet. Wenn sich ein Zuhörer von ihr die Verbesserung seines Lebens oder die Lösung eines wichtigen Problems verspricht.

## Na und, was geht mich das an?

Donald Saari, Professor für Mathematik und Ökonomie an der University of California, genießt einen hervorragenden Ruf als Vortragender. Seine Vorlesungen gelten nicht als lästige Pflichtveranstaltungen, sondern werden von Studenten aller Studienrichtungen mit großem Interesse verfolgt.

Donald Saari hat eine ganz besondere Methode der Gestaltung seiner Vorträge. Er nennt diese Methode „WGAD" – ein Kürzel für „Who gives a damn?", zu Deutsch: „Wen kümmert's?" Oder, noch deutlicher formuliert: „Na und?"

In meinem Buch *Sicher präsentieren – wirksamer vortragen* habe ich den „Na-und-Faktor" als Damoklesschwert bezeichnet, das über jeder Präsentation hängt. Dasselbe gilt für jede Rede. Diese Formulierung verwende ich selbst sehr gern, wenn Klienten komplexe Botschaften mit meiner Hilfe auf den Punkt bringen müssen. Indem ich immer wieder (hinter)frage „Na und?", arbeiten wir den Nutzen der Botschaft heraus. Das ist zwar ein anstrengender und intensiver Prozess, doch am Ende stehen glasklare und präzise Aussagen.

Donald Saari arbeitet ähnlich: Zu Beginn jeder Vorlesung gibt er seinen Studenten ausdrücklich die Erlaubnis, ihn zu jedem beliebigen Zeitpunkt des Unterrichts zu unterbrechen und ihm diese Frage zu stellen: *Was geht mich das an?* Er wird dann in seinem Vortrag innehalten und erklären, warum der Inhalt, den er gerade behandelt, für die Ausbildung und die geistige Entwicklung des Studenten wichtig ist.

Aber diese Methode hat noch einen Vorteil: Wenn Donald Saari diese Frage in jeder seiner Vorlesungen zu erwarten hat, muss er sich dazu zwingen, seine Themen und Inhalte stets auf ihre Verwertbarkeit im realen Leben seiner Zuhörer zu überprüfen. Er verlagert seine Konzentration dann bereits in der Vorbereitung von sich selbst weg, in Richtung auf sein Publikum. Besser kann man die Relevanz nicht berücksichtigen.

Gute Vortragende wie Donald Saari wissen um die Tatsache, dass das Publikum dem Redner innerlich immer mit stummen Fragen begegnet:

→ Wie kann ich das Wissen des Redners in meinem eigenen Leben konkret einsetzen?
→ Welche Lösung bietet mir der Redner für mein Problem?
→ Welchen Vorteil bringt mir das Produkt, das mir der Redner anbietet?
→ Wie bringt mich die Meinung des Redners in meinem eigenen Denken weiter?
→ Na und, was habe ich davon?
→ Wozu?

Verkäufer kennen dieses Problem sehr gut: Die Eigenschaften eines Produkts zu erklären ist eine Sache, aber ihr Nutzen für den Kunden eine ganz andere. Ein Teilnehmer an einem unserer Seminare umschrieb in einer Übungsrede sein Produkt etwa folgendermaßen:

*Der Motor dieses Wagens verfügt über das neuartige Antriebsaggregat „Hybrid Maximum Drive" (Name geändert), das auch schnelle Leistungsanforderungen mit permanent hohem Wirkungsgrad und absolut ohne Komforteinbußen bewältigen kann.*

Dieser Satz beschreibt die Eigenschaften des Motors. Ich fragte: „Na und?"

*Das Problem ist: Wenn das Fahrzeug von einem herkömmlichen Ottomotor angetrieben wird, ist für einen hohen Wirkungsgrad das Fahren im hohen Gang notwendig. Wenn nun Mehrleistung – also zum Beispiel Beschleunigung – gefordert wird, kann diese nur durch Drehzahlerhöhung, also durch die Wahl eines kleineren ...*

Ich unterbrach: „Na und?"

*Gegenüber einem herkömmlichen Ottomotor ersparen Sie sich mit dem Hybridantrieb durchschnittlich zwei Liter Benzin auf 100 gefahrenen Kilometern.*

Vielen Dank. Jetzt habe ich den Nutzen verstanden, bin sehr interessiert und bereit, mich geistig in die luftigen Höhen der physikalischen Geheimnisse eines Hybridantriebs aufzuschwingen.

### *Suchen und formulieren Sie den Nutzen, der optimal zu Ihrer Zielgruppe passt*

Wir alle lechzen nach Nutzen. Gleich welches Thema Sie in Ihrer Rede behandeln, sprechen Sie nicht nur über Eigenschaften, sondern bieten Sie Ihrem Publikum immer auch den Nutzen an. Sprechen Sie darüber, inwiefern Ihr Thema sich konkret auf das Leben Ihres Publikums bezieht und wie es zu Lösungen von Problemen beitragen kann, die das Publikum beschäftigen.

Auch wissenschaftlich ist erwiesen, dass persönlich relevante Inhalte eine höhere Wirkung auf Zuhörer erzielen. Tversky und Kahneman fanden 1973 heraus, dass Information, welche relevant für die Ziele und Vorhaben des Publikums ist, ganz besonders aufmerksam aufgenommen wird. Zum Beispiel ist Information, wie man Geld verdienen kann, ganz besonders interessant für Investoren; Information über gesunde Ernährung ist ganz besonders interessant für Mütter; Information über Unterhaltung ist ganz besonders interessant für Menschen, denen oft langweilig ist (Klinger 1975).

Das bedeutet wiederum, Sie müssen wissen, wer Ihre Zielgruppe ist, um Ihre Informationen und Argumente möglichst genau darauf abzustimmen. Als Sofortmaßnahme empfehle ich die Verwendung direkter Botschaften, zum Beispiel „Sie" statt „man", sowie die Sie-Sprache mit der Formulierung „Sie als …". Dadurch erreichen Sie bereits eine signifikant höhere Aufmerksamkeit, wie Burnkrant und Unnava in ihren Experimenten 1989 herausfanden.

## Zuhörerrelevant sprechen: Die Sie-Sprache

Relevanz drückt sich auch in der Art und Weise aus, *wie* Sie mit Ihrem Publikum sprechen. Reden Sie ständig von sich selbst – „Ich will", „Ich werde", „Ich habe", „Ich brauche", „Ich kann" – oder sprechen Sie Ihre Zuhörer und Zuhörerinnen direkt an? In anderen Worten: Kommunizieren Sie wirklich mit den Anwesenden?

Ein Mensch, der im Gespräch pausenlos nur von sich selbst und seinen eigenen Gedanken und Ideen spricht, eckt mit der Zeit bei seinem Gegenüber an, es wird seine Botschaften ablehnen. Genauso verhält es sich in der Rede. Wenn Sie ohne Unterbrechung in Ich-Botschaften reden, wirken Sie auf Dauer anmaßend und an einer echten Kommunikation mit dem Publikum desinteressiert.

Dieses Problem können Sie mit der „Sie-Sprache" vermeiden. Formulieren Sie Ihre Gedanken nicht aus Ihrer Sicht, sondern aus der Sicht der Zuhörer. Statt „Ich möchte folgende fünf Punkte behandeln" sagen Sie:

*Folgende fünf Punkte werden Sie interessieren …*
*Sie werden nur fünf spannende Punkte hören …*

Von der Ich-Formulierung zur Sie-Sprache

| Ich-Formulierung | Verbale Kontaktpflege |
|---|---|
| Ich sehe hier eine negative Entwicklung … | Beachten Sie die negative Entwicklung … |
| Ich schließe daraus, dass … | Daraus können Sie schließen, dass … |
| Dazu gebe ich zu bedenken … | Bedenken Sie bitte … |
| Mit dem nächsten Beispiel zeige ich … | Sie sehen anhand des nächsten Beispiels … |
| Ich komme jetzt zum nächsten Punkt. | Sie hören jetzt den nächsten Punkt. |
| Mit diesen Daten beweise ich Ihnen … | Das bedeutet für Sie … |
| Ich fasse zusammen: … | Zusammenfassend sehen Sie: … |

Natürlich müssen Sie, wenn Sie ganz persönliche Meinungen und Zugänge zu wichtigen Problemen kommunizieren, auf die Ich-Form nicht gänzlich verzichten. Und auch nicht, wenn Sie eine wichtige Empfehlung aussprechen:

*Ich empfehle Ihnen daher …*

Wenn Sie diese aber ganz bewusst in ein Umfeld von Du-Botschaften einbetten, werden Ihre Ich-Botschaften akzentuiert und bekommen dadurch mehr Gewicht.

Sicher kennen Sie Jamie Oliver. Mit seiner „Jamie Oliver Foundation" setzt er sich gegen Fettleibigkeit ein und tourt als Vortragender durch die englischsprachigen Länder. Dabei ändert er seine Beispiele und das Datenmaterial, das sich auf die Verhältnisse des jeweiligen Landes bezieht. Wenn er in Amerika spricht, bringt er Beispiele von amerikanischen Landsleuten, die von Fettleibigkeit betroffen sind, wenn er in England spricht, bringt er englische Beispiele.

Signalisieren Sie Ihren Zuhörern, dass Sie sich mit ihrer Welt auseinandersetzen und sie ernst nehmen. Sprechen Sie Ihr Publikum in seiner Situation bzw. in seiner Rolle an, die es im Augenblick der Rede einnimmt, und stimmen Sie Ihre Information prägnant darauf ab. Dabei hilft Ihnen die Zauberformel „Sie als ..."

*Sie als angehende Studenten der Betriebswirtschaft wird interessieren, dass ...*
*Sie als berufliche Vielfahrer betrifft es ganz besonders, dass ...*
*Sie als Ärzte wissen um die Zerbrechlichkeit der menschlichen Gesundheit; also brauchen Sie vor allem ...*

• • • • • • • • • • • • • • • • • • • • • • • • • • • • • • • • • • • • • • • • • • • • • • •

Mit der Formulierung „Sie als ..." erreichen Sie Ihre Zuhörer auf dem direktesten Weg!

• • • • • • • • • • • • • • • • • • • • • • • • • • • • • • • • • • • • • • • • • • • • • • •

Statt „Meine Damen und Herren, heute geht es um ..." sagen Sie:

*Sie als Ärzte wollen sicher wissen ...*

Statt „Verehrte Kollegen, diese Zahlen sagen Folgendes ..." sagen Sie:

*Sie als Manager werden diese Zahlen sofort verstehen ...*

## „Weil": das Zauberwort für mehr Überzeugungskraft

Alle Versuche, Menschen zu überzeugen, enden entweder mit einem Ja oder einem Nein. Um diese Entscheidung treffen zu können, brauchen sie Beweise, Fakten, Emotionen und natürlich immer auch den richtigen Moment bzw. die passenden Umstände. Wenn der Gegenstand nicht besonders wichtig ist, reicht oft eine simple Begründung wie „Ich glaube, das ist eine gute Idee, weil ...". Und genau dieses kleine Wort „weil" wurde intensiv erforscht.

Die Psychologin Ellen Langer, Harvard, führte eine Reihe von Tests durch, die die Wirkung des Wortes „weil" in alltäglichen Situationen genauer untersuchten. Ihre Assistentin bekam den Auftrag, in einer Bibliothek in Harvard bei einer Kopiermaschine zu warten. Sobald sich eine Schlange gebildet hatte, drängte sie sich vor, um selbst Kopien zu machen. Versuchen Sie nun zu erraten, wie hoch die Erfolgsquote bei den Drängelversuchen war, und schreiben Sie hinter die jeweilige Situation eine Prozentzahl. Wenn Sie zum Beispiel meinen, dass sie bei Situation 1 in der Hälfte aller Fälle erfolgreich war, dann schreiben Sie 50.

In den ersten drei Situationen wollte die Assistentin fünf Kopien machen, in den letzten beiden wollte sie 20 Kopien machen. Lesen Sie zuerst alle fünf Situationen, bevor Sie Ihre Schätzungen vornehmen.

1. Entschuldigung, ich habe fünf Seiten. Darf ich den Kopierer nutzen? _____
2. Entschuldigung, ich habe fünf Seiten. Darf ich den Kopierer nutzen? Weil ich habe es sehr eilig. _____
3. Entschuldigung, ich habe fünf Seiten. Darf ich den Kopierer nutzen? Weil ich muss fünf Kopien machen. _____
4. Entschuldigung, ich habe 20 Seiten. Darf ich den Kopierer nutzen? _____
5. Entschuldigung, ich habe 20 Seiten. Darf ich den Kopierer nutzen? Weil ich habe es sehr eilig. _____

Vermutlich haben Sie richtig erraten, dass die Erfolgschance mit fünf Seiten höher ist als mit 20. Sobald aber die Zahl der Seiten gleich bleibt, steigt die Erfolgschance durch die Verwendung des Wortes „weil" rapide an. Das Experiment ergab eine Erfolgsrate von 60 Prozent für Situation 1 und 94 (!) Prozent für Situation 2. Situation 3 brachte, trotz einer „Nona"-Begründung, eine Quote von 93 Prozent.

Das bedeutet, die tatsächliche Begründung für das Vordrängen ist überraschenderweise unerheblich, Hauptsache, es gibt eine. So hätte die Assistentin auch sagen können „… weil ich im Parkverbot stehe" oder „… weil ich zurück ins Büro muss". In Situation 4 fiel die Rate auf 24 Prozent, aber sie verdoppelte sich beinahe auf 42 Prozent in Situation 5 durch die neuerliche Verwendung einer Begründung.

Wenn Sie Menschen überzeugen wollen, müssen Sie eine Begründung liefern, warum man Ihnen Glauben schenken soll.

Je wichtiger die Angelegenheit, umso stärker muss die Begründung sein. Sie verstärken Ihre Aussagen sogar noch weiter, wenn Sie statt einer Begründung einen handfesten Nutzen für Ihre Zuhörer liefern:

*Genehmigen Sie dieses Projekt, weil Sie damit die Auslastung für weitere zwölf Monate sichern!*
*Ich rate dringend davon ab, weil …*
*Ich bin für Variante A, weil …*

Auch beim Erfolgsfaktor Relevanz arbeiten wir mit Begründungen:

*Dieses Thema ist für Sie relevant, weil …*
*Dieser Vortrag wird sich für Sie lohnen, weil …*

Begründen Sie Ihre Aussagen, Ihre Wünsche, Ihre Forderungen und geben Sie Ihren Zuhörern damit einen Grund, Ihnen zu vertrauen und Sie zu unterstützen.
Und wenn Sie spontan um Ihre Meinung gebeten werden, dann sagen Sie:

*Ich bin dieser Meinung, weil …*

Damit wirkt Ihre Aussage um ein Vielfaches stärker und überzeugender – und für Ihre Zuhörer relevant.

# DIE STIMULANZ: SPANNUNG, NEUGIER, EMOTION

Ihre Aussagen in Meetings, Diskussionen oder bei Reden und Vorträgen müssen also relevant für Ihre Zuhörer sein, wenn Sie damit ankommen wollen. Aber das allein reicht oft nicht, denn wenn das, was Sie sagen, Ihre Gesprächspartner nicht stimuliert, wird es entweder ignoriert oder gleich wieder in Vergessenheit geraten. Stimulierend ist Rhetorik dann, wenn sie Informationen spannend verpackt, Neugierde oder Emotionen weckt. Mit genau diesen drei Stimulanzfaktoren werden wir uns daher nun näher beschäftigen.

## Stimulanzfaktor 1: Spannung

Der 11. 9. 2001 war für die Stadt New York ein Schicksalstag – aus Gründen, die jedem Menschen auf diesem Planeten sehr gut bekannt sind. Stellen Sie sich vor, Sie wären an diesem Tag Journalist gewesen und hätten über die Ereignisse berichtet. An diesem Tag mussten Sie keine dramaturgischen Tricks anwenden. Sie mussten nur sachlich und lapidar darauf hinweisen, dass zwei Flugzeuge in die Türme des World Trade Centers geflogen waren, und Sie konnten sich der Aufmerksamkeit der gesamten Welt absolut sicher sein, die gespannt war, wie das genau geschehen konnte.

9/11 gilt seither als Musterbeispiel dafür, dass es Informationen gibt, die von Natur aus „die ganze Welt" interessieren. Wenn Sie als Redner im Besitz einer solchen Information sind, müssen Sie – wie damals ein Journalist in New York – nichts weiter tun, als einfach den Sachverhalt zu nennen.

Informationen können auf zwei unterschiedliche Arten spannend sein:

**Eine Information ist spannend „by nature".**

Sie ist spannend aufgrund der „Qualitäten", die ihr innewohnen – weil der Sachverhalt, der dahintersteht, „spannend ist, so wie er ist". Eben wie 9/11.

**Eine Information ist spannend „by nurture".**

Das trifft leider auf die meisten Informationen zu: Der Inhalt ist wenig spannend. Der Sprecher muss deshalb verschiedene Mittel und Tricks anwenden, um aus dem Sachverhalt eine Erfahrung zu machen, die die Aufmerksamkeit der Zuhörer auf sich zieht. Er muss den Inhalt, nach der wörtlichen Übersetzung des Begriffs, ein wenig „aufpäppeln".

Vor dieser Aufgabe stehen auch die meisten unserer Seminarteilnehmer: „Die Ergebnisse meiner Arbeit bestehen vor allem aus trockenem Zahlenmaterial/aus komplexen Zusammenhängen/aus technischen Details, die trocken, aber sehr wichtig sind – wie kann ich diese Dinge meinem Publikum so schmackhaft machen, dass es den Wert meiner Arbeit anerkennt?" In anderen Worten: Wie können Sie es spannend machen?

*Spannungsaufbau – ein Musterbeispiel*
Um das herauszufinden, bedienen wir uns jener Beispiele, die „by nature" spannend sind; wir können untersuchen, welche „Zutaten" sie enthalten. Wie also funktioniert, rein psychologisch betrachtet, die Spannung?

August 2010: In der chilenischen Kupfermine San José wurden durch einen Bergschlag 33 Bergleute unter Tage eingeschlossen. Sie überlebten in einem Schutzraum in etwa 700 Metern Tiefe, wurden nach zwei Wochen dort entdeckt und nach 69 Tagen endgültig geborgen. Die Rettungsaktion war technisch äußerst kompliziert, das Zusammenleben der Kumpel auf engstem Raum über eine so lange Zeit alles andere als einfach. Die Rettung hing bis zuletzt an einem seidenen Faden.

Mehr als 1 600 Journalisten begaben sich an den Ort des Geschehens mitten in der Atacamawüste, eine der menschenfeindlichsten Gegenden dieser Erde. Warum konnte dieses Ereignis so viel Aufmerksamkeit und Energie an sich binden? Auf der ganzen Welt kommen Menschen ums Leben, jede Stunde, jeden Tag, oft unter den tragischsten Umständen. So traurig das Unglück in Chile für die Beteiligten war: Etwas Besonderes war es nicht. Warum lag also der Fokus des weltweiten Interesses gerade in Chile?

Es gab etwas, das einzigartig war für dieses Unglück: Das Eingeschlossensein der Bergleute in dieser Tiefe war gleichsam ein „verlängertes Sterben". Die Männer waren dem Tod geweiht, *aber es gab noch Hoffnung*. Das Äußerste – das nackte Leben – stand auf dem Spiel, aber es war noch nicht verloren. *Man konnte noch kämpfen*. Wir, das Publikum, standen an der Erdoberfläche, wussten um die Vorgänge in der Tiefe und fragten uns besorgt:

*Wie wird das ausgehen?*
Genau das ist die einfache Grundfrage des „Suspense", des entscheidenden Grundbestandteils von Spannung. Jeder Kriminalfilm, jedes Computerspiel, jede Sportveranstaltung funktioniert nach diesem Prinzip: Wie wird das ausgehen? Wird der Mörder gefunden? Schießt meine Lieblingsmannschaft das entscheidende Tor? Kann ich auf der Playstation das dritte Level schaffen und dabei alle Gegner besiegen? Finden die Verliebten zueinander? Je stärker das Publikum an dieser Frage emotional beteiligt ist, desto spannender wird es einen Inhalt finden, den man ihm erzählt. Kurzum, das Publikum ist gespannt und dadurch stimuliert!

## Stimulanzfaktor 2: Neugier

> *Erfahren Sie in der nächsten Minute, wie sich die Aids-Epidemie seit ihrer Entdeckung 1983 bis heute in der Welt entwickelt hat!*

Ist das überhaupt möglich? In einer einzigen Minute einen sinnvollen Überblick über ein Datenmaterial zu erhalten, das sich auf der ganzen Welt in gut drei Jahrzehnten angesammelt hat?

Der schwedische Arzt Hans Rosling hat eine Form der Visualisierung entwickelt, die komplexes Datenmaterial wunderbar anschaulich macht: Wenn der Volksmediziner in seinen Vorträgen über den Kampf gegen Aids spricht, fliegen die Daten aus über 30 Jahren und über 120 Ländern vor den Augen des Publikums vorbei und erzeugen ein so starkes intellektuelles Erlebnis, dass jede Schlussfolgerung daraus zwingend logisch und plausibel wird und die anfangs geweckte Neugier befriedigt. Und das innerhalb einer Minute.

Es muss Ihnen also gelingen, Ihre Zuhörer neugierig darauf zu machen, was Sie zu sagen haben.

*Teasing: Die hohe Kunst der Ankündigung*
Neben der großartigen Visualisierung zeichnen sich Roslings Vorträge besonders durch die Art und Weise aus, wie er diese ankündigt:

*Erfahren Sie in der nächsten Minute, wie ...*

Journalisten und Werbefachleute nennen diese Form der Ankündigung „Teasing", einen „Anreißer", der dazu da ist, das Publikum zum Weiterhören und Weiterdenken anzuregen. Das Teasing ist *das* Instrument, um beim Publikum die Neugier auf die Information zu wecken.

Teasings kennen Sie sicher von Ihren eigenen Erfahrungen aus dem Radio und Fernsehen. Dort wird ein Teasing vor allem vor einem Werbeblock verwendet, damit die Hörer während dieser Zeit bei der Stange bleiben und nicht zu einem anderen Sender wechseln.

*Neue Enthüllungen in der Affäre um Paris Hilton – erfahren Sie in einigen Minuten, wie sie sich selbst dazu äußert!*
*Hat Reinhold Messner seinen Bruder im Himalaya im Stich gelassen? – Neue Erkenntnisse dazu kurz vor halb 12!*
*Sie wissen, wie schwierig unser Projekt ist, gleich erfahren Sie, wie weit wir damit sind!*

Natürlich sind diese Beispiele eher reißerischer Natur, sie stammen von Unterhaltungssendern. Aber am Beispiel Hans Rosling können Sie sehen, dass man Teasings, entsprechend abgewandelt, auch in der seriösesten Redesituation anwenden kann. Die drei besten Arten des Teasings sind diese:

### 1. Teasing in Frageform

Beginnen Sie Ihre Rede damit, dass Sie eine Frage in den Raum stellen – damit wecken Sie die Neugier des Publikums auf die Antwort. Das Teasing in Form einer Frage verweist auf den Inhalt der Rede durch eine zugespitzte oder provokante Frage, zum Beispiel:

*Wird die Welt tatsächlich eine gemeinsame Weltwährung einführen? – Erfahren Sie in den nächsten 20 Minuten, was unser Wirtschaftsforschungsinstitut darüber denkt.*

## 2. Zusammenfassendes Teasing

Benennen Sie zu Beginn Ihrer Rede ein Problem oder werfen Sie ein Problem auf und wecken Sie die Neugier des Publikums auf die Lösung. Das zusammenfassende Teasing verweist auf den Kern der Information, die durch die Rede gegeben werden soll, zum Beispiel:

> *Das IT-System Ihres Unternehmens hat gefährliche Lücken an entscheidenden Stellen. Erfahren Sie in den nächsten 20 Minuten, welche das sind und was wir dagegen tun können.*

## 3. Ankündigungsteasing

Versprechen Sie zu Beginn Ihrer Rede eine Belohnung: eine besondere Nachricht, eine besondere Einsicht, eine besondere Expertenmeinung, die das Leben Ihres Publikums erleichtert.

Das Ankündigungsteasing beschreibt das, was folgt, möglichst anschaulich (zum Beispiel mit einer Analogie, siehe Abschnitt „Sprachliche Bilder" weiter unten in dieser Station), aber ohne die Lösung vorwegzunehmen. Das Publikum ist dann auf die Ausführungen des Redners neugierig, weil es auf die Belohnung hofft. Zum Beispiel:

> *Wie funktioniert die Kommunikation im Web 2.0?*
> *Stellen Sie sich ein großes Haus mit vielen Zimmern vor: größeren und kleineren. In jedem dieser Zimmer befinden sich Menschen, die sich miteinander unterhalten. Es gibt zentrale Salons mit wichtigen Unterhaltungen, aber auch wenig frequentierte Kammern, in denen sich kaum ein Mensch aufhält. Wenn wir uns in diesem Haus angeregt unterhalten wollen, werden wir natürlich dort hingehen, wo viele Menschen sind. Genauso können Sie sich die Social-Media-Kommunikation vorstellen.*
> *Erfahren Sie in den nächsten 20 Minuten, wie Sie und Ihr Unternehmen am besten das größte Zimmer mit der spannendsten Unterhaltung aufspüren. Und wie Sie dieses am besten für Ihre Interessen nutzen.*

## Stimulanzfaktor 3: Emotion

*Emotionalisieren Sie Ihre Botschaft*
In einem Versuch an der Stanford University lasen Testpersonen einen kurzen Text über steigende Verbrechensraten in der fiktiven Stadt Addison. Der Text war in mehreren Versionen abgefasst und mit unterschiedlichen Metaphern ausgestattet. In einer Version hieß es: „Verbrechen ist eine verheerende Bestie in der Stadt Addison." In einer anderen Version war zu lesen: „Verbrechen ist ein verheerendes Virus in der Stadt Addison." Außerdem enthielten die Texte Statistiken, an denen steigenden Verbrechenszahlen in der Stadt abzulesen waren.

Interessant war nun die Reaktion des Testpersonen: Jene Personen, die die „Bestien"-Version gelesen hatten, riefen mehrheitlich nach mehr Polizei und nach härteren Strafen. Die Leser der „Virus"-Version befürworten vor allem Sozialreformen.

Beinahe alle Testpersonen waren davon überzeugt, dass es vor allem die Statistiken und die Zahlen gewesen waren, die sie zur Wahl der jeweiligen Maßnahmen bewogen hatten. Das entsprach jedoch nicht der Wahrheit: Die Art der Reaktion, die Meinung, die sie sich darüber gebildet hatten, wie mit dem Problem „Verbrechen" in Addison umzugehen sei, war durch die Metaphern hervorgerufen worden. Dadurch wurden die Testpersonen emotionalisiert und zeigten Anteilnahme.

Der tragische Busunfall in der Schweiz, bei dem 22 Kinder ums Leben kamen, der Tsunami in Japan oder die immer wieder vorkommenden Amokläufe in allen Teilen der Welt rufen nicht nur bei den Verwandten der Betroffenen Anteilnahme hervor, sondern bei uns allen. Verantwortlich dafür ist nicht allein die Tragik der Ereignisse, sondern vor allem die Art und Weise der Berichterstattung und die Wahl der verwendeten Begriffe. Sobald ein Ereignis als *Katastrophe, tragisch, unvorstellbar* oder *herzzerreißend* tituliert wird, erhöht sich die Anteilnahme der Zuhörer. Dadurch werden wir stimuliert, mehr darüber wissen zu wollen, zu trauern, zu helfen oder Mitgefühl zu zeigen.

Anteilnahme und Emotion funktioniert aber nicht nur bei negativen Ereignissen, sondern auch bei positiven: Erinnern Sie sich an den Titel der *Bild*

„Wir sind Papst" oder an die Euphorie ganzer Städte oder Länder, wenn der Lieblingsklub im Fußball einen Titel erringt. Auch treffen wir auf typische Aussagen wie *sensationell, einzigartig, ein Traum ging in Erfüllung, historisch* sowie auf verbindende Formulierungen wie *Wir sind …, Wir haben es geschafft …*

## Die Betonung der Wörter beeinflusst die Emotion

Die richtigen Worte allein sind oft zu wenig, sie müssen vor allem auch richtig betont werden. Und da kann es schon mal heißen „Kleine Ursache, große Wirkung": Stellen Sie sich vor, Sie wollen abends ausgehen und Ihr Partner kommt nach etwas längerer Zeit endlich aus dem Badezimmer. Sagen Sie nun „Du siehst ja ganz toll aus" mit falscher Betonung, bekommen Sie möglicherweise ein Problem.

Im Gegensatz zu gelesenem Text beruht das Verständnis nicht nur auf reiner Information, sondern auch auf Intonation. Es ist wissenschaftlich erwiesen, dass Betonung nicht nur „Zierde" ist, sondern dass jeder Zuhörer automatisch nach mehr und weniger betonten Wörtern sucht, weil diese für die Bedeutung des Gesagten besonders wichtig sind.

Sprechen Sie die folgenden Beispiele laut aus und betonen Sie jeweils das fett gedruckte Wort. Sofort werden Sie bemerken, wie sich die Bedeutung des ganzen Satzes verändert.

**Er** gibt dieses Geld an Meier. (Er gibt es, sonst niemand.)
Er **gibt** dieses Geld an Meier. (Er gibt es, er verleiht es nicht.)
Er gibt **dieses** Geld an Meier. (Genau dieses Geld, kein anderes.)
Er gibt dieses **Geld** an Meier. (Kein Scheck, keine Ware)
Er gibt dieses Geld an **Meier**. (An Meier, nicht Huber)
Er gibt dieses Geld an **Meier**? (Warum an Meier, warum nicht an mich?)

Besonders spannend ist, dass Zuhörer die spezifisch gesprochenen Worte innerhalb weniger Sekunden schon wieder vergessen haben. Der Inhalt der Botschaft bleibt allerdings länger in Erinnerung. Und am allerlängsten merken sich Menschen Dinge, die eine emotionale Wirkung auf sie haben, zum Beispiel Herausforderungen, Beleidigungen oder besonders freudige Nachrichten. (Knapp 1978; Jarvella 1971; Keenan, MacWhinney & Mayhew 1977)

Die drei Stimulanzfaktoren erhöhen die Wirksamkeit Ihrer Botschaften signifikant. Wenn sich Ihre Zuhörer auch nicht Wort für Wort merken, was Sie gesagt haben, so erreichen Sie damit trotzdem, dass die Inhalte Ihrer Botschaften haften bleiben und die Leute sich positiv daran erinnern. Als Nächstes widmen wir uns geschickten Fragen, welche stimulierend auf Ihre Zuhörer wirken.

## Stimulieren Sie mit geschickten Fragen

*Wohnst du noch oder lebst du schon? (IKEA)*
*Schon GEZahlt? (GEZ – Deutsche Rundfunk-Gebühreneinzugszentrale)*
*Klingelt's? (E-Plus)*
*Was darf's heute sein? (Knorr)*
*Haben Sie sich entschieden, niemals dick zu werden? (Lätta)*
*Is it love? (Mini)*
*Alles Müller, oder was? (Müller Milch)*

Was haben diese Fragen gemeinsam? Sie sind allesamt nicht mit dem Ziel gestellt, eine ehrliche Antwort zu provozieren. Sie suchen nicht nach der verlässlichen Sachinformation, sie sind nicht einmal als Frage gemeint, sondern drücken eine Botschaft, eine Behauptung aus. Kurz gesagt: Sie sollen stimulieren.

Wenn Sie morgens beim Aufstehen Ihre Frau oder Ihren Mann fragen „Wie ist das Wetter?", dann möchten Sie ganz einfach ohne besonderen Hintergedanken erfahren, wie das Wetter ist, zumal Sie selbst vielleicht noch nicht aus dem Fenster gesehen haben. Wenn Sie aber bei der Vorstandssitzung dieselbe Frage als Auftakt Ihres Quartalsberichts stellen, dann möchten Sie von Ihren Kollegen natürlich nicht erfahren, wie das Wetter ist. Sie möchten damit aussagen: *Nun, Kollegen, lassen Sie uns sehen, wie unser Unternehmen dasteht!*

Fragen können, wie ein Teasing, die Neugier im Publikum wecken und damit stimulieren. Vorausgesetzt, dass die Frage sich auf einen relevanten Inhalt bezieht, löst sie in jedem Menschen einen reflexartigen Impuls aus, aktiv nach der Antwort zu suchen. Folgende Möglichkeiten haben Sie dafür zur Verfügung:

### Stimulanz durch Fragen am Start
Sehr eindrucksvoll sind dreifache rhetorische Fragen in einer Kette am Beginn, zum Beispiel:

*Was werden wir aus den Fehlern der letzten Monate lernen? Was sind unsere wichtigsten Themen? Wie sieht unsere Strategie für die nächsten Monate aus?*

### Fragen als Aufforderung zur Interaktion
Fragen erzeugen auch eine stimulierende Interaktion mit dem Publikum. Dazu fragen Sie das Publikum direkt und geben einen einfachen Modus der Antwort vor, zum Beispiel das Heben einer Hand. Stellen Sie einfache Fragen, die leicht und schnell per Zustimmung oder Ablehnung beantwortbar sind. Wichtig ist auch, dass Sie die Antworten sofort auswerten und dass das Ergebnis logisch in den Fluss der Rede passt. Wie bei Jamie Oliver in diesem Beispiel:

*Amerika ist eines der ungesündesten Länder der Welt. – Wie viele Menschen von Ihnen haben Kinder? Bitte heben Sie die Hand! Hand hoch! Tanten und Onkel bitte auch! Bitte die Hände hoch! – Die meisten von Ihnen. Okay. Die Erwachsenen der letzten vier Generationen haben es zuwege gebracht, dass die Kinder eine kürzere Lebensdauer genießen als ihre Eltern. Das bedeutet: Ihr Kind wird um zehn Jahre weniger zu leben haben als Sie selbst.*

### Formulieren Sie Überleitungen als Fragen
Mit Fragen markieren Sie den Übergang von einem Themenpunkt zum nächsten, von einem Bild zum folgenden oder zu einer Unterbrechung. Damit halten Sie die Spannung aufrecht, die Zuhörer sind stimuliert, weiter bei Ihnen zu bleiben.

*Was erwartet Sie nach der kurzen Pause?*
*Zu welchem Ergebnis bringt uns das?*
*Wie sieht es dort aus, was glauben Sie?*

Wie Sie sicher sofort bemerkt haben, funktioniert auch die Frage zur Überbrückung nach dem wirkungsvollen Prinzip des Teasings.

# SPRACHLICHE BILDER

„Die Pferdehufe donnern über die Rennbahn."
Natürlich können Pferdehufe nicht „donnern", und doch ist das Wort optimal eingesetzt, denn es weckt die Assoziation an ein Gewitter und beschreibt damit die Art und Weise, wie der Zuhörer sich den Vorgang vorstellen soll. Es vermittelt ein Bild. Das Wort donnern ist hier als Metapher gebraucht, das bedeutet wörtlich: Übertragung. Ein Wort wird von einem Bedeutungsbereich in einen anderen übertragen. „Donnern" wird aus dem Bereich des Gewitters in den Bereich jener Geräusche übertragen, die Pferdehufe bei schnellem Galopp verursachen. Dadurch entsteht eine bildhafte Redeweise, die im Zuhörer Überraschung und eine emotionale Vorstellung von gewaltigem, dumpfem Lärm auslöst.
Sie müssen kein Sprachkünstler sein, um kräftige sprachliche Bilder zu erzeugen. Wir sprechen oft automatisch in Bildern. Und manche davon sind so stark im täglichen Sprachgebrauch verankert, dass wir sie gar nicht mehr als rhetorische Kunstfigur wahrnehmen: „Rabeneltern", „Nussschale" (ein kleines Boot), „Fuchs" (ein schlauer Mensch), „Zahn der Zeit" oder „Schnee von gestern" sind ein paar Beispiele für solche sprachlichen Bilder.
Sprachliche Bilder helfen Ihnen, Ihre wichtigsten Aussagen für das Publikum anschaulich zu machen. Dafür gibt es mehrere Möglichkeiten.

*Wörter und Sätze, die einen bildhaften Eindruck erzeugen*

*Die Luft wird dünn.*
*Das ist in die Binsen gegangen.*
*Wir segeln hart am Wind (= gehen ein großes Risiko ein).*
*den roten Faden finden*
*die Ruhe vor dem Sturm*
*sich auf den Lorbeeren ausruhen*
*alle Jubeljahre (= einmal in 50 Jahren)*
*den Finger in die Wunde legen*
*die beißende Kälte*
*die kalte Schulter zeigen*

*Analogien*
Analogien übertragen ein treffendes und leicht verständliches Bild auf die Aussage, die der Redner treffen möchte, zum Beispiel:

*Onlineshops schießen wie Pilze aus dem Boden.*
*Unsere Abteilung fühlt sich in der Firma wie das fünfte Rad am Wagen.*
*Das Universum ist wie eine Schneeflocke – komplex in der Erscheinung, aber einfach im Aufbau.*
*Unser Vorstand steht wie ein Fels in der Brandung.*
*Unser Team ist wie ein Orchester – es funktioniert nur, wenn es gut zusammenspielt.*

Analogien sind übrigens nicht nur hübsch, ihre Wirkung ist auch wissenschaftlich erwiesen. Ihre positive Wirkung wurde bei Zuhörern in Vorträgen, bei Wählern, Konsumenten, Jurys, Investoren und Kindern nachgewiesen. Dort reduzieren und fokussieren Analogien die Zahl der zur Verfügung stehenden Wahlmöglichkeiten (Entscheidungen) und deren Alternativen (Markman & Moreau 2001). In anderen Worten: Die Analogie wird als wahr und einziges Entscheidungskriterium betrachtet. Glaubt der Zuhörer der Analogie, glaubt er auch Ihrer Botschaft.

*Metaphern*
Metaphern sind bildhafte Vergleiche, oft ist es auch nur ein Wort, zum Beispiel:

*die Mauer des Schweigens*
*den Stein ins Rollen bringen*
*auf der Erfolgswelle reiten*
*das Recht mit Füßen treten*
*Kameradenschwein*
*Wüstenschiff*

*Wortbilder mit positiver und negativer „Aufladung"*
Die deutsche Sprache erlaubt die Zusammensetzung von mehreren Hauptwörtern, um einen neuen Begriff mit einer neuen Bedeutung zu bilden. Span-

nend werden solche Begriffe dann, wenn ihre Bestandteile nach ihrer Bedeutung unterschiedlich aufgeladen sind, zum Beispiel:

*Entsorgungspark, Ableben, Minuswachstum, Rubensfigur, Abortprinzessin, Alleinunterhaltung, Befreiungsarmee, vollschlank*

Solche Begriffe eignen sich gut, um Aussagen bewusst weniger drastisch erscheinen zu lassen, als sie eigentlich sind, zum Beispiel „Kollateralschaden" statt „zivile Kriegsopfer", oder um einen negativen Umstand als positiven zu verkaufen wie bei „Beschäftigtenoptimierung".

### *Bildersprache und konkrete Begriffe*
Ihr Publikum versteht Sätze mit Bildinhalten besser als Sätze ohne Bildinhalt, also abstrakte Sätze. Das klingt nicht nur logisch, sondern ist auch wissenschaftlich belegt. Doch es geht noch weiter: Bildersprache mit außergewöhnlich „starken Bildern" wird um 30 Prozent besser und rascher verstanden als Sprache mit „normalen" Bildern (Jorgensen & Kintsch 1973). Sagen Sie zum Beispiel statt „Der Gewinn ist stark nach oben gegangen":

*Der Gewinn ist explodiert.*

Starke Bilder-Verben verbessern zusätzlich dazu auch noch die Merkquote um 40 Prozent, das bedeutet, dass Sie damit eine enorme Verstärkung Ihrer rhetorischen Wirkung erlangen können (Sadoski & Paivio 2001). Ein paar Beispiele:
Statt „Diese Produktgruppe ist auch jetzt sehr stabil" sagen Sie:

*Diese Produktgruppe ist auch in stürmischen Zeiten unsinkbar.*

Statt „Unsere Partner stehen vor einer fast unlösbaren Herausforderung" sagen Sie:

*Unsere Partner stehen ausgerüstet für einen Spaziergang vor einem Achttausender.*

Statt „Frau Heinzel, Sie sind und bleiben eine unersetzbare Stütze für uns" sagen Sie:

*Frau Heinzel, Sie sind für uns wie die Goldreserven in Fort Knox für Amerika.*

### Konkreter Ausdruck für eine abstrakte Aussage

„Freiheit – Gleichheit – Brüderlichkeit": Das Motto der Französischen Revolution ist bis heute der Wahlspruch der Französischen Republik, der als Inschrift über dem Eingang eines jeden französischen Rathauses zu lesen ist. Klingt gut, aber welcher Franzose versteht genau, was damit eigentlich gemeint ist? Was ist Freiheit? Was ist Gleichheit? Oder was ist Gerechtigkeit? Friede? Pflicht?

Es sind abstrakte Begriffe und damit vom Zuhörer nach vielen Seiten interpretierbar – und darunter leidet die Prägnanz. Um dem Publikum Klarheit darüber zu geben, was Sie genau meinen, brauchen Sie konkrete Bilder, Vergleiche oder Erklärungen, zum Beispiel:

*Freiheit: Die Freiheit ist wie das Meer: Die einzelnen Wogen vermögen nicht viel, aber die Kraft der Brandung ist unwiderstehlich. (Václav Havel)*
*Gerechtigkeit: Das Leben ist ungerecht, aber denke daran: nicht immer zu deinen Ungunsten! (John F. Kennedy)*
*Evolution: Natürlich können wir alles lassen, wie es ist, dann haben wir zwar noch immer ein gutes Produkt, bloß kauft es niemand mehr.*

### Konkrete Beispiele zur Veranschaulichung

Ihre Aussage kann noch so klug und richtig sein, für das Publikum wird sie vielleicht abstrakt sein.

*Wir müssen unsere Arbeit im Team besser koordinieren.*
*Unsere größte Aufgabe der kommenden Jahre: die Lösung des Verkehrsproblems.*
*Die Litigation-PR gefährdet die Objektivität eines Prozesses am meisten.*

Der Zuhörer denkt: „Wie kann ich mir das vorstellen? Was bedeutet das nun konkret?" Er benötigt zusätzlich Informationen darüber, wie das, was Sie sagen, im täglichen, konkreten Leben funktioniert. Was ist damit jeweils genau gemeint? Inwiefern ist die Arbeit im Team ineffizient? Worin besteht das Verkehrsproblem Ihrer Meinung nach? Was ist Litigation-PR und wie gefährdet sie die Objektivität eines Prozesses? Welche Objektivität ist überhaupt gemeint?

Beschreiben Sie anhand eines Beispiels, aus welchen Motiven heraus Sie selbst zu der Ansicht gelangt sind, die Sie Ihrem Publikum mitteilen:

*Das beste Beispiel für Litigation-PR ist der Fall Kachelmann. Dieser Fall wurde in den Medien noch während des laufenden Prozesses dermaßen breitgetreten, dass die Richter Mühe hatten, ein objektives Urteil zu fällen.*
*Nur um den Termin für das heutige Meeting zu koordinieren, war über zwei Wochen hinweg ein Abstimmungsaufwand erforderlich, als wären statt zehn Kollegen 5 000 dabei.*
*Wir haben zum Beispiel Mitarbeiter, die täglich eine Stunde unterwegs sind, um ins Büro zu kommen, obwohl sie nur 20 Minuten entfernt wohnen.*

### Konkrete Zahlen statt Beschreibungen

*Wir haben unseren Umsatz deutlich steigern können.*
*Die Rhetorische Kraftkammer hat eine hohe Weiterempfehlungsrate.*
*Die Zeitersparnis durch unsere Software ist besonders wertvoll.*

Das klingt alles gut und interessant und es wird hoffentlich auch stimmen. Doch beeindruckt es, ist es wirksam? Mit Zahlen bei Reden und Vorträgen sparsam umzugehen halte ich für grundsätzlich richtig, denn nur allzu leicht wird es dem Zuhörer langweilig oder er ist überfordert, wenn Sie eine Kanonade von Zahlen auf ihn loslassen. Denken Sie nur an PowerPoint-Präsentationen, bei denen ganze Business-Spreadsheets vorgelesen (!) werden. Wenn Sie aber mit imposanten Zahlen aufwarten können, dann nennen Sie diese auch, und zwar konkret, wenn möglich sogar mit einer Quelle als Beweis. Das klingt dann so:

*Durch die neue Produktgruppe ABC haben wir in den letzten zwölf Monaten den Umsatz um 16 Prozent steigern können.*
*Laut unserem Bildungscontrolling 2012 hat die Rhetorische Kraftkammer eine Weiterempfehlungsrate von sage und schreibe 100 Prozent.*
*Unser neuer Kunde erreicht durch die Software vom Auftragseingang bis zur Auslieferung eine Zeitersparnis von 30 Prozent.*

Verzichten Sie auf Pauschalisierungen und Allgemeinplätze. Beschaffen Sie sich in der Vorbereitung auf das Meeting oder den Vortrag möglichst viel Information und Zahlenmaterial und wählen Sie das Spannendste davon aus. Durch konkrete Aussagen erhöhen Sie die Prägnanz und Ihre Zuhörer können sich sofort viel besser vorstellen, was Sie meinen.

### *Abstrakte Zahlen und Größenverhältnisse bildlich darstellen*

Manche Zahlen sind so groß, dass wir uns nichts darunter vorstellen können. Was bedeutet es, wenn nach einer Tankerkatastrophe eine Million Liter Öl ins Meer fließt? Ist das nun viel oder wenig? Stellen Sie sich einen Würfel von zehn Meter Seitenlänge vor – gar nicht so groß, wenn der im Meer schwimmen würde, oder? Wie wäre es mit 15 400 vollgetankten Porsche 911? Das klingt schon nach einigem mehr, richtig?

2008 ging die isländische Icesave-Bank mit 4 Milliarden Euro Schulden in Konkurs. Diese Summe hat der isländische Steuerzahler an die Gläubiger zurückzuzahlen. Grob geschätzt kann das nicht so schlimm sein, wenn ich die Zahl mit dem Schuldenstand anderer Länder aus demselben Jahr vergleiche, zum Beispiel die EU-27 mit 7 697 Milliarden. Die Zahl „wirkt" also nicht.

Wenn ich die 4 Milliarden allerdings ins Verhältnis zur Einwohnerzahl rücke, sieht die Sache schon ganz anders aus: Island hat etwa 320 000 Einwohner, das sind weniger Menschen als in Zürich. Jeder Einwohner Islands steht demnach mit etwa 12 500 Euro in der Kreide, das ist mehr als ein Drittel des durchschnittlichen Bruttoinlandsprodukts. Rechnen wir die isländischen Altschulden dazu, sind wir bei einer Staatsverschuldung von 300 Prozent des Bruttoinlandsprodukts.

*Jeder Isländer müsste also drei Jahre lang arbeiten und sein Einkommen vollständig an den Staat abliefern, damit Island seine Schulden bezahlen kann!*

Das wirkt, die Katastrophe ist erkennbar geworden. Um eine Menge richtig einschätzen zu können, muss der Zuhörer die Zahl einordnen können: Er braucht ein Größenverhältnis. Stellen Sie also, wenn Sie wichtige Zahlen in Ihrer Rede verwenden, immer ein Verhältnis zu einer Größe her, die das Publikum kennt, um ihm die Einschätzung zu erleichtern.

### Der konkrete „Bild-Anker"

Einen Vergleich, den Sie mit Worten bilden, können Sie natürlich auch mit konkreten Gegenständen gestalten. Ein alter Telefonapparat, den Sie aufs Podium mitnehmen und dem Publikum zeigen, kann für „veraltete Kommunikation" stehen, eine junge, frisch austreibende Pflanze für eine „frische Idee, die noch wachsen und ausgearbeitet werden muss", ein gelber Schutzhelm für „Sicherheitsmaßnahmen, die getroffen werden müssen". Lassen Sie Ihren Bild-Anker auch nach dessen Verwendung im Blickfeld der Zuhörer. Mit Hilfe Ihrer Bild-Anker verknüpft das Publikum Ihre Inhalte beim Hören mit dem jeweiligen Gegenstand und behält beides besser im Gedächtnis: das Bild und Ihre Aussage.

### Achtung: Funktioniert Ihr Sprachbild wie geplant?

Haben Sie schon einmal einen Manager gesehen, der seinem Nachfolger vor dem Publikum ein Steuerrad überreicht? Ich auch, schon ziemlich oft sogar, leider. Das Unternehmen wird mit einem Schiff verglichen, der Vorstand mit dem Steuermann; der alte Steuermann übergibt dem neuen in zeremonieller Form das Kommando.

In der Praxis werden Sie feststellen, dass das, was Ihnen spontan als Vergleich zu einer Aussage einfällt, nicht immer die beste Idee ist. Die ersten Ideen sind oft Klischees, aber selten wirklich überraschend für das Publikum. Ein Steuerrad ist ein hübscher visueller Anker – aber überraschend ist er nicht, und neu schon gar nicht, denn den Vergleich eines Staates mit einem Schiff findet man bereits in den Reden des Demosthenes vor mehr als 2000 Jahren. Die Gefahr bei solchen Vergleichen, die auf der Hand liegen, ist, dass sie sich mit der Zeit abnützen und damit langweilig werden.

***Erst der Gegenstand, dann der Vergleich***
Probieren Sie es ruhig auch einmal anders und drehen Sie den Spieß um: Um einen Vergleich zu finden, nehmen Sie nicht die Aussage als Ausgangspunkt, sondern einen Gegenstand. Fragen Sie sich: „Was hat dieser Apfel mit dem Zustand unseres Unternehmens gemeinsam?"

Wenn Sie an einem Problem tüfteln, nehmen Sie eine Schachtel in die Hand: „Was hat diese Schachtel mit unserem Problem gemeinsam?" Sie werden staunen, wie Ihre Kreativität dabei angeregt wird. Formulieren Sie den Vergleich dann, indem Sie den Satz mit folgenden Worten eröffnen:

*Dieser Gegenstand (der Taschenrechner, die Gießkanne ...) steht für ...*

Dann formulieren Sie die Aussage, die Sie treffen wollen, und erklären gegebenenfalls dem Publikum, was diese Aussage bedeutet.

*Dieser Apfel steht für unser Unternehmen. Noch ist er frisch und knackig. Aber was machen wir damit? Essen wir ihn restlos auf und überlegen dann, was wir als Nächstes verspeisen? Machen wir ihn haltbar und pflanzen wir aus den Kernen einen Baum? Aber wie lange können wir warten, bis er verfault?*

# ERZÄHLEN SIE GESCHICHTEN

Menschen lieben nicht nur Emotionen, sie lieben auch Geschichten. Diese erzeugen vor ihrem inneren Auge eine Welt, die Ihre Inhalte lebendig und begreifbar macht. Schon von Kindheit an orientieren wir uns an Geschichten, wir lernen aus ihnen, wir lassen uns von ihnen unterhalten und überzeugen. Wir sind in der Lage, auf uns niederprasselnde Informationen zu ignorieren, aber einer guten Geschichte können wir kaum widerstehen.

Zuhörer geben Informationen mehr Gewicht, wenn diese zum Beispiel in Form einer Chronologie oder als einfache Geschichte statt einer Liste von Zahlen, Daten und Fakten präsentiert wird. Die Sozialpsychologen Adaval und Wyer (1998) gaben zwei Gruppen von Konsumenten Broschüren eines Reisebüros, von denen eine in Form von Geschichten und die andere als herkömmliche Liste mit Merkmalen gestaltet war. Die Prospekte in Geschichtenform wurden deutlich positiver beurteilt als die traditionelle Form.

Besonders spannend ist die Verwendung von Geschichten bei Gerichtsverhandlungen: Wenn die Anklage ihre Beweise in Geschichtenform (chronologisch) präsentiert und die Verteidigung in zufälliger Reihenfolge, plädiert die Jury in 78 Prozent der Fälle auf schuldig. Wenn allerdings die Anklage ihre Beweise in zufälliger Form präsentiert und die Verteidigung in Geschichtenform, dann plädiert die Jury in nur noch 31 Prozent aller Fälle auf schuldig. Zum Vergleich: Argumentieren die Anwälte beider Seiten in Geschichtenform, plädiert die Jury in 59 Prozent auf schuldig, wenn beide Seiten zufällig argumentieren, in 63 Prozent. Diese von der Sozialpsychologin Nancy Pennington 1992 durchgeführte, aufschlussreiche Untersuchung beweist eindrucksvoll die Kraft von Geschichten.

Geschichten wirken sogar als harte Beweise, wie eine Untersuchung zur Neugestaltung eines organisatorischen Regelwerks zeigt. Obwohl statistische Zahlen die Entscheidung der Testpersonen beeinflussten, konnte eine noch größere Beeinflussung durch Geschichten erreicht werden (Martin & Powers 1979, 1980). Das liegt daran, dass Statistiken die rationale Reaktion des Publikums beeinflussen, Geschichten aber direkt die emotionale Reaktion.

Setzen Sie bewusst und strategisch Geschichten ein, wann immer es nur möglich ist.

Sobald Sie bei einer Veranstaltung länger als 20 Minuten reden sollen – auch Schulungen zählen dazu –, brauchen Sie zwischendurch Geschichten zur Auflockerung. Diese müssen anfangs nicht unbedingt einen zwingenden Zusammenhang zum Inhalt haben, sie können und sollen sogar frei assoziiert sein oder etwas ausholen. Denn sie funktionieren nur dann als Auflockerung, wenn sie spontan vom Ernst des Inhalts der Rede ablenken.

*„Stellen Sie sich vor …"*
Mit dieser Aufforderung, bestehend aus vier einfachen Wörtern, setzen Sie einen fantastischen Prozess bei Ihrem Publikum in Gang. „Stellen Sie sich vor …" aktiviert wie auf Ihren Befehl die Vorstellungskraft Ihrer Zuhörer, sie warten auf weitere Anleitungen, welche Bilder und Gefühle das Gehirn erzeugen soll.

Ich genieße die Wirkung dieser vier Wörter jedes Mal aufs Neue, wenn ich in einem Vortrag die Projektion auf Schwarzbild schalte und einen Schritt nach vorne Richtung Publikum gehe. Die Köpfe heben sich interessiert, die Blicke richten sich auf mich, manche lehnen sich leicht zurück und freuen sich auf die Geschichte, die nun wohl folgen wird.

> *Stellen Sie sich vor, Sie sind Kunde unseres Unternehmens und Ihr Produkt ist defekt. Gut, das kann passieren. Sie suchen also die Nummer der Hotline, wählen diese Nummer und warten. Sie warten weiter. Zwei Minuten, drei Minuten, vier Minuten. Fünf Minuten in der Hotline, stellen Sie sich das vor. Fünf Minuten Ihrer Lebenszeit, in denen Sie nichts tun können, außer zu warten. Und genau das ist unser Problem, unsere Reaktionszeit bei Kundenanfragen ist katastrophal lang …*

Hätten Sie diesen Vortrag mit den Worten „Wir möchten gerne unsere Reaktionszeit bei Kundenanfragen verbessern …" begonnen, wie würde die Wirkung im Vergleich zur Geschichte ausfallen?

Die Wirkung von Informationen, Geschichten und Botschaften, die Sie sich einfach vorstellen können, ist weitaus höher, als wenn Sie sich diese nicht vorstellen würden. Eine Reihe von hochinteressanten Studien führt zu diesem Ergebnis und unterstreicht die Wirksamkeit von Geschichten. So fanden Forscher heraus, dass Zuhörer verstärkt glaubten, sie könnten selbst inhaftiert werden oder einen Wettbewerb gewinnen, wenn sie sich diese Ereignisse vorher selbst vorgestellt hatten (Gregory, Cialdini & Carpenter 1982).

Auch der Glaube, wahrscheinlich eine Krankheit zu bekommen, verstärkt sich, wenn Menschen sich diese Krankheit vorher vorstellen. Führungskräfte, welche Wörter wie „erträumen" und „vorstellen" gebrauchen, werden von ihren Mitarbeitern als ganz besonders überzeugend wahrgenommen (Emrich, Brower, Feldman & Garland 2001).

Fordern Sie Ihre Zuhörer möglichst oft auf, sich etwas vorzustellen. Dadurch werden Ihre Reden und Wortmeldungen nicht nur interessanter, sie entfalten auch mehr Überzeugungskraft. Für besondere Wirkung gehen Sie noch einen Schritt weiter und verwenden tatsächlich echte Gegenstände oder Live-Erlebnisse. Wie, erfahren Sie im nächsten Kapitel.

# WIRKSAME SPRACHE DURCH DEMONSTRATION

*Produkte und Muster*
Der Erfinder Marc Koska beschäftigt sich mit Innovationen auf dem Gebiet der Medizintechnik. Eine seiner Erfindungen ist eine Plastikspritze, die aus Sicherheitsgründen nicht wiederverwendbar ist. Um zu demonstrieren, wie einfach seine Erfindung funktioniert, nimmt Koska zu seinen Vorträgen eine solche Spritze mit. Statt den Mechanismus umständlich zu erklären, nimmt er die Plastikspritze aus der Verpackung, zieht sie auf und drückt sie durch wie ein Arzt, der einem Patienten eine Injektion verabreicht. Der Vorgang wird live gefilmt und auf die Leinwand übertragen. Und was passiert, wenn man die Spritze jetzt wiederverwenden will? Das ist trotz seiner augenscheinlichen Bemühung unmöglich, denn im Plastik ist ein Mechanismus eingebaut, der die Spritze zerbrechen lässt, wenn man sie ein zweites Mal aufziehen möchte.

Marc Koskas Demonstration ist frappierend simpel: Zeigen statt erklären, Spritze aufziehen und durchdrücken – sie funktioniert. Spritze ein zweites Mal aufziehen – sie zerbricht.

Sie haben etwas Spannendes zum Vorzeigen? Dann zeigen Sie es! Steve Jobs zeigte bei seinen Keynote-Vorträgen seine Produkte immer live, um zu demonstrieren, wie schlank sie sind (iPad) oder wie gut sie in die Hosentasche passen (iPod) oder wie einfach man sie bedienen kann (iPhone). Bestimmte Funktionen live vorzuführen war ein wichtiger Bestandteil seiner Auftritte und erweckte das Produkt vor den Augen seines Publikums im wahrsten Sinne des Wortes zum Leben.

Wenn Sie vor kleineren Gruppen sprechen, können Sie das Muster auch herumgehen lassen, aber Achtung: Solange das Produkt von einer Hand zur nächsten geht, ist der visuelle und haptische Eindruck des Gegenstands für das Publikum immer stärker als jedes Wort, das Sie sprechen. Lassen Sie also das Produkt durch das Publikum gehen und geben Sie diesem Zeit, den Gegenstand kennenzulernen. Sammeln Sie das Muster wieder ein und fahren Sie erst dann mit Ihrer Rede fort.

*Visuelle Zuspitzung*
2005 wurde die Republik Niger (Westafrika) von einer Hungersnot heimgesucht, der mehrere Millionen Menschen zum Opfer fielen. Um die dramatische Situation in Niger wirkungsvoll ins Bewusstsein der Weltöffentlichkeit zu holen, brachte der Globalisierungskritiker Jean Ziegler für eine Rede ein paar Blätter einer harten, bitter schmeckenden Pflanze mit – das Einzige, was die Menschen im Gebiet der Hungersnot in dieser Zeit zu essen bekamen. In dem Augenblick, als er vor den Mikrofonen ein Blatt der Pflanze abbrach, klickten die Fotoapparate der anwesenden Pressefotografen. Das Bild ging um die Welt. Jean Ziegler war es gelungen, das Problem der Menschen in Westafrika in zugespitzter Weise anschaulich zu machen – ohne dass es dafür vieler Worte bedurft hätte.

Bringen Sie einen Gegenstand zur Rede mit, der eine Aussage oder einen Bestandteil Ihres Inhalts veranschaulicht und eine kräftige Aussage ermöglicht. Der Gegenstand soll Ihre Analogie, Ihr Erlebnis tatsächlich darstellen: Wenn Sie von einem halbvollen Glas sprechen, befüllen Sie live ein Glas mit Wasser. Oder gießen Sie die Hälfte aus einem vollen Glas auf den Boden, je nachdem, was Sie verdeutlichen wollen.

*Das Live-Erlebnis*
Der früher bei Vorträgen eher hölzern wirkende Bill Gates hat sich im Laufe der Zeit zu einem erstklassigen Redner entwickelt. Er informiert, unterhält und ist dabei höchst überzeugend. 2009 hielt er in Long Beach eine Rede über die Tätigkeit der „Bill & Melinda Gates Foundation", die sich im Kampf gegen Krankheiten wie Tuberkulose oder Malaria engagiert. Ziel dieser Rede war es, das Publikum davon zu überzeugen, dass mehr Geld in Malaria-Prophylaxe investiert werden soll. Heutzutage, so Gates in dieser Rede, wird in den westlichen Ländern mehr Geld in den Kampf gegen Haarausfall investiert als in den Kampf gegen Malaria. Der Grund: Haarausfall ist ein Problem der Reichen.

Neben Gates stand eine gläserne Käseglocke. Er sprach über den gefährlichen Malariaüberträger, die Anophelesmücke:

*Ich habe ein paar Mücken mitgebracht, damit Sie sehen können, wie Malaria übertragen wird. Wir lassen sie etwas im Auditorium umherstreifen. Es gibt keinen Grund, dass nur arme Menschen diese Erfahrung machen.*

Dann lüftete er die Glaskuppel und kleine schwarze Punkte schwirrten deutlich sichtbar in den Saal.

Was haben wir hier? – Eine Provokation, die so hemmungslos überzogen war, dass sie von einem guten Teil des Publikums nicht als Provokation empfunden wurde, sondern als Witz; genauer: als Witz, dessen Hintergrund aber dennoch so ernst war, dass vielen Menschen im Saal das ohnehin verhaltene Lachen im Hals stecken blieb.

Natürlich wäre Gates in seiner Rede auch ohne diesen Effekt zurechtgekommen. Er hätte einfach den Übertragungsweg der Malaria mit Worten beschreiben können. Damit hätte er aber nicht dieselbe Wirkung erzielt. Er hätte nicht erreicht, dass das Publikum über den Umgang der westlichen Welt mit dem Problem Malaria nachzudenken begann.

Das Live-Erlebnis ist die Königsklasse der Demonstration. Ihre Zuhörer sehen nicht nur ein Beispiel, sie erleben und fühlen intensiv, was Sie sagen.

Das ist visuelle Zuspitzung: Der Redner nimmt ein Problem, auf das er aufmerksam machen möchte (oder auch, positiv gesprochen, eine Lösung, eine Idee), direkt auf das Rednerpodium mit und lässt es das Publikum erleben. Wenn Sie einen solchen Effekt erzielen möchten, gehen Sie von Ihrem eigenen Empfinden aus: Was schockiert, stört, entsetzt Sie persönlich an Ihrem Thema am meisten? Und was könnten Sie auf das Podium mitnehmen, das dieses Gefühl am besten live anschaulich macht?

Der Kinderarzt und Schmerzspezialist Elliot Krane nimmt stets eine Feder und einen Bunsenbrenner mit auf das Podium. Sein Ziel ist es, das Publikum darüber aufzuklären, dass Schmerz eine Krankheit ist, nämlich dann, wenn der Schmerz auch dann noch monate- und jahrelang den Patienten belastet, nachdem seine Krankheit längst geheilt ist.

*Bevor ich Ihnen davon erzähle, wie das passiert und was wir dagegen tun können, möchte ich Ihnen zeigen, wie sich das für meine Patienten anfühlt. Stellen Sie sich vor, dass ich Ihren Arm mit dieser Feder streichle, so wie ich gerade meinen Arm streichle (Der Redner nimmt die Feder und streicht damit über seinen Arm). Jetzt möchte ich aber, dass Sie sich vorstellen, dass ich Ihren Arm mit diesem Gegenstand streichle (Der Redner legt die Feder weg und nimmt den Brenner, entzündet ihn und fährt damit über seinen Arm).*

*Eine ganz andere Empfindung! – Was hat das nun mit dem chronischen Schmerz zu tun? Stellen Sie sich bitte diese beiden Empfindungen gleichzeitig vor. Stellen Sie sich vor, wie Ihr Leben aussehen würde, wenn ich Ihre Haut mit dieser Feder streiche, aber Ihr Gehirn würde Ihnen dabei melden, dass Sie den Schmerz empfinden, den Ihnen ein Brenner verursacht – das ist die Erfahrung meiner Patienten mit chronischen Schmerzen.*

Eine leichte Berührung verursacht Schmerz – die Zuspitzung liegt hier bereits im Inhalt, also in der dramatischen Empfindung von Schmerzpatienten. Der Redner macht genau das mit Gegenständen anschaulich, um dem Publikum diese Empfindung genauso dramatisch zu vermitteln.

## ACTION-SPRACHE: SPANNEND WIE EIN FILM

Geschichten sind also hervorragend geeignet, um Ihre Zuhörer noch besser zu erreichen. Wenn diese Geschichten nun auch noch so erzählt werden, dass Ihr Publikum das Gefühl hat, mitten drin zu stecken, sind Sie goldrichtig unterwegs. Regen Sie mit temporeichen Formulierungen das Gehirn und die Vorstellungskraft Ihrer Zuhörer an.

Action-Sprache bedeutet, dass Sie auf perfekten Satzbau und brillante Formulierungen verzichten – zugunsten von Tempo, Spannung und voller Integration der Zuhörer. Sie sprechen also genau so, wie das Ereignis, welches Sie beschreiben, stattfindet. Testen wir zuerst die übliche Rhetorik, wie sie täglich millionenfach genutzt wird, um einen Sachverhalt zu beschreiben:

„Als ich dem Kunden zum ersten Mal die neue Anlage vorführte, schritt ich zum Schalter und legte diesen um. Der Motor begann leise zu surren und innerhalb von 18 Sekunden war der Systemcheck abgeschlossen, der Touchscreen bereit, die Sperren am Band gelöst. Der Kunde war beeindruckt und konnte sich ein freudiges Grinsen nicht verkneifen. Er meinte, damit wären wir nun im Geschäft."

Das klingt ganz gut, aber mal ehrlich, Action hat es keine. Wenn Sie mit dieser Story wirklich beeindrucken wollen, müssen Sie einiges ändern. Bevor wir uns die Geschichte gleich noch einmal in der Action-Sprache ansehen, prüfen wir zuerst, welche drei Zutaten Sie dafür brauchen:

*1. Einfache, kurze Hauptsätze*
Verkürzen Sie die Sätze, beschränken Sie sich auf die Hauptaussagen. Alle Verbindungen wie „und", „aber", „deshalb", „inzwischen" werden gestrichen und die Sätze an diesen Stellen einfach geteilt. Machen Sie an dieser Stelle eine kurze Pause und beginnen Sie dann den nächsten Satz.

*Ich werfe den Strafzettel einfach weg ... Da ... Ein Polizist. Ich hab's gewusst. Mist. Was soll ich tun? Panik. Ich laufe los ... Er schreit: MEIER! Ich laufe weiter. MEEEIIIER! Häh? Wer ist Meier?*

## 2. Von der Vergangenheit in die Gegenwart

Action läuft immer in der Gegenwart, genau wie im Film, da sind Sie auch mittendrin im Geschehen. Das nimmt die Zuhörer mit in das Erlebte, die Spannung ist weitaus höher. Als angenehmer Nebeneffekt fällt das Erzählen auf diese Art sogar leichter, weil Sie nur wiedergeben, was gerade vor Ihrem geistigen Auge passiert. Wenn Sie eine Einleitung zur Action brauchen, geben Sie zum Beispiel Ort und Datum an:

*Anfang Februar, ich führe die Anlage endlich dem Kunden vor …*
*Weihnachten 1992: Ich stehe vorm Weihnachtsbaum ….*

## 3. Echte Rollenverteilung

Spielen Sie den Regisseur Ihrer eigenen Geschichte und verteilen Sie die Rollen auf Personen, statt als Sprecher die ganze Geschichte unpersönlich zu kommentieren. Ein paar Beispiele:

Normal: „Dann sagte er, okay, ich könne das neue Büro haben, aber erst ab Herbst."

*Action: Er sagt: Okay, ziehen Sie um, aber erst ab Herbst.*

Normal: „Als ich ihn am Morgen sah, hoffte ich, er hätte das Dokument noch nicht gelesen."

*Action: Da sehe ich ihn und denke: Hoffentlich hat er das Dokument noch nicht gelesen.*

Und nun die ganze Geschichte von oben noch mal, diesmal in Action-Sprache:

*Dezember, Halle 8: Ich führe dem Kunden zum ersten Mal die Anlage vor. Es wird spannend… Ich lege gaaaanz langsam den Schalter um. Der Motor surrt leise … 18 Sekunden vergehen … prima, der Systemcheck ist abgeschlossen … Da, der Touchscreen ist auch bereit. Die Sperren am Band lösen sich. Der Kunde grinst mich an, er ist beeindruckt … (Stimme verstellen): Okay, damit sind wir im Geschäft.*

# EMOTIONEN RICHTIG EINSETZEN UND STEUERN

Geschichten wecken und verstärken Emotionen. Je besser und „actionreicher" Sie Ihre Geschichten erzählen, umso mehr werden die Zuhörer an Ihren Lippen hängen. Die Emotion des Publikums ist ein wichtiger Katalysator, der Ihnen dabei hilft, Ihr Ziel, Ihren Punkt B, zu erreichen. Aber die Emotion ist nicht nur ein hilfreiches, sondern auch ein sehr sensibles „Lebewesen" – und geht manchmal in eine Richtung los, die Ihre Absichten stört oder sogar vereitelt.

Jamie Oliver sagt in seinem Vortrag über Fettleibigkeit zu seinem Publikum:

*Ihr Kind wird um zehn Jahre weniger zu leben haben als Sie selbst.*

Dieser Satz ist eine glatte Provokation. Wenn aber Jamie Oliver mit dieser Aussage vor einem Publikum, das selbst nicht von Fettleibigkeit betroffen, aber interessiert ist und informiert werden möchte, auftritt, ist diese Provokation absolut passend. Sie funktioniert insofern, als niemand im Publikum sich dadurch persönlich angegriffen fühlt; ganz im Gegenteil: Die Zuhörer fühlen sich dadurch positiv herausgefordert und zum Nachdenken angeregt.

Jetzt stellen Sie sich vor, Jamie Oliver würde mit derselben Provokation vor Betroffenen auftreten; also vor Menschen, die fettleibig sind und schwer darunter zu leiden haben. Der Redner würde damit die Gefühle seines Publikums schwer verletzen und mit einem Schlag an Ansehen und Glaubwürdigkeit verlieren.

Wie können Sie also Emotionen in Ihre Geschichten einbauen, ohne dabei übers Ziel hinaus zu schießen? Das Kriterium dafür heißt: Angemessenheit.

## Emotionen müssen angemessen sein

Was bedeutet Angemessenheit? Ein Beispiel: Wenn Sie keinen Witz erzählen können, sind Sie deswegen noch lange kein schlechter Mensch. Sie haben sicher andere Qualitäten. Aber Sie sollten es nach Möglichkeit unterlassen, in Ihren Vorträgen Witze zu erzählen, denn sie werden wahrscheinlich nicht funktionieren. Er wäre für Sie also nicht angemessen.

Es gibt Menschen, die Vergleiche, Beispiele und Storys lieben. Und es gibt andere Menschen, die vor allem auf die sachliche Richtigkeit von Fakten und Argumenten achten.

Der ehemalige deutsche Bundeskanzler Helmut Schmidt, der das Kunststück zuwege brachte, bei seinen Reden mit purer Sachlichkeit eine außergewöhnliche, legendäre Wirkung zu erzielen, erhielt dafür den Spitznamen „Schmidt Schnauze". Aber nicht nur als Redner, auch als Zuhörer gab er der Stichhaltigkeit eines Arguments den Vorzug vor der emotionalen Ausgestaltung.

Auch Sie könnten Menschen wie Helmut Schmidt im Publikum haben. Sie werden ohnehin nicht jedermann gleichermaßen glücklich machen können – das ist ein Ding der Unmöglichkeit. Wenn Sie aber vor wenigen Menschen, und noch dazu vor Entscheidungsträgern, sprechen, dann sollten Sie vorher eine Einschätzung treffen, wie diese Menschen ticken. Bestehen sie eher auf den Vernunftgründen oder lieben sie die Anschaulichkeit? Sind sie eher sachlich oder eher emotional?

## Unterschiedliche Situationen verlangen unterschiedliche Grade von Emotion

In Aktionärsversammlungen werden Reden oft vom Blatt gelesen und beinahe jedes Wort wird auf die Waagschale gelegt. Das ist kein Wunder, denn im Auditorium sitzen Menschen, die viel Geld in den Unternehmenserfolg investiert haben und nun sachlich und korrekt darüber informiert werden möchten, ob ihre Investition auch gut angelegt ist.

Bei einer Keynote Speech oder einer Pressekonferenz hingegen wünscht sich das Publikum spannende Ausführungen, und der Redner würde beim Publikum mit einer übertriebenen Sachlichkeit höchstens Unverständnis oder Langeweile hervorrufen.

Treffen Sie in der Vorbereitung Ihrer Rede eine Einschätzung darüber, welchen Grad am Emotion der Anlass verlangt: Ernst, Drama, Freude, Jubel, Warnung ...? Wenn die Situation beispielsweise Ernsthaftigkeit verlangt, dann gehen Sie mit sprühenden Metaphern und Vergleichen lieber sparsam um.

### Emotion – aber nur wenn Sie sich dabei wohlfühlen

Es gibt Menschen, die haben ein besonderes Gespür, eine Vorliebe für bildhafte Sprache, für Vergleiche und Beispiele, andere wiederum haben die Tendenz, eher lakonisch, schlüssig und präzise zu formulieren. Wenn Sie in Ihrer Vorbereitung einen Vergleich, ein Beispiel, ein Bild etc. entwerfen und nicht sicher sind, ob es nicht vielleicht doch übertrieben ist – lassen Sie es weg. Verwenden Sie nur das, wovon Sie absolut überzeugt sind.

Vergessen Sie nicht: Wenn Sie vor anderen sprechen, halten Sie Ihren Kopf in den Wind! Sie müssen also von allem, was Sie dort tun und sagen, innerlich überzeugt sein. Wenn Sie das selbst nicht sind – wie sollen Sie es dann vor Ihren Zuhörern sein?

# DIE KRAFT DES RICHTIGEN „SPIN"

Welches Medikament würden Sie lieber einnehmen: eines mit hoher Überlebensrate oder eines mit niedriger Sterblichkeitsrate?

In welchem Stadtteil würden Sie lieber wohnen: dort, wo es eine Verbrechensrate von 3,7 Prozent gibt, oder dort, wo es zu 96,3 Prozent verbrechensfrei ist?

Ihre Antwort wird in beiden Fällen vom Bezugsrahmen, in welchem die Frage gestellt ist, beeinflusst. Und vermutlich wird sie zugunsten der positiven Formulierung ausfallen, obwohl es eigentlich keinen Unterschied macht, wie Sie antworten.

Diesen Bezugsrahmen nennen wir „Spin". Vielleicht kennen Sie diesen Begriff aus der Politik, wo sogenannte Spindoktoren die Botschaften der politischen Personen ins richtige Licht setzen.

Zuhörer sind meist nicht in der Lage, einen guten Spin zu erkennen. Sie nehmen die Botschaft als logisch, korrekt und überzeugend wahr. Werden sie mit mehreren Spins mit dem gleichen Inhalt konfrontiert, zum Beispiel mit einer politischen Botschaft mit dem Spin zweier unterschiedlicher Parteien, glauben sie dem, der ihren eigenen Werten und Erfahrungen am nächsten liegt (Sniderman & Theriault 2004). Daraus lässt sich schon erkennen, dass der Spin zu den mächtigsten rhetorischen Mitteln gehört.

Vergleichen Sie die folgenden Aussagen:

| Katastrophale Vorgehensweise | Suboptimale Lösung |
|---|---|
| Dieser Käse hat 25 Prozent Fett. | Dieser Käse ist 75 Prozent fettfrei. |
| 20 Prozent der Belegschaft werden entlassen. | 80 Prozent werden ihren Job behalten. |

Ein guter Spin kann Ihre Rede oder Botschaft retten – oder aber zugrunde richten.

Die Wissenschaftler Tversky und Kahneman fanden in ihren Studien heraus, dass Spins die Prozesse und Entscheidungen in Wirtschaft und Politik in hohem Maße beeinflussen (Tversky & Kahneman 1986). Auch die Medien konfrontieren uns tagtäglich mit unzähligen Spins, welche die Botschaft absichtlich oder unabsichtlich verändern. Dazu gehören zum Beispiel Schlagzeilen, Fotos, Ausschnitte aus Interviews, Quellenangaben oder Statistiken.

Auch Sie geben vielen Botschaften einen „automatischen Spin" mit, meist unbewusst und deshalb, weil Sie einfach davon überzeugt sind, dass es genau so richtig ist, wie Sie es sagen. Die Herausforderung für Sie liegt darin, genau zu überlegen, welcher Spin beim Publikum wohl am besten ankommen wird. In welchem Kontext wird Ihre Botschaft funktionieren und in welchem Bezugsrahmen werden Ihre Zuhörer das Gesagte als „wahr und wichtig" erleben? Einige wichtige Spins haben Sie bereits kennengelernt, zum Beispiel das Zauberwort „weil" oder beim Fokus auf die Relevanz: „Das ist besonders interessant für Sie …".

Um Ihren Aussagen mehr Wirkung zu verleihen, passen Sie diese präzise auf Ihre Zuhörer an.

Beispiele:
Wenn Sie wollen, dass einem Projekt zugestimmt wird, welches zu 30 Prozent scheitern kann, sagen Sie:

*Wir werden Erfolg haben, und zwar mit einer Wahrscheinlichkeit von 70 Prozent, das rechtfertigt die Entscheidung zu 100 Prozent.*

Wenn Sie die Kosten um 20 Prozent erhöhen müssen, um wettbewerbsfähig zu bleiben, sagen Sie:

*Die Beibehaltung der Wettbewerbsfähigkeit ist entscheidend für uns. Die Investition von nur 20 Prozent, um diese zu behalten, ist daher einfach.*

Wenn Ihr Patient Angst vor Nebenwirkungen hat, sagen Sie:

*Sie werden bemerken, dass das Medikament wirkt. Das kann unangenehm werden, aber es geschieht, damit Sie Ihre Gesundheit wiedererlangen.*

Wenn Ihr Mitarbeiter keine Gehaltserhöhung bekommt, sagen Sie:

*Ich bin sehr froh, dass wir das Gehaltsniveau zumindest halten können und im Unternehmen alles bleibt, wie es ist. Sie wissen ja, wie es auf dem Markt aktuell aussieht.*

Wenn Sie ein geschäftliches Engagement aus finanziellen Gründen beenden, sagen Sie:

*Es haben sich neue, attraktivere Chancen ergeben, auf die wir uns mittelfristig konzentrieren werden.*

### *So entwickeln Sie Ihren Spin*
**Schritt 1:** Was ist Ihre Botschaft?
**Schritt 2:** Was daran klingt negativ und könnte die Zuhörer irritieren (vom Punkt B abbringen)?
**Schritt 3:** Wie können Sie den negativen Teil in einen positiven umformulieren?
**Schritt 4:** Entspricht diese Formulierung der Einstellung und den Werten Ihrer Zuhörer?

# DIE KRAFT EINER „PUNCH-LINE"

4. Juni 1940: Winston Churchill spricht vor dem britischen Unterhaus. Es ist einer der besten Auftritte seiner Amtszeit. Die Rede ist gleichermaßen an das Parlament wie an das englische Volk gerichtet und dient dazu, angesichts eines Kriegsgegners, der bereits halb Europa überrannt hat und nun England angreifen will, den Widerstandswillen der Menschen zu stärken. Der Höhepunkt dieser Rede lautet folgendermaßen:

> *We shall not flag or fail. We shall go on to the end. We shall fight in France, we shall fight on the seas and oceans, we shall fight with growing confidence and growing strength in the air, we shall defend our island, whatever the cost may be, we shall fight on the beaches, we shall fight on the landing grounds, we shall fight in the fields and in the streets, we shall fight in the hills. We shall never surrender.*

Der Churchill-Biograf Alan Moorehead, der diese Rede selbst miterlebte, beschrieb den Eindruck, den sie beim Publikum erzeugte, so: „Es war der gefährlichste Augenblick in der Geschichte des Landes, aber seit Shakespeares Tagen hatte man solche dramatischen, zu Herzen gehenden Worte in England kaum mehr vernommen, und tatsächlich haben sie ebenso sehr zu Hitlers Sturz beigetragen wie jede andere Waffe."

*Hammer home your message*
Die Wiederholung eines Wortes oder Satzteiles in der Rede erzeugt Wirkung. Wir nennen das auch „Hammer home your message".

 Es klingt einfach: Je öfter Sie etwas vor Ihren Zuhörern wiederholen, umso größer ist die Wahrscheinlichkeit, dass diese es als wahr empfinden. Im Zweiten Weltkrieg untersuchten die Sozialpsychologen Allport und Lepkin die Verbreitung von Gerüchten und fanden heraus, dass einem Gerücht am ehesten dann geglaubt wird, wenn man es mehrfach hört. Bei Zuhörern im Publikum ist es genauso: Je öfter Statements, Fremdwörter oder Argumente wiederholt werden, umso eher werden diese geglaubt, wie Brown und Nix 1996 herausfanden. Das geht so weit, dass wiederholte Aussagen sogar dann noch mit hoher Wahrscheinlichkeit für wahr befunden werden, wenn diese bereits vorher als „falsch" bewertet wurden.

Das bedeutet für Sie, dass Sie Ihre wichtigen Botschaften unbedingt mehrfach bringen müssen, damit diese besser in Erinnerung bleiben, vor allem aber als wahr empfunden werden. Das Gleiche gilt übrigens für negative Botschaften: Wenn Sie diese mehrfach wiederholen, zum Beispiel das Problem in einer Argumentationskette, dann wird das Problem dadurch noch weiter verstärkt und damit dringlicher.

Wichtige Botschaften in einer Rede zu wiederholen ist eine Grundlage für Überzeugungskraft. Denken Sie an die berühmte „I have a dream"-Rede von Martin Luther King oder an das millionenfach replizierte Wort „Change" von Obama.

Als der Kaffeegigant Starbucks im Jahr 2009 ernste Schwierigkeiten mit dem Absatz bekam und sich zunächst radikal verkleinerte, um dann neu durchzustarten, fand der Starbucks-CEO dafür ein Wort: „onwards". Dieses wiederholte er gebetsmühlenartig in seinen Reden – und erreichte nicht zuletzt dadurch einen sensationellen Turnaround.

### *Kernbotschaften und Schlüsselbegriffe als Punch-Line*

Setzen Sie die Punch-Line an eine prominente Stelle im Satz, also entweder an den Anfang (Fachbegriff Anapher) wie Churchill in seiner Rede oder an den Schluss (Fachbegriff Epipher), zum Beispiel:

> *Heute können wir immer mehr Tätigkeiten mit ein und derselben Technik durchführen: Wir telefonieren* **mit dem Smartphone**. *Wir senden Nachrichten und Mails* **mit dem Smartphone**. *Wir fotografieren* **mit dem Smartphone**. *Und wir surfen durchs Netz –* **mit dem Smartphone**. *Und bald bezahlen wir sogar mit …*

Konzentrieren Sie sich bei den Wiederholungen auf eine Kernbotschaft und legen Sie dann Schlüsselbegriffe fest, die für Ihre Botschaft wichtig sind. Die zentrale Botschaft von Winston Churchill war: *Wir werden uns niemals ergeben.* Die Schlüsselbegriffe: *wir werden.* Durch die Wiederholung der Schlüsselbegriffe bereitete er den Boden für seine Kernbotschaft. Formulieren Sie

Ihre Kernbotschaft als einen einfachen und aussagekräftigen Satz und legen Sie dann die Schlüsselbegriffe fest, die diesen Satz verstärken. Einige Beispiele:

Kernbotschaft:
*Wir werden in den nächsten Jahren unsere Produktpalette wesentlich erweitern müssen, um dem Konkurrenzdruck bestmöglich standhalten zu können.*
Schlüsselbegriffe: wesentlich erweitern, bestmöglich standhalten

Kernbotschaft:
*Diese Vorlesung vermittelt Ihnen einen umfassenden Überblick sowie eine praktische Einführung in die Geschichte der Neuzeit.*
Schlüsselbegriffe: umfassender Überblick, praktische Einführung

Kernbotschaft:
*Wenn wir unsere Möglichkeiten verbessern wollen, Spendengelder zu lukrieren, schlage ich den Einsatz eines einfacheren, effizienten Kundenverwaltungsprogramms vor.*
Schlüsselbegriffe: verbessern, einfacher, effizient

**Wiederholen Sie die Kernbotschaften immer wieder**
Wiederholen Sie nun Ihre Kernbotschaften an verschiedenen Stellen Ihrer Rede, indem Sie die Wortfolge verändern, aber die Schlüsselbegriffe – und selbstverständlich auch die Botschaft – beibehalten, zum Beispiel:

Kernbotschaft:
*Wir schlagen einen sinnvollen und ausgewogenen Mix im Einsatz der effizientesten Energiequellen vor.*

Schlüsselbegriffe: sinnvoll, ausgewogen, effizient

**Einsatz als Vorschlag**

*Zur Lösung des Klimaproblems schlagen wir einen **sinnvollen** und **ausgewogenen** Mix im Einsatz der **effizientesten** Energiequellen vor.*

**Einsatz als Ergebnis**

*Ein **sinnvoller** und **ausgewogener** Mix im Einsatz der **effizientesten** Energiequellen trägt am besten zur Lösung des Klimaproblems bei.*

**Einsatz als Appell**

*Sorgen Sie für einen **sinnvollen** und **ausgewogenen** Mix im Einsatz der **effizientesten** Energiequellen, wenn Sie Ihren Beitrag zur Lösung des Klimaproblems leisten wollen!*

**Einsatz als Antwort auf eine Frage** („Wie sieht die Energieversorgung der Zukunft aus?")

*Mit einem **sinnvollen** und **ausgewogenen** Mix der effizientesten Energiequellen werden wir in Zukunft erreichen, dass …*

**Einsatz als Einwandbehandlung** („Die Konsumenten werden in Zukunft immer kritischer auf die Quelle von Strom und Treibstoff achten!")

*Wenn der Einsatz der **effizientesten** Energiequellen **sinnvoll** und **ausgewogen** ist, werden die Konsumenten das honorieren.*

# KRAFTVOLLE WORTE: MAGIE UND SENSATIONEN

Der Eindruck, der durch die Verwendung von Superlativen erzeugt wird, ist der einer „Sensation" – schon in der Bedeutung dieses Wortes ist der Sinneseindruck enthalten. Eine Sensation ist ein außergewöhnliches Ereignis, das die Sinne des Publikums anspricht. Machen Sie sich auf die Suche nach dem Besonderen, dem Außergewöhnlichen an Ihrem Inhalt, und zögern Sie nicht, dieses auch verbal anzukündigen:

*großartig, außergewöhnlich, einzigartig, wunderbar, herausragend, magisch*

Mit diesen Attributen werten Sie Aussagen auf, ohne marktschreierisch zu werden (außer, Sie verwenden sie dauernd). Steve Jobs ist ein gutes Beispiel dafür. Er versah in seinen Keynote-Präsentationen seine Produkte großzügig, aber ganz selbstverständlich mit all diesen Attributen, blieb dabei jedoch im Tonfall auffallend sachlich und nüchtern. Seine iPad-Präsentation zum Beispiel begann so:

> *Heute haben wir etwas **Großartiges** anzukündigen. Ich habe ein paar Updates für Sie. Wir haben den iBookstore vor einem Jahr herausgebracht, und wir haben damit **einen Meilenstein** erreicht: User haben über 100 Millionen Bücher heruntergeladen. Heute kündigen wir an, dass Random House seine über 17 000 Bücher in den iBookstore bringt und sich damit zu den anderen fünf großen Playern gesellt. Momentan haben wir über 2 500 Verleger, die ihre Produkte über den iBookstore vertreiben. Also **wir finden das sehr aufregend** ...*

Aber Vorsicht: Wenn Sie dieses Mittel anwenden, müssen Sie auch halten, was Sie versprechen! Wenn Sie die über eine Stunde dauernde Präsentation des iPad verfolgen, sehen Sie, dass Jobs jede seiner Neuigkeiten gleichsam in diese verbalen Ankündigungen einpackte. Sie sehen aber auch, dass jede Ankündigung einer Sensation auch tatsächlich eine Sensation enthält.

# DIE SPRACHE DER MÄCHTIGEN

In einem aufschlussreichen Versuch der Soziologin Bonnie Erickson analysierten 152 Personen die Aussage eines Zeugen, die einmal in einem rhetorisch kraftlosen und einmal in kraftvollem Stil wiedergegeben wurde. Der kraftlose Stil kennzeichnete sich durch die Verwendung spezieller Formulierungen:

> Intensivierer: sehr, wirklich, ehrlich …
> Weichmacher: Ich glaube, vielleicht, möglicherweise …
> Zögern: ähhh, … und …, mhhh …
> Fragende Betonungen: … ich denke schon?

Der kraftvolle Stil trägt wenige oder gar keine der vier Kennzeichen. Die Sprache ist direkt, die Betonungen sind auf den Punkt, die Sätze kurz und klar.

Erickson fand heraus, dass der kraftlose und der kraftvolle Stil Rückschluss auf den sozialen Status und die Macht des Sprechers gibt. Das ist deshalb interessant, weil wir wissen, dass Information, die von einer höheren Hierarchiestufe, von einem höheren sozialen Status oder einer höheren Machtposition kommt, grundsätzlich als wichtiger und relevanter wahrgenommen wird. Es ist also eine hervorragende Chance, Ihre Rhetorik mit einer Prise mehr „Macht" und damit Überzeugungskraft auszustatten, indem Sie auf die Verwendung der Merkmale kraftloser Sprache verzichten. Und auf genau diese Merkmale gehen wir nun noch näher ein.

## Die Merkmale kraftloser Rhetorik

„Das könnten wir eventuell angehen, denn im Prinzip wäre es schon sinnvoll, wenn wir hier mehr Power entwickeln würden, ich meine, das wäre doch wirklich schön?"

Haben Sie mitgezählt? Welche Worte würden Sie aus obigem Statement eliminieren? – Könnten; eventuell; im Prinzip; würden; meine; wäre.

Bereinigt davon, lautet obiges Statement sinngemäß:

*Okay, gehen wir es an!*

Kraftlose Rhetorik signalisiert Unsicherheit, mangelnden Glauben an die eigenen Botschaften und fehlende Kompetenz. Natürlich lässt sich nicht jede Aussage so knallhart und überzeugend formulieren und oft gibt es ja tatsächlich Unsicherheiten, die erst geklärt werden müssen. Aber stellen Sie sich vor, Sie formulieren die entscheidende Aufforderung an Ihre Zuhörer so wie oben.

Wenn ich mit Klienten an wichtigen Vorträgen arbeite, hinterfrage ich gnadenlos jede kraftlose Formulierung:
„Was meinen Sie mit vielleicht?" – „Eventuell heißt, Sie wissen es nicht?" – „Wenn Sie mich begrüßen möchten – warum tun Sie es dann nicht?" – „Schön, dass Sie das glauben. Wissen Sie es auch?" – „Tja, die Hoffnung stirbt zuletzt, nicht wahr?"

Bitte achten Sie in Ihren Botschaften auf folgende Begriffe und vermeiden Sie diese in besonders wichtigen Botschaften so gut wie möglich, denn es sind typische Merkmale kraftloser Rhetorik:

→ könnte, würde, sollte, müsste, vielleicht, eventuell, eigentlich, ein bisschen, ein wenig …
→ Ich möchte, ich hoffe, ich glaube, ich denke …
→ Ungefähr, circa, etwa, in der Gegend von, irgendetwas mit …
→ Pausenfüller wie … äääh … (stattdessen einfach nichts sagen!)

# ACHTUNG, HEISSE LUFT: WORTHÜLSEN UND HOHLE PHRASEN

„Ich hoffe, ich konnte Ihnen zeigen, dass unsere Services ganzheitlich, innovativ und nachhaltig sind und wir flexibel auf Ihre Wünsche eingehen können. Bei uns ist der Kunde schließlich noch König!"

Kennen Sie Bullshit-Bingo? Dabei müssen Sie inhaltsleere Schlagwörter und Floskeln in Vorträgen und Präsentationen finden. Sobald Sie eine gefunden haben, rufen Sie: „Bullshit!"

Das amerikanische *Marketing Magazine* hat die Firmenphilosophien von über 300 Unternehmen analysiert und festgestellt, dass diese überwiegend aus den gleichen Wörtern bestehen. Das sind die sechs am meisten verwendeten Wörter, ein klares Indiz dafür, dass es sich hierbei um Floskeln handelt:

Kunden, Service, Qualität, Wachstum, Umwelt, Mitarbeiter

Besonders kreativ ist das nicht gerade, was meinen Sie?

Sehen wir uns obige Aussage noch einmal näher an: Abgesehen von den vorher bereits beschriebenen Merkmalen kraftloser Rhetorik: Was genau bedeutet ganzheitlich, innovativ, nachhaltig, flexibel? Oder gar der Uralt-Satz „Der Kunde ist König"? Diese Aussagen erzeugen bei uns weder Bilder im Kopf noch Emotionen, es sind austauschbare Phrasen, Worthülsen ohne Inhalt. Wo genau liegt also unser Nutzen – oder in anderen Worten: **Na und?**

Wenn Sie Ihre Zuhörer mit wirksamer Sprache überzeugen wollen, dann klingt das so:

*Sie haben nun gesehen, wie Sie mit unserer Hilfe Ihre Ziele erreichen können: Das bedeutet für Sie eine Zeitersparnis von bis zu 25 Prozent und 80 Prozent weniger Reklamationen.*

Achten Sie auf prägnante Sprache, obige Phrasen sind beliebig austauschbar und geben dem Zuhörer nicht das Gefühl, „Das bringt mir jetzt etwas". Ähnlich problematisch sind Fachausdrücke und Anglizismen, wenn sie überstrapaziert oder, noch schlimmer, vor einem nicht fachkundigen Publikum verwendet werden.

***Verstanden werden trotz Fachausdrücken und Anglizismen***
„Das Meeting der Task-Force hat für die Decision Maker folgenden Output gebracht: Das Wellnessprojekt ist approved und das Branding wird in der Community einem Realtime-Check unterzogen. Wenn das Timing passt, ist es ein echtes Highlight und der Launch wird on time vonstattengehen."

Kennen Sie das? Leider sind manche Vortragende der Meinung, das klingt wahnsinnig wichtig und intelligent. Das Problem dabei: Es ist in den meisten Fällen nicht die Sprache Ihrer Zuhörer. Und sogar ohne die absichtliche Verwendung, weil Sie es womöglich toll finden: Je mehr Sie über Ihr eigenes Fachgebiet wissen, umso größer ist die Gefahr, die Sprache des Publikums zu verfehlen und damit an Überzeugungskraft zu verlieren.

Natürlich wäre es ideal, wenn Sie Fachausdrücke und Anglizismen so weit wie möglich aus Ihren Reden und Statements eliminieren, aber bleiben wir realistisch, das wird in der Praxis nicht funktionieren. Was können Sie also tun, damit Sie trotzdem verstanden werden?

Wer sind Ihre Zuhörer? Wenn Sie als Controller vor Controllern sprechen, müssen Sie sich darüber keine Gedanken machen. Sobald sich aber die Zusammensetzung Ihrer Zuhörerschaft ändert, müssen Sie Ihre Aussagen entsprechend anpassen. Erklären Sie den Fachbegriff, wenn Sie ihn das erste Mal verwenden:

*Arteriosklerose bedeutet Arterienverkalkung, das sind Ablagerungen aus Fett, Gewebe und Kalk ...*

Verwenden Sie ein Wortbild:

*Arteriosklerose lässt Ihre Adern genauso aussehen wie den verkalkten Schlauch Ihrer alten Waschmaschine ...*

Schlüsseln Sie Abkürzungen, die zum Verständnis beitragen, gleich bei deren erster Verwendung auf:

*CDS steht für Credit Default Swap, das ist eine handelbare Kreditausfallsversicherung...*

# INTERAKTION MIT DEM PUBLIKUM: DIE FRAGERUNDE

In Ihrem sorgfältig vorbereiteten Vortrag hat das Publikum Sie von Ihrer besten Seite kennengelernt. Wenn Sie nun in der anschließenden Fragerunde oder Diskussion ein genauso gutes Bild abgeben, runden Sie den kompetenten und professionellen Eindruck ab.

## Welche Fragen stehen im Raum?

Falls Sie sich während der Vorbereitung auf Ihr Thema denken: „Hoffentlich werde ich nicht nach X gefragt" oder „Hoffentlich interessiert sich niemand für Details von Y", fassen Sie dies als Warnsignal auf. Es ist ein Zeichen dafür, dass es offenbar eine argumentative Lücke gibt, die möglicherweise von Ihren Zuhörern erkannt wird.

Überlegen Sie daher rechtzeitig: Welche Fragen stehen im Raum? Welche Punkte Ihres Themas sind strittig? Wo könnten Zuhörer einhaken, gibt es Unklarheiten? So können Sie herausfinden, welche Fragen vermutlich kommen werden.

••••••••••••••••••••••••••••••••••••••••••••••••••

80 Prozent aller Fragen sind vorhersehbar!

••••••••••••••••••••••••••••••••••••••••••••••••••

Wenn Sie in der Vorbereitung Ihrer Rede Ihre Zielgruppe analysiert haben, sind Sie auf diesem Weg schon ein gutes Stück vorangekommen. Mit dem „Entscheider-Interessensspiegel" unterziehen Sie Ihr Publikum einem zusätzlichen „Scan" für den Fall, dass eine Fragerunde geplant ist (siehe dazu auch „Der Vierfach-Zielgruppencheck" in „Station 1").

Der Entscheider-Interessensspiegel

| Name, Titel, Funktion | | |
|---|---|---|
| **Einstellung** | | |
| zum Thema | 😊 | 😐 | ☹️ |
| zu Ihnen | 😊 | 😐 | ☹️ |
| zu Ihrem Unternehmen/Ihrer Abteilung | 😊 | 😐 | ☹️ |

| Seine/Ihre Interessen, Wünsche, Befürchtungen, Hintergründe im Job, auch Privates | Eine dazugehörige Frage | Ihre Antwort |
|---|---|---|
| | | |
| | | |

Wenn Sie **vor wenigen Menschen** sprechen, suchen Sie sich die zwei wichtigsten Anwesenden heraus, und zwar vorzugsweise jene, die aufgrund Ihres Vortrags wichtige Entscheidungen treffen sollen. Unterziehen Sie diese Menschen einer gründlichen Analyse, haben Sie damit wahrscheinlich die wichtigsten Fragebedürfnisse in Ihrem Publikum abgedeckt.

Wenn Sie **vor einem großen Auditorium** sprechen, macht es natürlich keinen Sinn, für jeden einzelnen der möglicherweise über hundert Anwesenden eine Analyse anzufertigen. Was Sie aber tun können, ist, eine Einschätzung über bestimmte Gruppierungen im Publikum zu treffen, denn Sie werden sehr wohl in Erfahrung bringen können, aus welchem Umfeld Ihr Publikum kommt. Zum Beispiel die Vertriebsleute, die unzufriedenen Kunden oder die Mitglieder einer bestimmten Partei.

Fertigen Sie für jede Gruppe einen eigenen „Interessensspiegel" an.

## Wann darf gefragt werden? – Setzen Sie Regeln!

Sie beginnen Ihren Vortrag, plötzlich werden Sie unterbrochen, jemand stellt eine Frage. Sie beantworten die Frage und setzen dann Ihren Vortrag fort. Nach einer Minute kommt die nächste Frage. Und so geht es weiter bis zum Schluss.

„Was soll falsch daran sein, wenn man höflich ist?", werden Sie jetzt fragen. Nichts, außer dass dadurch Ihr Vortrag völlig durchlöchert wird. Daher brauchen Sie und Ihre Zuhörer klare Regeln, wann gefragt wird. Klären Sie diese Regeln am besten gleich zu Beginn:

*Im Anschluss an meinen Vortrag haben wir noch fünf Minuten (zehn Minuten, eine Viertelstunde …) für Ihre Fragen eingeplant.*
*Im Anschluss stehe ich sehr gerne für alle Ihre Fragen zur Verfügung.*

Verständnisfragen sollten Sie allerdings auch während des Vortrags zulassen.

*Bitte stellen Sie inhaltliche Fragen im Anschluss, Verständnisfragen selbstverständlich immer gleich.*

Wenn Sie aber alle Fragen aus berechtigen Gründen doch gleich beantworten möchten:

*Sie können mich jederzeit gerne unterbrechen, falls Sie Fragen haben.*

## Die drei typischen Fragen des Publikums

### Die Sachfrage
Diese wird aus purem Interesse an einem Inhalt gestellt, zum Beispiel, um bestimmte Aspekte, die Sie aus Zeitgründen nicht breit ausführen konnten, zu vertiefen. Beweisen Sie Ihre Kompetenz, aber versteigen Sie sich nicht allzu sehr in Details. Bedenken Sie, dass auch noch andere zu ihrem Recht kommen möchten, Fragen zu stellen.

*Die Verständnisfrage*
Manchmal möchte jemand im Publikum sichergehen, Sie in einem bestimmten Punkt richtig verstanden zu haben. Das können Kleinigkeiten sein, wie etwa ein Fremdwort oder eine Abkürzung, die Sie verwendet haben; oder es geht um ein Vorwissen oder einen Zusammenhang, den Sie in Ihrer Rede als bekannt vorausgesetzt haben.

Fragesteller dieser Kategorie haben Courage, denn sie gehen das Risiko ein, vor allen anderen Anwesenden als „dumm" dazustehen. Gehen Sie bei solchen Fragen ruhig davon aus, dass es auch noch andere Menschen im Raum gibt, denen dieselbe Frage auf der Zunge liegt.

*Die Entscheiderfrage*
Diese Fragen sind die schwierigsten, denn sie sind hart und bewusst mit dem Ziel an Sie gerichtet, Ihre Thesen auf den Prüfstand zu stellen. Was hat unser Unternehmen davon? Wurden Alternativen geprüft? Eine Entscheiderfrage liefert der verantwortlichen Person die Grundlagen für ihre Entscheidung. Wenn Sie Ihren Vortrag eben aus dem Grund halten, dass danach eine Entscheidung getroffen werden soll, müssen Sie mit solchen Fragen rechnen. Mehr noch: Entscheider *müssen* diese Art von Fragen stellen, wenn sie in ihrer Funktion von ihren anwesenden Kollegen ernst genommen werden wollen.

Je größer der Rahmen ist, in dem Sie über Ihre Projekte, Ideen oder Thesen sprechen, je mehr Geld im Spiel ist und je reservierter die Entscheider von Natur aus agieren, desto härter werden die Entscheiderfragen zu folgenden Themen ausfallen.

→ **das funktionale Bedürfnis**, zum Beispiel: Funktioniert das Konzept? Stimmt die Qualität?
→ **das finanzielle Bedürfnis**, zum Beispiel: Wie hoch ist das finanzielle Risiko? Können wir uns das leisten?
→ **das Sicherheitsbedürfnis**, zum Beispiel: Gibt es Erfahrungswerte dazu? Wurden alle Gefahren abgewogen? Was kann schiefgehen?

Bereiten Sie sich auf Entscheiderfragen vor: Überlegen Sie, mit welchen Fragen Sie rechnen müssen, und entscheiden Sie in einem zweiten Schritt, ob

Sie das betreffende Thema in der Rede behandeln oder für die Fragerunde aufsparen wollen. Auch hier gilt: 80 Prozent der Fragen sind vorhersehbar!

| Beliebte Entscheiderfragen | In der Rede behandeln | Für die Fragerunde aufheben |
|---|---|---|
| Was wollen wir erreichen? | | |
| Glauben Sie wirklich daran? | | |
| Wie soll es funktionieren? | | |
| Wie viel kostet das Ganze? | | |
| Warum kann ich mich darauf verlassen? | | |
| Welche Alternativen wurden geprüft? | | |
| Welchen Nutzen hat die Firma davon? | | |
| Was kann schiefgehen? | | |
| Warum sollten wir auf Sie hören? | | |

## Den Frageteil einleiten: Bauen Sie eine Brücke

Sie haben die letzten Worte gesprochen, und gemäß den Regeln, die Sie zu Beginn aufgestellt haben, erwartet jetzt jedermann im Publikum die Fragerunde. Aber was ist, wenn keiner fragt? Bedeutet das, dass Ihr Vortrag schlecht war? Keineswegs, aber vor vielen Menschen das Wort zu ergreifen ist nicht jedermanns Sache. Sie können davon ausgehen, dass sich im Publikum viele Menschen befinden, die gerne eine Frage stellen würden, es aber vorziehen, stumm zu bleiben. Vor allem die Angst, eine „dumme Frage" zu stellen, ist leider sehr verbreitet.

Machen Sie es Ihren Zuhörern so einfach wie möglich: Vermeiden Sie hektische Gesten, den Blick auf die Uhr oder einen ungeduldigen Tonfall in

Ihrer Stimme. Sagen Sie an dieser Stelle nicht: „Gibt es Fragen?" oder „Haben Sie noch Fragen?" Bauen Sie eine freundliche, einladende Brücke von Ihrer Rede auf die Fragerunde. Treten Sie ein wenig näher zum Publikum, blicken Sie zu den Zuhörern und sagen Sie mit einem Lächeln:

*Und wie zu Beginn versprochen: Wir haben jetzt 10 Minuten Zeit für eine Diskussion, ich freue mich auf Ihre Fragen!*
*Und jetzt freue ich mich auf Ihre Fragen ... bitte sehr ...*

## Stimulieren Sie Ihr Publikum

Und wenn weiter niemand fragt? Kein Problem, stellen Sie sich einfach selbst eine Frage (aus dem Entscheider-Interessenspiegel) und beantworten Sie diese.

*Oft stellt man mir nach meinen Vorträgen folgende Frage: ...*
*Was die meisten zu diesem Thema brennend interessiert, ist Folgendes ...*

Sie können den Spieß aber auch umdrehen und gleich eine Frage an Ihr Publikum richten. Stellen Sie eine Interessensfrage, die mit Ihrem Thema in Zusammenhang steht und daher naheliegend und einfach zu beantworten ist:

*Was mich interessierten würde: Gibt es jemand unter Ihnen, der Erfahrung mit ... gemacht hat?*
*Ist jemand unter Ihnen, der sich für ... interessiert?*

Damit signalisieren Sie, dass Sie sich für die Meinung der Menschen interessieren, die vor Ihnen sitzen, und brechen so das Eis.

## Richtiges Verhalten in der Fragerunde

Sie haben eine elegante, freundliche Brücke geschlagen und nehmen die erste Frage entgegen. Damit geben Sie einen Teil Ihrer „Macht" an Ihr Publikum ab. Kompetenz in den Antworten, Souveränität in der Steuerung der Fragen, das ist jetzt Ihre Devise. Folgende Tipps erleichtern Ihnen das Verhalten in dieser Situation:

### Hören Sie wirklich zu
Finden Sie heraus, was die jeweilige Person mit ihrer Frage bezweckt und welches Bedürfnis dahintersteckt. Nur so können Sie auch akkurat reagieren. Hören Sie also genau zu, beobachten Sie den Fragesteller und beginnen Sie erst dann zu antworten, wenn er fertig ist.

### Wiederholen Sie die Frage
Damit können Sie erstens die jeweilige Frage verlässlich für alle Menschen im Raum verständlich machen. In sehr großen Räumen wird es zwar für die Fragesteller ein Mikrofon geben. Aber auch in diesem Fall passiert es immer wieder, dass eine Frage rein akustisch nicht von allen wahrgenommen wird.

Zweitens können Sie damit sicher sein, dass Sie die Frage richtig verstanden haben. Manchmal werden Fragen weitschweifig oder verwirrend gestellt. In solchen Fällen ist es sinnvoll, dem Fragesteller zur Kontrolle eine Gegenfrage zu stellen:

*Habe ich Sie also richtig verstanden: Sie möchten wissen, ob …?*

Wiederholen Sie die Frage nicht wörtlich, sondern geben Sie eine prägnante Wiedergabe dessen, was Sie verstanden haben. An der Reaktion des Fragestellers werden Sie erkennen, ob Sie richtig liegen.

Drittens können Sie sich damit Zeit „erkaufen", wenn Sie ein paar Sekunden für eine passende Antwort brauchen. Wiederholen Sie diese Vorgangsweise nicht bei jeder Frage, denn viele Fragen sind ohnehin rasch und einfach zu beantworten, zum Beispiel mit Ja oder Nein.

### Geben Sie allen die gleiche Chance
In jedem Publikum gibt es immer wieder Fragesteller, die ihre Wortmeldung zur Selbstdarstellung missbrauchen. Sie setzen zu einer eigenen Rede an oder

stellen nicht nur eine, sondern gleich mehrere Fragen hintereinander. So interessant alles sein mag, was von der betreffenden Person kommt: **Achtung vor der Dialogfalle!**

Die Fragerunde steht grundsätzlich allen Anwesenden zur Verfügung. Auch wenn natürlich nicht alle eine Frage stellen, sollen trotzdem alle das gleiche Recht dazu bekommen. Das bedeutet, Sie müssen die Fragesteller konsequent führen. Signalisieren Sie ihnen zu Beginn, wie Sie sich bemerkbar machen sollen – in Großräumen passiert das sinnvollerweise durch Handheben.

Damit können Sie elegant eine zweite Regel einführen, nämlich die der Reihenfolge. Arbeiten Sie die Fragen in der Reihenfolge ab, in der sich die Fragesteller melden, und seien Sie dabei genau. Signalisieren Sie jeder Person, die die Hand gehoben hat, dass Sie sie gesehen haben. Und lassen Sie pro Meldung nur eine Frage plus eine Nachfrage zu. Und wenn eine Person ihr Fragerecht missbraucht, weisen Sie höflich, aber bestimmt darauf hin, dass sich andere Menschen zu Wort gemeldet haben.

### *Nennen Sie den Fragesteller bei seinem Namen*

Das funktioniert natürlich nur in kleinen Gruppen und ist ein Zeichen von Wertschätzung für Ihre Zuhörer. Stellen Sie sicher, dass Sie alle gleich behandeln und entweder alle mit dem Namen ansprechen oder niemanden, sonst wird Ihr Publikum sich insgesamt ungerecht behandelt fühlen.

### *Bewerten Sie Fragen nicht*

„Das ist eine ausgezeichnete Frage!" – Diese Floskel treffen Sie in fast jeder Fragerunde an. Aber ganz ehrlich: Oft loben wir in Wahrheit eine Frage einfach deswegen, weil wir heilfroh sind, die Antwort zu wissen, oder?

Gehen Sie unvoreingenommen, wertfrei und wertschätzend mit dem Publikum um. Wenn Sie jemandem für eine Frage Anerkennung zollen möchten, dann bedanken Sie sich einfach dafür:

*Vielen Dank für Ihre Frage! Die Antwort darauf ist klar …*

*Beantworten Sie eine Frage für alle*
Ihre Antwort ist für alle da, nicht nur für den Fragesteller. Blicken Sie, während Sie die Frage einholen, auf den Fragesteller. Wenn Sie dann die Frage beantworten, halten Sie mit dem gesamten Publikum Blickkontakt.

Wenn Sie Ihre Antwort beendet haben, wenden Sie sich wieder dem Fragesteller zu und kontrollieren, ob die Frage zu seiner Zufriedenheit beantwortet ist:

*Ist Ihre Frage damit beantwortet, Herr ...?*

Achtung, Ausnahme: Wenn Sie das Gefühl haben, dass die betreffende Person ein notorischer Fragesteller ist, der damit bloß die Aufmerksamkeit auf sich ziehen will, laufen Sie damit natürlich Gefahr, ihn zu seinem Verhalten zu ermutigen. In einem solchen Fall wenden Sie Ihre Aufmerksamkeit gleich dem nächsten Fragesteller zu.

## Und wenn Sie die Antwort nicht wissen?

Der Dalai Lama sagte bei einer Veranstaltung: „Ich glaube, der Grund, warum viele Menschen mich mögen, ist, weil ich so oft sage: Ich weiß es nicht. Ich versuche nie, etwas vorzugeben oder gescheiter zu wirken, als ich wirklich bin. Wenn ich etwas nicht weiß, dann sage ich das."

Auch Ihnen wird es passieren, dass Sie auf eine Frage aus dem Publikum keine Antwort wissen oder diese nicht ad hoc geben können. Versuchen Sie in einem solchen Fall nicht, Ihrem Publikum Kompetenz vorzugaukeln. Vielleicht haben Sie ja Glück, und es gelingt Ihnen, Ihr Publikum eine Zeitlang zu täuschen. Aber wenn es Ihnen auf die Schliche kommt, wird es sich nicht nur fragen, was es mit Ihrer jeweiligen Antwort auf sich hatte, sondern es wird rückwirkend alles in Frage stellen, was Sie in Ihrer Rede bis zu diesem Zeitpunkt gesagt haben.

Stellen Sie zuerst fest, ob Sie die Frage überhaupt beantworten müssen. Bleiben Sie strikt bei Ihrer Kompetenz und erklären Sie das auch Ihrem Publikum:

*Diese Frage kann ich Ihnen nicht beantworten, weil ich in meiner Funktion nicht mit … beschäftigt bin. Aber ich biete Ihnen an, mich darüber kundig zu machen und Ihnen die Antwort dazu zu übermitteln.*

Wenn im Auditorium eine gute Atmosphäre herrscht, können Sie das gefragte Wissen im Publikum erheben:

*Gibt es jemanden im Saal, der darüber Bescheid weiß?*

Bitten Sie die betreffende Person, etwas aus ihrer Warte dazu zu sagen. Sie verlieren damit nicht Ihre Autorität, sondern zeigen, dass Ihnen der Servicegedanke am Herzen liegt.

Und wenn Ihnen eine Frage gestellt wird, die Sie beim besten Wissen und Gewissen nicht beantworten können, dann geben Sie es offen zu und versprechen Sie dem Fragesteller (so Sie das können und wollen), ihm nach der Rede die Antwort zukommen zu lassen.

*Das kann ich spontan nicht beantworten, ist es für Sie okay, wenn ich Ihnen die Antwort später zukommen lasse?*

## Erst definieren, dann diskutieren

Stellen Sie sich vor, Sie bekommen aus dem Auditorium folgende Frage: „Herr Leser, sind Sie der Meinung, dass in schwierigen Zeiten die Oberschicht mit einer zusätzlichen Vermögenssteuer belegt werden soll?"

Angenommen, Sie befürworten eine solche Steuer und antworten wahrheitsgemäß: „Ja!" Der Fragesteller sieht dies anders und beginnt mit Ihnen eine Diskussion, in deren Verlauf sich schließlich herausstellt, dass Sie beide gleicher Meinung sind: Menschen mit einem Einkommen über 150 000 Euro im Jahr sollen steuerlich belastet werden sollen. Wo liegt also das Problem?

Das Problem liegt an der Definition des Begriffs „Oberschicht". Oft reden zwei Menschen einfach deshalb aneinander vorbei, weil ihre Ansichten auf unterschiedlichen Prämissen beruhen. Ihr Fragesteller versteht unter Oberschicht „alle Menschen, die viel Besitz haben", Sie aber verstehen darunter „alle Menschen, die viel Einkommen haben". Wäre das von Anfang an geklärt gewesen – es hätte keine langwierige Diskussion gebraucht.

Wenn Sie also nicht sicher sind, was der Fragesteller meint:

*Damit wir vom Gleichen reden: Was bedeutet für Sie Oberschicht?*

Wenn Sie schon in einer Diskussion stecken, retten Sie die Situation dadurch, dass Sie die Voraussetzungen Ihrer Ansicht klären. Stellen Sie dem Fragesteller eine Präzisierungsfrage:

*Ich halte fest, dass ich meine Ansicht aus folgender Begründung ableite: … Wie ist das bei Ihnen – gehen wir hier von derselben Voraussetzung aus?*

## Überleitungen von unpassenden Fragen auf passende Antworten

Frage: „Wird Ihr Unternehmen im nächsten Jahr die Produktion nach Thailand verlagern?"

Antwort:

*Sie fragen mich, ob wir nächstes Jahr im Ausland produzieren? In Wirklichkeit geht die Frage noch viel weiter, nämlich, ob wir es in den nächsten fünf Jahren schaffen werden, dem wachsenden Preisdruck durch den Aufschwung in den Schwellenländern standzuhalten. Dazu möchte ich Folgendes sagen …*

Manchmal wird man Ihnen Fragen stellen, die Sie nicht genau so beantworten können oder wollen, wie sie gestellt sind. Nämlich dann, wenn Sie wissen, dass die Antwort wahrscheinlich eine riesige Debatte auslösen wird, in diesem Fall von Ängsten um Arbeitsplätze geprägt. Klar, dass Sie daher die Frage am liebsten gar nicht beantworten würden. Da Sie das aber in einer Fragerunde nicht tun können, ohne Ihre Glaubwürdigkeit zu verlieren, leiten Sie auf ein Thema über, zu dem Sie sehr wohl etwas sagen wollen – im Beispiel oben wäre das eben der Preisdruck und wie man am besten damit umgeht. Das funktioniert ideal mit einer „Überleitung", also einer Formulierung im ersten Teil des Satzes, die zur Antwort hinführt:

*In Wirklichkeit geht die Frage noch viel weiter, nämlich ...*
*Die zentrale Frage lautet doch eigentlich: Wie bleiben wir wettbewerbsfähig trotz zunehmenden Preisdrucks?*
*Wofür interessieren sich die Menschen denn wirklich? Für gute Produkte zu vernünftigen Preisen ...*
*Um das zu beantworten, muss man zuerst Folgendes wissen: Vor drei Jahren waren wir die Einzigen in diesem Segment, jetzt sind wir einer unter vielen ...*

Wenn Ihnen eine „unpassende" Frage gestellt wird, formulieren Sie eine dieser Überleitungen und beantworten dann die Frage so, wie Sie sie beantworten möchten.

Aber bleibt damit die eigentliche Frage nicht unbeantwortet im Raum stehen? Richtig – das ist aber kein Problem, wenn es Ihnen mit Ihrer Alternativ-Antwort gelingt, dem Publikum eine attraktive Antwort auf eine andere spannende Frage zu geben.

Bewegen Sie sich deshalb mit Ihrer Antwort nie vollkommen von der Frage weg. Und geben Sie dem Publikum eine Erkenntnis, die genauso interessant, relevant und nützlich ist, wie es eine akkurate Antwort gewesen wäre!

## Der Elefant im Raum - Einwände vorwegnehmen

„Wenn sich ein Elefant im Raum befindet, soll man ihn vorstellen", lautet ein amerikanisches Sprichwort. Der „Elefant" ist ein Bedenken, ein Vorbehalt oder ein Einwand, der zwischen Gesprächspartnern zwar in der Luft liegt, aber nicht laut ausgesprochen wird. Sprechen die Gesprächspartner den Vorbehalt nicht aktiv an, wird er mit der Zeit, je länger das Gespräch dauert, anwachsen, bis er die Größe eines Elefanten erreicht hat und die Kommunikation von Grund auf stört. Dasselbe passiert, wenn Sie einen Einwand, der zwischen Ihnen und Ihrem Publikum in der Luft liegt, nicht von sich aus ansprechen. Sprechen Sie Elefanten also sicherheitshalber aktiv an:

*Ich bin mir sicher, Sie werden sich fragen, ob ... Dazu kann ich Ihnen Folgendes sagen ...*
*Mir ist klar, dass es zum Punkt X Ihrerseits Bedenken geben kann. Deshalb ...*
*Sie haben gesehen, dass es dabei ein gewisses Risiko gibt, also müssen wir ...*

## Was tun mit irrelevanten Fragen?

**Jemand stellt eine Frage, die nicht zum Thema gehört.**
Auch das kann Ihnen passieren: Jemand stellt eine völlig irrelevante Frage. Unterstellen Sie keine bösen Absichten und bleiben Sie ganz ruhig. Vielleicht hat der Fragesteller einfach innerlich Ihre Inhalte weitergedacht und ist dabei unversehens in einer Gedankenwelt gelandet, die nicht direkt zum Thema passt.

➜ Stellen Sie höflich klar, dass die Frage nicht zum Thema passt, und gehen Sie zum nächsten Fragesteller über.
➜ Oder bitten Sie den Menschen, seine Frage zu präzisieren und den Zusammenhang zum Thema herzustellen. Wenn er das kann, beantworten Sie die Frage. Wenn nicht, siehe oben.
➜ Wenn es sich anbietet: Verwenden Sie die Frage als taktisches Sprungbrett für ein Thema, das Sie von sich aus ansprechen möchten.

*Diese Frage erinnert mich daran, dass X in unseren Tagen immer mehr Aufmerksamkeit verdient ...*

➜ Nutzen Sie eine Überleitung für eine andere Antwort.

**Jemand stellt eine spezifische Frage, die nur ihn interessiert.**
„Können Sie mir sagen, warum am 3. Jänner 2008 in Ihrem Ministerium die

ersten beiden Paragraphen der neuen Dienstrechtsordnung vertauscht worden sind?"

Wenn Sie sich über eine derartige Frage lang und breit auslassen, laufen Sie Gefahr, den gesamten übrigen Saal zu langweilen. Vergewissern Sie sich zur Sicherheit, ob es im Publikum noch weiteres Interesse dazu gibt, wenn ja, beantworten Sie die Frage in aller Kürze.

## Schließen Sie die Fragerunde professionell ab

Es ist gut für Sie gelaufen, das Publikum hat interessierte Fragen gestellt und es ist die Zeit gekommen, die Fragerunde abzuschließen. Wenn die versprochene Zeit verstrichen ist, beenden Sie die Veranstaltung. Wenn Sie aktiv beenden müssen, weil es sonst länger dauern würde, sagen Sie:

*Ich finde, mit dieser Frage haben wir einen runden Abschluss für diese Veranstaltung gefunden. Ich bedanke mich herzlich für Ihre Fragen!*

Wenn die Fragen aber eher zähflüssig aus dem Auditorium kommen, ergreifen Sie die Initiative und beenden Sie die Fragerunde vielleicht auch etwas früher. Bieten Sie an, später noch für Fragen zur Verfügung zu stehen:

*Anscheinend gibt es für den Augenblick keine Fragen mehr. Daher bedanke ich mich sehr herzlich für Ihr Interesse, und falls in der Zwischenzeit doch noch Fragen auftauchen sollten, stehe ich gerne nachher in der Kaffeepause noch für Gespräche zur Verfügung.*

### *Volle Kraft bis zum Schluss*
Das Spiel ist erst zu Ende, wenn der Schiedsrichter pfeift! Lassen Sie mit Ihrer Energie nicht nach, bis Sie das allerletzte Wort gesprochen und das Publikum verabschiedet haben.

Der Schluss der Fragerunde ist der Schluss Ihres Auftritts, nutzen Sie diesen Augenblick. Formulieren Sie ein griffiges Kondensat der Fragerunde: Bedanken Sie sich für die Fragen, fassen Sie die Ergebnisse noch einmal kurz zusammen und bringen Sie Ihre wichtigste Botschaft auf den Punkt:

*Herzlichen Dank für Ihre Fragen! Wir haben gesehen, dass wir beim unserem Thema vor allem auf A achten müssen. Aber auch B und C sind wichtig. Deshalb möchte ich Ihnen zusammenfassend noch einmal mit auf den Weg geben: X! Auf Wiedersehen!*

## Der Umgang mit Einwänden und feindseligen Fragen

Eine Entscheiderfrage kann wirklich hart sein und inhaltliche Schwachpunkte Ihrer Rede aufdecken. Sie zielt darauf ab, zu erkennen, ob Ihr Konzept tragfähig ist und ob Sie Ihre Hausaufgaben gemacht haben oder nicht. Und doch: Sie wird grundsätzlich aus einem positiven Interesse an Ihnen gestellt, nämlich dem Interesse, aufgrund Ihrer Thesen eine wichtige, sinnvolle Entscheidung zu treffen.

Es ist aber auch möglich, dass Menschen mit Hilfe eines Einwands bewusst darauf abzielen, Ihre Glaubwürdigkeit zu untergraben. Der amerikanische Psychotherapeut Steve De Shazer, der sich mit den Möglichkeiten der Konfliktlösung beschäftigte, hat dazu einen praktikablen Grundsatz formuliert: „Jedes Verhalten entspringt einer positiven Absicht."

### *Der Impuls hinter dem Einwand*

Dieser Grundsatz hilft uns deshalb weiter, weil Menschen beim Sprechen dazu neigen, ihre inneren Erfahrungen oder Bedürfnisse ungenau oder verkürzt auszudrücken, ja sogar zu verfälschen. Wenn wir einen Satz aussprechen, dann ist dieser immer nur eine „Übersetzung" dessen, was wir innerlich empfinden und ausdrücken möchten. Dabei gehen im Tempo des alltäglichen Sprachgebrauchs wichtige Informationen verloren. Dies hat zur Folge, dass dem Gesprächspartner nicht immer ganz klar wird, was mit der Aussage eigentlich gemeint ist.

Wenn ein Zuhörer den Einwand vorbringt, er habe bei Ihrem Projekt „Bedenken wegen der Sicherheit", dann ist bei dieser Aussage offensichtlich einiges an wichtigen Hinweisen verloren gegangen. Was meint der Mensch eigentlich? Was verbindet er mit dem Wort „Sicherheit"? Worauf bezieht er den Begriff? Was genau ist für ihn unsicher? Worin besteht genau der Mangel, der ihm Anlass zu Bedenken gibt?

Allein die Bedeutung des Wortes kann vielfältig sein: Der eine versteht unter „Sicherheit" mehr Verhaltensregeln, nach denen sich die Mitarbeiter zu richten haben; der andere möchte von Ihnen wissen, ob Sie verlässlich alle Risiken und Gefahren eingeschätzt haben, die mit dem Projekt in Verbindung stehen; ein Dritter versteht darunter finanzielle Sicherheit, ein Vierter rechtliche Sicherheit, ein Fünfter logistische Sicherheit, ein Sechster baupolizeiliche Sicherheit, und ein Siebenter schützt den Begriff einfach nur vor, um Ihr Projekt abzuwürgen, ohne seine wahren Gründe zu nennen.

*Achtsam zuhören und nachfragen*
Sprachphilosophen haben herausgefunden, dass Menschen in ihren Gesprächen innere Vorgänge nach ganz bestimmten Mustern verfälschen.

Auch der Satz „Ich habe Bedenken wegen der Sicherheit" verfälscht den inneren Vorgang des Sprechers nach einem ganz bestimmten Muster, nämlich: Die Bedeutung des Hauptwortes („Sicherheit") ist nicht genau definiert. Der Sprecher hat sie einfach unterschlagen und damit seine Aussage unpräzise gemacht.

Das bedeutet für Sie in der Einwandbehandlung und Diskussion: Hören Sie achtsam zu! Achtsam zuhören heißt, dass mit dem rein akustischen Vorgang noch andere wichtige Aufgaben verbunden sind, also:

➜ Rechnen Sie grundsätzlich nicht damit, dass der Gesprächspartner mit seiner Frage oder seinem Einwand genau das ausdrückt, was in ihm vorgeht.
➜ Finden Sie heraus, an welchen Punkten Sie noch präzisere Informationen benötigen.

Für die Verfälschung von Inhalten gibt es insgesamt sechs verschiedene Muster. Wenn Sie diese Muster kennen, wissen Sie also gleichzeitig auch, wie Sie nachfragen können, um an genauere Informationen zu gelangen. Aber auch, wie Sie sich selbst präziser ausdrücken können, damit Sie besser verstanden werden.

Die Beispiele in der Übersicht kennen Sie vielleicht aus Ihrem Alltag. Beachten Sie die unterschiedlichen Möglichkeiten, dem Sprecher auf die Schliche zu kommen.

| Muster | Beispiele | Möglichkeiten der Nachfragen |
|---|---|---|
| Unvollständiges oder unbestimmtes Zeitwort: Das Zeitwort ist nicht genau definiert. | Das geht nicht. Das bringt nichts. Wir haben uns immer bemüht. | Warum geht das nicht? Wieso bringt das nichts? Wie haben Sie sich bemüht? Wiederholen Sie die Aussage fragend, z. B.: Das geht nicht? |
| Unvollständiges Hauptwort: Das Hauptwort ist nicht genau definiert. | Wir sollten wirklich etwas tun! Mir ist das alles zuwider. Die allgemeine Situation hat sich verbessert. | Was sollten wir tun? Was genau ist Ihnen zuwider? Was genau hat sich verbessert? |
| Generalisierung: Die Aussage ist verallgemeinert. | Man kann niemandem vertrauen. Es hilft alles nichts. Alle Politiker sind korrupt. | Wem genau kann man nicht vertrauen? Was hilft, was hilft nichts? Welche Politiker sind korrupt? |
| Versteckte Gründe: Die Aussage besteht aus einem Grund, der nicht hinterfragt ist. | Das können Sie unmöglich sagen. Das dürfen Sie nicht. Wir dürfen nicht mehr fordern. | Hier führt das Hinterfragen oft dazu, dass der Sprecher neue Gründe aufführt. Deshalb fragen Sie nach tieferen Hintergründen, z. B.: Wie kommen Sie darauf? Wer sagt das? |
| Tilgung/Löschung: Teile der Aussage sind gelöscht. | Ich habe ein Problem. Ich fürchte mich. Es fällt mir schwer zu sprechen. | Welches Problem haben Sie? Wovor fürchten Sie sich? Worüber fällt es Ihnen schwer zu sprechen? |
| Gedanken lesen: Dem Gesprächspartner werden Gedanken unterstellt. | Er sollte doch wissen, dass ich das nicht mag. Mit diesem Thema will ich Sie nicht belästigen. Das würde Sie überfordern. | Woher sollte er das wissen? Warum wollen Sie mich nicht belästigen? Warum würde mich das überfordern? |

## Kritische Fragen hilfreich umformulieren

Kritische Fragen, meistens sind es geschlossene Fragen, sind ganz einfach zu behandeln. Wenn jemand im Publikum Sie zum Beispiel fragt: „Haben Sie gute Mitarbeiter?", dann sind Ihre Antwortmöglichkeiten begrenzt, weil geschlossene Fragen meist mit „ja" oder „nein" beantwortet werden. „Nein" werden Sie auf keinen Fall antworten wollen – aber wenn Sie mit „Ja" antworten, ist Ihre Aussage damit erschöpft und das wäre schade. Nützen Sie solche Fragen daher, um wichtige Aussagen und Botschaften anzubringen, indem Sie diese umformulieren und damit „öffnen".

Frage: „Haben Sie gute Mitarbeiter?"
Antwort: *Was ist für mich ein guter Mitarbeiter? – Er zeichnet sich aus durch ...*

Frage: „Hat Herr Schmidt Schwächen als Führungskraft?"
Antwort: *Was zeichnet eine starke Führungskraft aus? – Da ist einerseits ...*

Beispiele für geschlossene Fragen und ihre Neuformulierung

| Geschlossene Frage | Neuformulierung |
| --- | --- |
| Würden Sie unseren Kanzler zum Mann des Jahres wählen? | Was zeichnet einen Mann des Jahres aus? Er ist ... |
| Sind Sie für oder gegen Ausländer? | Wie soll man sich in der Ausländerfrage verhalten? ... |
| Planen Sie Ihre Urlaube ordentlich? | Wie plant man Urlaube? ... |
| Verhalten Sie sich umweltbewusst? | Woran erkennt man umweltbewusstes Verhalten? An ... |
| Glauben Sie, dass sich das Produkt X durchsetzen wird? | Was zeichnet ein starkes Produkt aus? Natürlich ... |
| Soll man jetzt Anleihen oder Aktien kaufen? | Wie verhält man sich am besten am Finanzmarkt? ... |
| Sind Sie sicher, dass ... | Was macht mich sicher? 1., 2., 3. |
| Haben Sie das genau geprüft? | Was passiert bei unseren Prüfungen: ... |

# IN DER ARENA: KAMPFRHETORIK

Die Stewardess zu Muhammad Ali: „Bitte schnallen Sie sich an." Ali erwidert: „Superman braucht keinen Sicherheitsgurt." Darauf die Stewardess: „Superman braucht auch kein Flugzeug."

Wer möchte das nicht können – in jeder Situation eine passende, schlagfertige Antwort auf den Lippen. Das ist bis zu einem gewissen Punkt sicher auch eine Frage des Talents, und manche haben einfach ein „loses Mundwerk". Doch Schlagfertigkeit ist gerade im beruflichen Kontext durchaus kritisch zu sehen. Jemand, der für alles eine provokante Replik hat und andere rhetorisch gerne durch den Kakao zieht, wird nicht immer ernst genommen. Da denkt man schon mal gerne „Große Klappe und nichts dahinter". Und vor allem: Was soll es bringen, wenn Sie in der Lage sind, auf jede kritische Bemerkung eine Beleidigung zurückzuschleudern? Glauben Sie damit die Qualität der Beziehung und der Diskussion verbessern zu können? Gehen wir das Thema also gelassen an und analysieren wir zuerst einmal die Gründe für rhetorisch kritische und „kämpferische" Situationen. Denn grundsätzlich gilt:

• • • • • • • • • • • • • • • • • • • • • • • • • • • • • • • • • • • • • • • • • • •

Bevor Sie sich wehren, sollten Sie herausfinden, weshalb Sie gerade attackiert werden.

• • • • • • • • • • • • • • • • • • • • • • • • • • • • • • • • • • • • • • • • • • •

Dazu reicht es, wenn Sie nicht sofort mit einer Replik reagieren, sondern kurz innehalten und überlegen, was gerade geschieht. Das erleichtert Ihnen die Reaktion und Sie können einen als Scherz gemeinten Angriff zum Beispiel mit einem Lächeln quittieren oder gar völlig ignorieren, statt sofort in den Gegenangriff überzugehen.

## Vier Spielarten rhetorischer Attacken

*1. Sie werden veräppelt*
Um eine Situation aufzulockern oder ein Lächeln zu provozieren, werden Sie „Opfer" eines nicht böse gemeinten Scherzes. So könnte Ihr Gegenüber

Sie um 11.00 Uhr mittags beim Meeting, wenn Sie ein wenig zerknautscht aussehen, fragen: „Na, bist du gerade aufgestanden?"

**2. Ihr Gesprächspartner möchte „spielen"**
Das ist eine leichte Provokation, das Startsignal zum rhetorischen Wettkampf oder ein Hinweis darauf, dass der andere sich Ihnen überlegen fühlt. – „Ah, der Report kommt auch diese Woche mit der gewohnten Verspätung."

**3. Sie werden als Repräsentant attackiert**
Sehr unangenehm, weil der Angriff nicht gegen Sie persönlich geht, sondern gegen Sie als Repräsentant der Firma, Organisation oder Partei. Das ist die häufigste Form des persönlichen Angriffs. – „Sie glauben wohl, Sie können sich alles erlauben."

**4. Sie werden persönlich attackiert**
Die Gründe dafür sind vielfältig, sie können nichts mit Ihnen persönlich zu tun haben oder sehr wohl. – „Sie sind nicht nur völlig inkompetent, sondern auch noch unglaublich arrogant."

Je nach dem Grund für die Attacke sollte auch Ihre Antwort oder Reaktion ausfallen. Nicht jede Attacke ist unfair und der häufigste Grund für eine Attacke, welcher Spielart auch immer, ist der Versuch der Manipulation. Bevor Sie eine breite Palette von Reaktionsmöglichkeiten kennenlernen, gehen wir darauf noch näher ein und sehen uns die typischen Gründe und Vorgangsweisen bei unfairen rhetorischen Attacken an.

## Rhetorische Attacken sind Manipulationsversuche

Richtig angewandte Rhetorik verhilft Ihnen zu mehr Überzeugungs- und Durchsetzungskraft, ohne dass Sie zu Manipulationen greifen müssen. Rhetorik ist insofern fair, als der Redner die Kritikfähigkeit und den freien Willen des Publikums akzeptiert. Das heißt, er zielt auf das Ja, das sein Publikum durch seine Argumentation abgibt. Echte und nachhaltige Überzeugung muss immer eine positive Beziehung zwischen Ihnen und Ihrem Gesprächspartner oder Publikum mit einschließen. Und sollte es zum Kampf kommen, dann versuchen Sie diesen mit fairen Mitteln zu gewinnen.

Heißt das aber, dass Sie immer und überall nach den Regeln der Fairness kämpfen sollen, also auch dann, wenn Sie unfair angegriffen werden? Dass Sie sich mit Schlagstöcken verteidigen sollen, wo man mit Maschinenpistolen schießt? Nein, natürlich nicht. Das Prinzip der Fairness wird nicht dadurch verletzt, dass Sie in angemessener Weise Selbstverteidigung praktizieren.

Damit Sie Ihre Abwehr angemessen einsetzen können, müssen Sie einen unfairen Angriff zunächst einmal als solchen identifizieren. Wir unterscheiden zwischen vier Kategorien von Manipulationstechniken:

## *1. Klassische Manipulation*

Die „klassische Manipulation" ist der Versuch, jemanden dadurch zu „überzeugen", dass man ihm Angst macht oder seine Sehnsüchte in eine bestimmte Richtung lenkt. Werbefachleute werden zu diesem Thema anmerken, dass Manipulation etwas Alltägliches ist, und damit haben sie auch recht: Jeder Werbespot ist in diesem Sinne eine Manipulation. Inwiefern ist Manipulation also unfair?

Jedem Menschen, der im Fernsehen Werbung sieht, ist sonnenklar, dass es sich dabei um Werbung handelt. Er ist also innerlich darauf vorbereitet und kann sich, wenn er möchte, abgrenzen. Manipulation verletzt aber dann die Regeln der Fairness, wenn sie „hinter dem Rücken" des Gesprächspartners stattfindet und wenn bewusst sein Schaden in Kauf genommen wird.

„Manipulation" bedeutet wörtlich übersetzt „Kunstgriff" und meint eine Einflussnahme, die dem Gesprächspartner verborgen bleibt. Dazu gehören zum Beispiel falsche, fingierte Argumente, Gerüchte oder subtile verbale wie auch nonverbale Mittel, die auf den Gesprächspartner Druck ausüben.

## *2. Angriffe auf die Person*

„Wenn du die Sache nicht triffst, dann triff die Person", lautete schon in der Antike der Grundsatz für manipulative Angriffe. Diese Strategie zielt darauf ab, die Glaubwürdigkeit, die Kompetenz, die Überzeugung, die Wahrheitsliebe oder die Seriosität des Redners in Zweifel zu ziehen. Den Sachargumenten wird dadurch Schaden zugefügt, dass beim Publikum der Anschein erweckt wird, der Redner verhalte sich nicht integer. Dieselbe Strategie kann natürlich auch gegen Sachinhalte angewandt werden: indem man die Qualität der Beweismittel oder der Thesen des Redners in Zweifel zieht.

*3. Durchsetzungstaktiken*
Der Angreifer zielt darauf ab, dass der Redner in Beweisnot gerät und Schwachstellen in seiner Argumentation nicht genügend erklären kann. Dazu genügt es oft, dass der Angreifer dem Redner eine einfache Suggestivfrage stellt, die von seiner Argumentation wegführt: „Sie sind doch sicherlich auch der Meinung, dass …" oder „Sie wissen doch so gut wie ich, dass …". Steigt der Redner auf eine solche Frage ein, widerspricht er sich möglicherweise selbst.

*4. Drohungen und Dominanzgebärden*
Dabei geht es darum, dem Gesprächspartner offen Sanktionen anzudrohen, falls er nicht handelt wie gewünscht. Offene Drohungen sind zwar genau das Gegenteil von versteckter Manipulation, aber um nichts weniger wirkungsvoll, denn sie schüchtern den Gesprächspartner, wenn er nicht vorbereitet ist und mit solchen Angriffen umzugehen weiß, ein. Und damit bestimmen sie sein Verhalten.

## Varianten unfairer Angriffe und wie Sie sie abwehren

In der Abwehr unfairer Angriffe gilt zunächst dasselbe wie in der Behandlung von Einwänden: sachlich bleiben und einen kühlen Kopf bewahren. Gehen Sie grundsätzlich nicht zur Gegenattacke über, denn damit geraten Sie in einen Teufelskreis von Angriff und Gegenangriff.

*Die gefährlichsten Fehler bei rhetorischen Angriffen*

→ Sie steigen nicht auf das „Spiel" ein, sondern nehmen es persönlich.
→ Sie verfallen in die gleiche emotionale Stimmung wie der Angreifer.
→ Sie starten sofort den Gegenangriff.

→ Sie entschuldigen, rechtfertigen und verteidigen sich.
→ Sie verlieren den Überblick und lassen sich „hinabziehen".

Es geht darum, einerseits den Angriff abzuwehren, aber andererseits auch den Dialog aufrechtzuerhalten. Wenn Sie den Angriff zwar abwehren, aber gleichzeitig die Tür für die Fortsetzung des Gesprächs zuschlagen, stehen Sie damit, so sehr Sie auch alle Regeln der Fairness beachten, als derjenige da, der das Gespräch abgewürgt hat.

*Praktische Beispiele und Varianten für die wirkungsvolle Abwehr*
Ich zeige Ihnen im Folgenden verschiedene Varianten von unfairen Angriffen und gebe Ihnen Hinweise, wie Sie ihnen begegnen können. Das Ziel dabei ist immer, das Gespräch wieder in die Bahnen der Fairness bzw. auf die Sachebene zu lenken. Erst wenn alle Versuche scheitern, wenn Attacken ganz besonders bösartig sind, und vor allem dann, wenn Sie das Publikum auf Ihrer Seite wissen, greifen Sie zu härteren Maßnahmen.

**Der Gegner attackiert nicht Ihre Thesen oder Inhalte, sondern Ihren Lebenswandel oder Ihre Moral.** Er zielt darauf ab, Ihr Selbstwertgefühl zu verletzen, damit Sie die Kontrolle über sich selbst und die Situation verlieren.

**Beispiel:** „Zu Ihrem Punkt X kann ich nur sagen: Von jemandem, der drei Mal geschieden ist, ist auch nichts anderes zu erwarten!"

**Abwehr:** Rechtfertigen Sie sich auf keinen Fall! Weisen Sie darauf hin, dass Sie auf diesem Niveau nicht diskutieren, und lenken Sie das Gespräch auf die sachliche Ebene:

*Ihre Aussage möchte ich an dieser Stelle nicht kommentieren. Ich lade Sie anstatt dessen ein, zur Sache zu argumentieren. Welche Vernunftgründe haben Sie?*

**Härtere Maßnahmen:** Wenn Sie aggressiver sein und es dem Gegner mit gleicher Münze heimzahlen wollen, bezweifeln Sie seine Fähigkeit zur sachlichen Argumentation:

*Wenn ich Sie so reden höre, kommen mir Zweifel, ob Sie überhaupt etwas zur Sache beitragen können.*

Wenn Sie in der Hitze des Gefechts genügend Geistesgegenwart besitzen, können Sie den Gegner auch seinen Vorwurf wiederholen lassen:

*Tut mir leid, ich habe Sie nicht verstanden. Können Sie bitte wiederholen, was Sie gerade gesagt haben?*

Damit stellen Sie Ihren Gegner vor die Situation, dass er seine mangelnde Fairness noch einmal zur Schau stellen muss. Ich garantiere Ihnen, dass die meisten Ihrer Gegner in einem solchen Augenblick einen Rückzieher machen. Und falls sie es nicht tun: Bleiben Sie hart und wiederholen Sie den Vorgang!

**Der Gegner zieht Ihre Kompetenz oder Ihre Überzeugung oder Ihre Wahrheitsliebe in Zweifel.**
**Beispiel:** „Ihre Ansichten, die Sie uns hier präsentieren, beweisen, dass Sie keine Ahnung von der Sache haben!"
**Abwehr:** Versuchen Sie nicht, den Gegenbeweis für Ihre Kompetenz anzutreten, indem Sie auf Ausbildungen, berufliche Tätigkeiten oder Referenzen hinweisen, das wird in der Kürze nicht gelingen. Lenken Sie wie in Variante 1 das Gespräch zurück auf die Sachebene, zum Beispiel:

*Ihre Aussage zeigt mir, dass Sie in dieser Sache doch noch einige Bedenken haben. Welche wären das?*

**Härtere Maßnahmen:** Bezweifeln Sie die Fähigkeit Ihres Gegners, zur Sache zu sprechen, oder greifen Sie die Position des Gegners an:

*Dass Sie zu solchen Mitteln greifen müssen, zeigt mir, dass Sie sich in einer sehr schwachen Position befinden. Aber kommen wir doch bitte zur Sache ...*

Sehr elegant ist auch die Taktik, das Publikum ins Spiel zu bringen:

*Über meine Kompetenz entscheiden nicht Sie, sondern das Publikum! Aber jetzt wollen wir doch ein wenig in der Sache weitermachen – was sind Ihre Ansichten zum Thema?*

**Der Gegner stellt hypothetische Fragen („Was wäre, wenn"-Fragen), sehr spezielle Fragen oder Suggestivfragen.**
Diese Art von Fragen dient dazu, Sie in Ihrer Überzeugung zu verunsichern bzw. die Plausibilität Ihrer Argumente in Zweifel zu ziehen.

**Beispiel hypothetische Frage:** „Was wäre, wenn unsere Kunden im nächsten Sommer vor allem nach Italien in Urlaub fahren – ist dann Ihr Vorschlag, in Griechenland zu investieren, immer noch gut?"

Die Gefahr, die von einer solchen Frage ausgeht, liegt darin, dass damit Annahmen eingeführt werden, die zwar wenig realistisch sind, aber dennoch sehr plausibel klingen.

**Abwehr:** Diesen Angriff können Sie entschärfen, indem Sie sich auf die jeweilige Annahme beziehen, aber nicht auf die Frage. Lassen Sie sich also nicht auf die Gedankenspielerei ein, sondern bleiben Sie bei Ihrer Argumentation:

*Ich halte dieses Szenario für sehr unwahrscheinlich. Unsere Berechnungen gehen davon aus, dass der Sommerurlaub im nächsten Jahr ... Der Grund dafür ist ...*

**Beispiel spezielle Frage:** „Wissen Sie, wie hoch das Bruttosozialprodukt Griechenlands in den letzten zehn Jahren war? (Wenn der Gefragte verneint, dann:) Na sehen Sie, es bringt also nichts, wenn wir über eine Investition in Griechenland nachdenken!"

Diese Frage ist so gestellt, dass sie zwar zum Thema gehört, Sie sie aber unmöglich beantworten können. Das Ziel dieser Taktik ist es, Ihre Kompetenz anzuzweifeln, wenn Sie die Antwort nicht wissen.

**Abwehr:** Gehen Sie auf dieses Spiel nicht ein, sondern bewerten Sie es – zum Beispiel so:

*Es bringt uns in der Sache nicht weiter, wenn wir uns gegenseitig Zahlen abfragen. Aus meiner Sicht gibt es bei der Entscheidung, ob wir in Griechenland investieren, drei Problemzonen ...*

**Beispiel Suggestivfrage:** „Ihnen ist doch sicher auch bekannt, dass Italien als Urlaubsland gerade in Russland immer populärer wird?"

Eine Suggestivfrage möchte Ihnen eine Meinung unterstellen, die nicht zu Ihrer Argumentation passt. Wenn Sie ihr also zustimmen, signalisieren Sie, dass Sie diese Meinung teilen.
**Abwehr:** Wehren Sie eine Suggestivfrage ab, indem Sie gegen diese Meinung Stellung beziehen, also:

*Es ist sicher wichtig, den russischen Markt im Auge zu behalten. In unserem Zusammenhang sind allerdings andere Faktoren entscheidend, nämlich ...*

**Der Gegner steckt Ihre Ansichten in eine Schublade, die das Publikum ablehnt.**
**Beispiel:** „Die Ansichten, die Sie hier vertreten, waren bei uns vor 70 Jahren schon einmal aktuell – bei den Nazis."
**Abwehr:** Was Sie in einem solchen Fall immer tun können, ist, auf einer sachlichen Ebene sorgfältig die Unterschiede aufzuzeigen:

*Was meinen Sie? Und was meint im Gegensatz dazu jemand, mit dem man Sie in Zusammenhang bringt (in diesem Fall ein Nationalsozialist)?*

Dadurch können Sie die mutwillige Verbindung aufdecken, die Ihr Gegner hergestellt hat.
**Härtere Maßnahmen:** Weisen Sie offen darauf hin, dass hier eine falsche Verbindung hergestellt wurde. Und wenn Sie Ihren Gegner dabei hart attackieren wollen, weisen Sie darauf hin, dass er eine Etikettierung vorgenommen hat und dass Etikettierungen immer ein Zeichen geistiger Faulheit sind.

*Falsch. Und vielen Dank für den Einblick in Ihre Gedankenwelt, jetzt wissen wir, woran wir sind.*

**Der Gegner stellt Ihnen taktlose Fragen.**
**Beispiele:** „Wer bezahlt Sie eigentlich dafür, dass Sie hier solche Äußerungen von sich geben?"
„Sind Sie wirklich so dumm oder tun Sie nur so?"
„Ist Ihre Frau glücklich mit Ihnen?"

**Abwehr:** Diese Art von Fragen ist eigentlich am schnellsten abgewehrt: Weisen Sie darauf hin, dass diese Frage nicht zur Debatte steht:

*Solche Art von Frage kommentiere ich nicht. Aber wenn Sie mir eine Sachfrage stellen, beantworte ich Sie gerne.*

**Der Gegner erfindet Fakten oder beruft sich auf eine erfundene Autorität, um Ihre Meinung zu widerlegen.** Oder er beruft sich dabei auf eine reale Autorität – jedoch zu Unrecht, weil die betreffende Person wohl ein Experte, aber zum Thema nicht relevant ist.
**Beispiel:** „Sie scheinen mir nicht auf dem neuesten Stand zu sein. Die Zahlen, die Sie hier vorlegen, sind letztes Jahr von Prof. Mosmeier in einer Langzeitstudie widerlegt worden."
**Abwehr:** Selbst wenn solche Behauptungen erstunken und erlogen sind: Wenn Sie nun auf diesen Schwindel hinweisen, steht die Aussage Ihres Gegners gegen Ihre Aussage. Und das Publikum wird sich fragen: Wer sagt die Wahrheit? Im Augenblick werden Sie den Gegenbeweis nicht antreten können, und genau auf diesem Kalkül basieren derartige Angriffe: dass sie vor Ort nicht zu widerlegen sind und dass ihre Aussage beim Publikum hängenbleibt.
**Ausweg:** Fordern Sie vom Gegner Details zur von ihm genannten Autorität (oder zur Studie, die er als Beweis anführt).

*Interessant, mehr Details dazu bitte!*

Verhalten Sie sich dabei wie ein Kommissar, der einen Verdächtigen im Verhör auf die Glaubwürdigkeit seiner Aussage prüft. Klopfen Sie ihn darauf ab, ob er sich auf seinen Schwindel gut vorbereitet hat. Oft zeigen sich dabei schon Ungereimtheiten. Zeigen Sie diese Ungereimtheiten sofort auf!

*Das verstehe ich nicht. Bitte um detailliertere Erklärung.*
*Was bedeutet das nun genau in unserem Zusammenhang?*

**Achtung:** Verschwenden Sie nicht Ihre Zeit, indem Sie ein Zwiegespräch mit dem Störer führen, während sich das Publikum langweilt.

**Der Gegner beruft sich in seiner Attacke auf den „gesunden Menschenverstand".**
**Beispiel:** „Dass Sie sich mit X irren, sagt uns schon der gesunde Menschenverstand!"
**Abwehr:** Dieser Angriff ist deshalb perfide, weil der Gegner damit seine eigene Meinung willkürlich in den Rang der unantastbaren Allgemeingültigkeit erhebt. Jeder Mensch wähnt sich schließlich im Besitz des gesunden Menschenverstands, oder? Weisen Sie also den Gegner auf seinen Untergriff hin:

*Sie verwechseln hier Ihre Privatmeinung mit dem gesunden Menschenverstand. Aber wer gesunden Menschenverstand hat, wird darauf nicht hereinfallen. Also lassen Sie mich auf Ihre Privatmeinung Folgendes antworten ...*

**Der Gegner übertreibt Ihre Argumente und macht sie dadurch lächerlich.**
Sehr gefährlich und leider auch sehr einfach: Jede Aussage, auch wenn sie noch so vernünftig ist, kann dadurch ins Lächerliche gezogen werden, dass man sie zuspitzt oder übertreibt.
**Beispiel:** „Herr Schmidt, Sie plädieren dafür, dass wir statt X Prozent unseres BIPs in Zukunft Y Prozent in erneuerbare Energien investieren. Sind Sie noch bei Trost? Das wäre glatt das Doppelte! Und da frage ich mich, wo wir dann das Geld für unsere Schulen, Universitäten und Krankenhäuser herholen sollen. Die Unis platzen aus allen Nähten, die Polizisten schlittern von einem Burnout ins nächste, und Sie wollen Sonnenkollektoren in der Wüste bauen! Ich bitte Sie, bleiben Sie auf dem Teppich, wir sind hier schließlich immer noch ein Sozialstaat und kein Entwicklungslabor für ehrgeizige Technikprojekte!"
**Abwehr:** Benennen Sie die Taktik, setzen Sie Ihren Vorschlag in den Rahmen, in dem er gedacht war, und beschreiben Sie seinen Nutzen – selbst wenn Sie das in der Diskussion oder der Rede schon getan haben:

*Herr Schimpfer, Sie liefern hier eine sehr drastische Beschreibung der Situation, in der wir stecken.*

*Bei meinem Vorschlag ging es nicht darum, dass wir den Schulen oder Universitäten etwas wegnehmen, sondern dass wir einen Teil der Mineralölsteuer für diese Investition umwidmen.*
*Und wenn wir konsequent in erneuerbare Energien investieren, dann verringern wir unseren Berechnungen zufolge in fünf Jahren die Staatsausgaben für Energie um X Prozent. Ich halte das für eine gute Wahl.*

**Der Gegner wechselt plötzlich das Thema, bringt neue, weit hergeholte Argumente oder Beispiele, oder er redet plötzlich über nicht relevante Themen.**
In der Fachsprache nennt man dies die „Nebelgranate". Der Gegner steht argumentativ in einer schwachen Position, will Ihnen aber auch nicht zustimmen. Also verwickelt er Sie in ein Gespräch über unbedeutende Gesichtspunkte und hofft damit, dass Sie sich, indem Sie sich auf diese Diskussion einlassen, „im Nebel verirren" und nicht mehr herausfinden.
**Abwehr:** Lenken Sie die Energie wieder auf die Sache, indem Sie den Faden dort wieder aufnehmen, wo Ihr Gegner ihn verlassen hat. Fassen Sie den Stand der Diskussion bis dahin zusammen und setzen Sie sie in Ihrem Sinne fort:

*Herr Mogler, ich möchte Ihre Aufmerksamkeit auf den Punkt lenken, von dem wir ausgegangen sind: Die Investition in das Projekt X birgt natürlich einige Risiken. Wir haben darin übereingestimmt, dass es wichtig ist, dass wir die Personalkosten und das Kartellrecht im Auge behalten. Dazu möchte ich aus meiner Warte noch sagen, dass ...*

Um den Gegner ganz sicher wieder in den produktiven Dialog zu holen, können Sie ihm auch eine sachliche Frage zur Präzisierung stellen:

*Ich sehe, dass Sie noch Bedenken wegen der Risiken haben. Welche wären das?*

**Der Gegner droht Ihnen Sanktionen an.**
Im Geschäftsleben geschieht es häufig, dass Drohungen mit dem günstigeren Angebot eines Mitbewerbers ausgesprochen werden, selbst wenn dieses in Wahrheit nicht existiert.

**Beispiel:** „Wie Sie wissen, haben wir Angebote seriöser Konkurrenten auf dem Tisch, und wir sollten jetzt wirklich zu einer Lösung kommen."
Der Gegner könnte in diesem Fall sogar bluffen, er würde Sie damit trotzdem ernsthaft in Bedrängnis bringen, wenn Sie befürchten müssten, den Auftrag oder die Zusammenarbeit einzubüßen, wenn Sie nicht im Sinne des Gegners einlenken.

Im Grunde kann auf diese Weise jede Form von Abhängigkeit zwischen zwei Gesprächspartnern für eine Drohung missbraucht werden: Abhängigkeit eines Mitarbeiters von seinem Chef, Abhängigkeit einer Firma von einem Großauftrag, Abhängigkeit eines Unternehmers von seinem Investor – der jeweilige Entscheider kann die Situation einer Rede oder eines Gesprächs missbrauchen, indem er sein Gegenüber durch Androhen einer Sanktion zum Einlenken bewegt.

**Abwehr:** Wenn Ihnen jemand offen mit Konsequenzen droht, haben Sie nicht die Möglichkeit, den Wunsch des Gegners abzuschlagen. Denn das würde ihn förmlich dazu zwingen, seine Sanktion Wirklichkeit werden zu lassen, da er sonst sein Gesicht verliert. Sprechen Sie die Bedrohung nicht an und zeigen Sie Verständnis für das Bedürfnis des Gegners. Machen Sie jedoch gleichzeitig Ihre Interessen klar. Zeigen Sie sich kooperativ, seien Sie aber konsequent in der Sache. Gehen Sie einen Schritt auf den Gegner zu, indem Sie mit Hilfe einer Präzisierungsfrage seine Wünsche ausloten. Erst wenn Sie all Ihr Entgegenkommen erfolglos ausgeschöpft haben, legen Sie ein alternatives Angebot auf den Tisch:

*Ich bin sehr mit Ihnen einverstanden, denn auch wir sind an einer gemeinsamen Lösung sehr interessiert. Das Angebot, das wir Ihnen gelegt haben, war insofern auf Ihre Bedürfnisse zugeschnitten, als ... An welchem Punkt haben Sie noch Wünsche?*

Oder:

*Alternativ könnten wir Ihnen auch anbieten, dass wir ...*

Oder:

*Ich verstehe, was schlagen Sie konkret vor?*

Dazu müssen Sie natürlich mit einer vorbereiteten Alternative in das Gespräch gehen. Legen Sie vor dem Gespräch fest, welche Konzessionen Sie machen können, mit denen Sie trotzdem noch gut leben können. (In meinem Buch *Der Verhandlungs-Profi* finden Sie viele Tipps und Werkzeuge für solche Situationen.)

## Universelle Abwehrtechniken bei rhetorischen Angriffen

Diese vier Varianten sind rasch und einfach umzusetzen und passen in den meisten Situationen. Sie haben darüber hinaus den Vorteil, dass sie sehr spontan und ohne direkten Bezug auf die Attacke eingesetzt werden können, sie dienen praktisch als „Allzweckwaffen":

**Abschweifen:** Sie reden von etwas anderem weiter, wechseln das Thema und die Antworten.

*Ich finde, da gibt es noch einen interessanten Punkt, den wir besprechen sollten, und zwar …*

**Wiederholen:** Sie wiederholen die letzten emotionalen Worte mit fragender Betonung.

*Unser Service ist der letzte Dreck?*

**Wiederholen lassen:** Sie stellen sich schwerhörig, unkonzentriert und lassen den Angriff wiederholen, wenn nötig mehrfach.

*Sorry, ich habe es nicht ganz verstanden, können Sie es bitte noch mal wiederholen?*

**Schweigen:** Sie blicken den Angreifer interessiert, ruhig und freundlich an und warten einfach.

*Blickkontakt halten, freundlich nicken …*

# STÖRUNGEN UND SABOTAGE

Manchmal fallen Menschen aus ihrer Rolle als Zuhörer und unterbrechen oder stören Ihren Vortrag mit Fragen oder Kommentaren. Dies kann passieren, wenn das Publikum Ihre Thesen oder Ihr Verhalten so vehement ablehnt, dass es in der Öffentlichkeit ein deutliches Signal setzen will – so geschehen zum Beispiel beim Auftritt des ehemaligen österreichischen Bundeskanzlers Alfred Gusenbauer an der ETH in Zürich. Studentenvertreter unterbrachen seine Rede, um lautstark dagegen zu protestieren, dass er die Studiengebühren nicht abschaffen wollte, obwohl er es vor seiner Wahl zum Kanzler versprochen hatte.

Dies kann auch passieren, wenn Menschen im Publikum Sie „abchecken" wollen, das heißt testen wollen, ob Sie belastbar sind oder nicht. Das wird vor allem dann der Fall sein, wenn aufgrund Ihrer Rede eine wichtige Entscheidung getroffen oder eine Zusammenarbeit besiegelt werden soll. Zeigen Sie dabei Unsicherheit, wird das Publikum sich herausgefordert fühlen, Sie bewusst noch stärker zu verunsichern.

Aber Achtung: Nicht alle Menschen stören bewusst und mit böser Absicht! Wenn der Herr oder die Dame in der dritten Reihe sich zum Nachbarn beugt und einige Worte tuschelt, die im ganzen Saal hörbar sind, dann stört das zwar, ist aber sicher unabsichtlich.

Übrigens: Oft ist gar nicht die Störung das Problem, sondern eine zu sensible oder überzogene Reaktion darauf. Beherzigen Sie daher folgende Grundsätze beim Umgang mit Störungen:

→ Nehmen Sie nichts persönlich.
→ Gehen Sie auf die Störung nicht wörtlich ein, das heißt, entschuldigen oder rechtfertigen Sie sich nicht.
→ Starten Sie keine Diskussion mit dem Störenden.

## Störungen bewältigen mit der 3-P-Methode

Die direkte Antwort, Rechtfertigung oder Erklärung auf eine Störung ist oft kritisch, da es rasch zu einer unerwünschten Diskussion kommen kann. Gehen Sie deshalb in drei Schritten vor:

*1. Präzisieren*
Angriffe sind umso unpräziser, je emotionaler der Fragesteller agiert. Solche Einwände sind deshalb schwer zu „bearbeiten", weil jeder Mensch geneigt ist, unter dem Einfluss einer starken Emotion schnelle, aber ungenaue Aussagen zu treffen.
  „Ich meine, mit den verfügbaren Ressourcen ist das Projekt doch unmöglich durchzuführen?"
  Diese Frage ist eigentlich ein versteckter Angriff, denn der Fragesteller wirft dem Redner offensichtlich vor, nicht ausreichend an den Aufwand gedacht zu haben, den seine Vorschläge erfordern. Aber der Angriff ist auch ungenau, denn das Thema „Ressourcen" ist ein weites Feld. In diesem Fall bietet sich an, dem Fragesteller eine Gegenfrage zu stellen, die der Klärung, der Orientierung, der Präzisierung dient:

*Welche Ressourcen meinen Sie genau: verfügbare Zeit? Personaleinsatz? Einsatz von Kapital?*

Mit dieser Frage zwingen Sie den Angreifer, seine Frage kurz zu überdenken – seine Emotionen treten in den Hintergrund und das Thema kann auf die sachliche Ebene gehoben werden. Wenn der Fragesteller die Situation ernst nimmt, muss er sich jetzt deklarieren, etwa so:
  „Für diesen Arbeitsaufwand haben wir viel zu wenig Personal!"
  Was Ihnen die Möglichkeit gibt, den angesprochenen Punkt – weiterhin auf einer sachlichen Ebene – zu vertiefen:

*Was das Personal betrifft, hätte ich Ihnen folgende Lösung anzubieten …*

## 2. Person annehmen

Gehen Sie auf das Bedürfnis ein, das hinter dem betreffenden Einwand verborgen ist. Oft wird ein Einwand, den man Ihren Argumenten entgegenhält, aus einer ehrlichen Sorge heraus gemacht: „Schöne Idee – aber die Auftragslage ist im Augenblick wirklich nicht günstig, und wenn es nicht besser wird, begeben wir uns mit dieser Investition in ernsthafte Gefahr." Auch solche Bedenken könnten den Fragesteller dazu motivieren, diese Frage zu stellen:
„Ich meine, mit den verfügbaren Ressourcen ist das Projekt doch unmöglich durchzuführen?"

Dieser Fragesteller ist Ihren Ideen gegenüber eigentlich positiv gestimmt – wenn es nicht diese eine Sorge gäbe! Da er aber natürlich seine persönlichen Befindlichkeiten nicht veröffentlichen und in die Diskussion einbringen möchte, kleidet sich seine Sorge in einen Einwand.

Das ist die Gelegenheit für Sie, einen gemeinsamen Nenner herzustellen. Gehen Sie darauf ein und zeigen Sie also Verständnis:

*Ich verstehe Ihre Sorge bezüglich des großen Kapitaleinsatzes haben. Lassen Sie uns doch die Frage systematisch angehen: Wie steht es um die verfügbaren Ressourcen?*

Achtung: Stimmen Sie nicht zu – „Sie haben recht ..." –, sondern zeigen Sie lediglich Verständnis:

*Ich verstehe Ihre Bedenken ...*
*Ich kann Ihre Sorge nachvollziehen ...*

## 3. Paraphrasieren

Paraphrasieren heißt, die Frage mit eigenen Worten zu wiederholen. Mit einer Paraphrase können Sie einen Einwand in eine Sachfrage verwandeln und damit die Energie, die sich gegen Sie richtet, positiv im Sinne Ihrer Idee oder Ihres Vorschlags nützen. „Ich meine, mit den verfügbaren Ressourcen ist das Projekt doch unmöglich durchzuführen?" können Sie dann so paraphrasieren:

*Wie können wir es schaffen, dieses Projekt mit den verfügbaren Ressourcen umzusetzen? Da wäre Folgendes zu sagen: ...*

## Killerphrasen und Totschlagargumente

Der amerikanische Managementlehrer Charles Clark untersuchte, was Ideen möglich macht und was sie verhindert. Dabei entdeckte er, dass es für die Kreation neuer Ideen unerlässlich ist, diese zunächst einmal ohne Filter zuzulassen, ohne sie zu bewerten oder gar zu kritisieren.

Sätze oder Gedanken wie „Das geht nicht!" stoppen den Fluss der Kreativität und lenken das Denken in althergebrachte Bahnen. Im Vortrag und in Diskussionen ist das heikel, denn Killerphrasen wie „Das funktioniert nicht!" oder „So haben wir das noch nie gemacht!" signalisieren, dass der Betreffende, warum auch immer, keine Vernunftgründe vorbringen kann oder möchte: „Es ist so, weil ich es sage, und damit basta."

Lassen Sie sich dadurch nicht abwürgen und halten Sie das Gespräch am Laufen. In der folgenden Tabelle sehen Sie typische Killerphrasen und passende Reaktionen mit der 3-P-Methode.

Die Top-10-Killerphrasen

| Killerphrase | Präzisierung | Person annehmen | Paraphrasierung |
|---|---|---|---|
| Das funktioniert nicht! | Was sehen Sie in diesem Zusammenhang als problematisch? | Die reibungslose Abwicklung ist uns allen ein Anliegen. Da sind wir voll auf einer Linie ... | Wie können wir sicherstellen, dass es so umgesetzt werden kann? ... |
| Das ist sehr theoretisch! | Welchen Teil der Ausführungen sehen Sie als zu theoretisch? | Natürlich ist der Praxisbezug bei unseren Planungen enorm wichtig. Genau deshalb ... | Wie sieht das in der Praxis aus? ... |
| So etwas geht bei uns nicht! | Welche Punkte würden konkret bei Ihnen nicht funktionieren? | Es ist uns ein großes Anliegen, dass sich unsere Vorschläge in Ihrem Unternehmen auch wirklich umsetzen lassen. Deshalb ... | Wie würde das bei Ihnen im Unternehmen funktionieren? ... |
| So haben wir das früher doch nie gemacht! | Wie haben Sie es früher gemacht? | Ich verstehe, dass Ihnen Kontinuität in der Bewältigung Ihrer Herausforderungen wichtig ist. Deshalb ... | Wie würde das aussehen, wenn wir andere Wege einschlagen? ... |
| Dazu fehlen uns die Arbeitskräfte! | Für welche der notwendigen Aufgaben haben Sie zu wenig Personal? | Natürlich muss unser Projekt durchführbar sein, ohne dass Sie personelle Engpässe zu befürchten haben. Deshalb ... | Wie können wir sicherstellen, dass wir dafür genügend Personal zur Verfügung haben? ... |

| Killerphrase | Präzisierung | Person annehmen | Paraphrasierung |
|---|---|---|---|
| Das ist doch viel zu langsam! | Bei welchen Prozessen fehlt es Ihnen an Geschwindigkeit? | Es ist uns klar, dass Geschwindigkeit in Ihren Produktionsabläufen lebenswichtig ist. Deshalb ... | Wie können wir garantieren, dass dieser Prozess schnell genug abläuft? ... |
| Das werden uns die oben nie abnehmen! | Mit welchen Punkten werden unsere Vorstände Schwierigkeiten haben? | Selbstverständlich muss unser Vorschlag zu den Zielrichtungen unseres Vorstandes passen. Daher ... | Wie können wir sicherstellen, dass unsere Vorstände den Vorschlag akzeptieren? ... |
| Ich sehe da keinen Zusammenhang! | An welchen Punkten fehlen Ihnen Informationen? | Die Plausibilität muss Ihnen natürlich ein großes Anliegen sein. Deshalb ... | Wie können wir den Zusammenhang sichtbar machen? ... |
| Stellen Sie sich den Papierkram vor! | Wo sehen Sie einen zu großen Verwaltungsaufwand? | Ich verstehe, dass der Verwaltungsaufwand bei aller Verlässlichkeit natürlich so gering wie möglich sein soll. Deshalb ... | Wie können wir unnötigen bürokratischen Aufwand vermeiden? ... |
| Das haben wir schon einmal versucht! | Wie sah Ihr Versuch genau aus? | Natürlich haben wir Ihre bisherigen Bemühungen in unsere Konzeption mit einbezogen. Daher können wir ... | Wie können wir für diesen Schritt die bestmöglichen Rahmenbedingungen sicherstellen? ... |

## Ihr 10-Punkte-Trainingsplan für Station 3 - Wirksame Sprache

1 Starke Rhetorik beruht auf Prägnanz, Relevanz und Stimulanz in Ihren Aussagen.
2 Checken Sie mit der „Na und?"-Frage die Relevanz Ihrer Inhalte für die Zuhörer.
3 Wechseln Sie von Ich-Formulierungen in die direktere Sie-Sprache.
4 Nützen Sie die Spannungsfaktoren Neugier und Emotion zur Steigerung der Aufmerksamkeit.
5 Bildersprache und Geschichten mit Analogien und Metaphern erzeugen Bilder im Kopf der Zuhörer und regen die Vorstellungskraft an.
6 Für schlagkräftige Argumentation begründen Sie Ihre Aussagen mit „weil".
7 Holen Sie Ihr Publikum mit der Action-Sprache mitten ins Geschehen und verpassen Sie Ihren Botschaften den richtigen Spin.
8 Verankern Sie Ihre Kernaussagen mit einer Punch-Line – und „Hammer home your message!"
9 Sprechen Sie ohne Weichmacher, Füllwörter und fragende Formulierungen in der „Sprache der Mächtigen".
10 Nehmen Sie rhetorische Attacken niemals persönlich und wehren Sie diese mit wirkungsvoller Kampfrhetorik ab.

# Station 4: Persönliche Präsenz

Authentizität, Glaubwürdigkeit, Stimmigkeit und Präsenz sind die **Erfolgsfaktoren**, um als Redner oder Rednerin das Publikum von Ihrer Persönlichkeit zu überzeugen. Die beste Vorbereitung, die tollste Rede läuft allerdings ins Leere, wenn die **Rahmenbedingungen** nicht passen: Auch Ton, Licht und Raumtemperatur müssen stimmen. Worauf es dabei ankommt, erfahren Sie in der vierten Station der *Rhetorischen Kraftkammer*.
Sie sind vor einer Rede aufgeregt, haben **Lampenfieber**? Keine Sorge, das ist eine normale menschliche Reaktion auf die außergewöhnliche Situation. Lesen Sie, wie Sie Ihre **Nervosität** in **positive Energie** umwandeln und selbst das gefürchtete **Blackout** souverän meistern.

# DIE ERFOLGSFAKTOREN FÜR IHRE PERSÖNLICHE WIRKUNG

Zauberwort „Authentizität": Jeder möchte gerne authentisch sein oder behauptet zumindest, dass er es ist. Trotzdem fällt es den meisten Menschen sehr schwer, echt und unverfälscht vor anderen Leuten zu sprechen. Unsicherheit, Zweifel und die große Angst vor der Enttäuschung lassen sie in konstruierte Auftritte flüchten, die technisch vielleicht sogar gut sind, aber niemanden wirklich berühren.

Authentizität hat allerdings nichts damit zu tun, dass man sich so gibt, wie „einem gerade zumute ist". Wenn Sie um 9 Uhr zur Präsentation vor Ihrem Chef müssen und kein Morgenmensch sind, dann zeigen Sie Ihre Authentizität nicht dadurch, dass Sie verschlafen und lustlos vor sich hin sprechen. Das ist zwar echt – aber leider auch schlecht.

„Authentisch" bedeutet, dass alles, was Sie vor Publikum von sich geben, zu Ihrer Botschaft und gleichzeitig zu Ihrer Person passt. Dies verleiht Ihnen beim Auftritt jene Glaubwürdigkeit und Stimmigkeit, die Ihre Autorität vor Ihrem Publikum begründet. Authentisch sprechen heißt, dass Sie Ihren Auftritt, Ihr Statement oder Ihren Diskussionsbeitrag möglichst natürlich ausführen, ohne dabei ins Schauspielern oder Überzeichnen zu verfallen.

### Wie Ihre Zuhörer Ihre Glaubwürdigkeit beurteilen

Zuhörer möchten Informationen grundsätzlich von Menschen erhalten, die kompetent und vertrauenswürdig und damit in höchstem Maße glaubwürdig sind. Wenn Ihre Zuhörer Ihnen diese beiden Faktoren nicht zuweisen, ist jeder Versuch, diese zu überzeugen, sinnlos. Zu diesem Schluss kommt eine wertvolle Studie des Politikwissenschaftlers James Druckman aus dem Jahr 2001. In einer Reihe von Untersuchungen zum gleichen Thema wurde außerdem erhoben, an welchen visuellen, nonverbalen Merkmalen das Publikum die Vertrauenswürdigkeit festmacht. Ganz oben auf der Liste dieser Merkmale stehen:

→ Sprecher, die viel Blickkontakt zum Publikum halten
→ Sprecher, die mehr lächeln als andere
→ Sprecher, die selbstbewusst auftreten

Darüber hinaus gibt es auch eine Reihe auditiver Merkmale, anhand derer des Publikum mitentscheidet, ob der Sprecher glaubwürdig ist oder nicht.

→ Normales oder schnelles Sprechtempo. Allerdings dürfen Sie nicht zu schnell sprechen, sonst kehrt sich der Effekt um.
→ flüssige Sprache
→ Vermeidung von Füllwörtern und Zögern

Das Gegenteil dieser drei Punkte zählt übrigens zu den typischen verbalen Merkmalen von Lügnern. Es fällt uns zwar schwer, diese sofort und bewusst zu identifizieren, jedoch gibt es so etwas wie ein „seltsames Gefühl" bei ausreichender Indizienlage, welches Sie sicher selbst auch schon erlebt haben: „Was der Sprecher sagt, klingt zwar nachvollziehbar, aber irgendetwas passt nicht."

Faktoren, die Ihre Glaubwürdigkeit zusätzlich stärken:

→ Beweisführung und Angaben von Quellen
→ Prägnanz und Klarheit in den Aussagen
→ Klare und kurze Antworten auf Fragen

Mit dem Fokus und Training der genannten neun Punkte erhöhen Sie Ihre Glaubwürdigkeit und die Überzeugungskraft Ihrer Botschaften signifikant. (Argyle & Cook 1976; LaFrance & Hecht 1995; Zuckerman et al. 1981; Smith & Shaffer 1995; Fleshier, Ilardo & Demoretcky 1974)

*Seien Sie präsent*
Während Sie sprechen, brauchen Sie die Aufmerksamkeit Ihrer Zuhörer. Diese Fähigkeit, die Aufmerksamkeit von Menschen auf sich zu ziehen, nennen wir „Präsenz". „Präsent sein" heißt auffällig sein, Ausstrahlung haben.

Jemand, der von Natur aus Präsenz besitzt, kann auf eine Bühne gehen und scheinbar mühelos die Aufmerksamkeit des Publikums auf sich ziehen. Ein anderer, der diese Fähigkeit nicht besitzt, bleibt farblos und blass. Und doch tun beide das Gleiche: Sie treten vor ihre Zuhörer und geben ihr Bestes. Was kann also der eine, das der andere nicht kann?

Wenn Sie eine Rede halten, sprechen Sie als lebendiger Mensch zu anderen lebendigen Menschen. Das bedeutet, Ihr Publikum wird Sie mit seinem Denken und seinen Emotionen wahrnehmen. Natürlich wird es Ihren Inhalt beurteilen, es wird also wahrnehmen, was Sie sprechen. Aber es wird dabei emotionale Faktoren nicht ausblenden; es wird auch wahrnehmen, wie Sie sprechen, welche Gefühle Sie dabei zeigen, wie Sie mit Ihrem Inhalt umgehen, und nicht zuletzt, wie Sie mit sich selbst umgehen.

„Präsent sein" heißt der wörtlichen Bedeutung des Begriffs nach „gegenwärtig sein", das heißt also, im Augenblick des Sprechens innerlich mit allen relevanten Gedanken und Emotionen zu 100 Prozent in der Gegenwart anwesend zu sein. Präsent ist jemand, der sich selbst beim Sprechen nicht selbst zuhört, nicht analysiert, nicht zensiert.

*Sprechen Sie stimmig*

Stellen Sie sich vor, Sie laden einen guten Freund zum Abendessen ein. Er antwortet Ihnen: „Vielen Dank, ich freue mich sehr!" Aber in seinem Verhalten spiegelt sich die geäußerte Freude nicht wider. Sie würden die Misstöne sofort spüren. Und da Sie um Ihren Freund besorgt sind, würden Sie ihn fragen: „Stimmt etwas nicht?"

Unstimmigkeit bedeutet, dass die Emotion des Sprechers nicht mit seiner Botschaft übereinstimmt. Der menschliche Organismus ist darauf geeicht, diesen Vorgang verlässlich zu erkennen.

Unstimmigkeit stört die Kommunikation zwischen Menschen, indem sie die Aufmerksamkeit des Publikums vom Sachinhalt auf die Person lenkt. Genauso kann es dem Publikum gehen: „Irgendetwas stimmt hier nicht – was ist mit diesem Menschen los?"

---

Wenn Sie einen Menschen sprechen hören, bei dem die Emotion nicht zur Botschaft passt, glauben Sie seinem Verhalten und nicht seinem Text.

# VOM START WEG VOLLE PRÄSENZ

## Das erste Etikett klebt am besten

Im Rahmen einer Studie wurden vor einigen Jahren einer Gruppe von amerikanischen Studenten Videomitschnitte von Dozenten gezeigt. Die Studenten sahen nur das Video eines Professors oder einer Professorin, die im Hörsaal ihre Vorlesung abhielten, hörten jedoch keinen Ton. Nach einer Serie von 50 Videoclips wurden die Studenten um ihre Einschätzung gefragt: „Welcher Professor oder welche Professorin ist Ihrer Meinung nach ein guter Lehrer oder eine gute Lehrerin?"

Das frappierende Ergebnis dieser Studie: Die Studenten fällten ihre Entscheidung bereits innerhalb von 30 Sekunden und hielten auch daran fest, als man ihnen dann die Videos mit Ton zeigte.

Dieser psychische Vorgang heißt „Etikettierung". Die Etikettierung erfolgt innerhalb weniger Sekunden, wenn wir einen Menschen kennenlernen. Genauso machen sich auch Ihre Zuhörer ein Bild von Ihnen und ordnen Sie in ihr persönliches Bewertungsschema ein. Natürlich entspringt dieses Etikett einer spontanen Einschätzung und kann zu einem späteren Zeitpunkt noch korrigiert werden, aber es ist da und entfaltet seine Wirkung. Aus diesem Grund ist Präsenz gerade zu Beginn ein entscheidender Erfolgsfaktor.

## Finden Sie Ihren Standpunkt

In Ihrer Rede vertreten Sie einen bestimmten Standpunkt. Dies erreichen Sie am besten dadurch, dass Sie Ihren Standpunkt nicht nur inhaltlich, sondern auch visuell einnehmen. Nervöses, unsicheres oder linkisches Verhalten, Zappeln, Auf-den-Zehen-Wippen und An-der-Kleidung-Nesteln trägt nicht dazu bei, dass man Sie in Ihrer Rolle als Redner oder Rednerin ernst nimmt.

Hier einige Tipps für bessere Wirkung und damit Präsenz. Nehmen Sie diese Tipps als Grundempfehlung, die Sie nach Ihrem Bedürfnis abwandeln können.

- → Stellen Sie sich frontal zum Publikum.
- → Stellen Sie Ihre Beine etwa hüftbreit auseinander und drücken Sie die Knie nicht ganz durch.
- → Achten Sie auf Ihre Füße: Beide Sohlen sollen gleichmäßig auf dem Boden aufliegen.
- → Richten Sie Ihren Blick nach vorne, schauen Sie aufmerksam in Richtung des Publikums.
- → Halten Sie Ihrer Arme seitlich am Körper. Falls Ihnen das unangenehm ist, legen Sie Ihre Hände oberhalb der Gürtellinie ineinander. Wenn Sie etwas zum Festhalten brauchen, halten Sie mit einer Hand den Daumen der anderen fest, aber so, dass Ihre Zuhörer es nicht sehen. Verschränken Sie Ihre Arme nicht und verstecken Sie Ihre Hände nicht.
- → Bleiben Sie immer freundlich!

Probieren Sie diese Haltung und Varianten davon zu Hause vor dem Spiegel aus, genauso bereiten sich auch Top-Redner vor.

# EROBERN SIE DEN RAUM – VOR IHRER REDE

Ein großes Auditorium ist ein ungewohnter und respekteinflößender Ort. Die dortigen technischen und visuellen Bedingungen müssen passen – andernfalls ist Ihr Auftritt gefährdet. Zu den Rahmenbedingungen gehören:

- der Ton
- das Licht
- die Raumtemperatur

Es liegt in Ihrer Verantwortung, sich darum zu kümmern, dass alles vorbereitet ist, bevor das Publikum den Saal betritt.

Als Steve Jobs in San Francisco das iPhone 4 präsentierte, versagte im entscheidenden Augenblick die Internetverbindung – die gesamte Präsentation war akut in Gefahr, weil er die Gerätefeatures, die mit Hilfe des Internets funktionieren, nicht vorführen konnte. Steve Jobs rettete sich bravourös – aber dieser Vorfall bestätigte den wichtigsten Grundsatz eines jeden Veranstaltungstechnikers: Jede technische Panne, die in der Fantasie denkbar ist, passiert irgendwann auch in der Realität. Für die Abwicklung einer Veranstaltung gilt daher:

- Immer vorher alles checken!
- Auf effektives Troubleshooting vorbereitet sein!

Am allerbesten ist natürlich, wenn Sie am Vorabend den Veranstaltungsort inspizieren und dazu auch den Haustechniker kontaktieren. Wenn das aus zeitlichen Gründen nicht möglich ist, spätestens am Morgen der Veranstaltung, wenn sonst noch niemand im Raum ist. Nur im äußersten Notfall und wenn es gar nicht anders geht, machen Sie das in einer Kaffeepause, bevor Sie mit Ihrer Rede an der Reihe sind.

## Der Ton

Bei großen Auditorien ist ein Tontechniker ist dafür verantwortlich, dass Ihre Stimme im ganzen Saal gut hörbar ist und dass sie gut klingt. Auf seinem Mischpult kann er die Höhen und Bässe Ihrer Stimme aussteuern. Für eine optimale Aussteuerung benötigt er einen Soundcheck, das heißt, Sie stecken sich das Mikrofon an und geben ihm im Saal eine Sprechprobe. Der Techniker speichert die Parameter für die beste Aussteuerung auf seinem Mischpult. So kann er bei Ihrem Auftritt Ihre Stimme auf Knopfdruck optimal verstärken. Diese Vorgangsweise verhindert, dass er die Aussteuerung während Ihrer Live-Rede machen muss und Sie minutenlang in ein über- oder untersteuertes Mikrofon sprechen. Tun Sie sich selbst also den Gefallen und bestehen Sie auf einem Soundcheck.

*Die Auswahl des Mikrofons*
**Headset und Ansteckmikrofon**
Die meisten Veranstalter bieten zur Verstärkung ein Headset oder ein Ansteckmikrofon an, und diese sind für den Auftritt auch tatsächlich die erste Wahl: Sie lassen Ihnen ausreichend Bewegungsfreiheit und garantieren dabei die optimale Verstärkung.

Beim Ansteckmikrofon müssen Sie lediglich darauf achten, dass Sie in der Emphase Ihres Auftritts mit Ihren Händen nicht dort an Ihren Körper stoßen, wo sich das Mikrofon befindet – es würde dieses Geräusch gnadenlos im ganzen Raum verstärken, genauso wie Privatgespräche. Schalten Sie es daher nach Ihrem Vortrag sofort aus.

**Handmikrofon**
Handmikrofone haben ihre Tücken, und zwar aus zwei Gründen: Zum einen müssen Sie sich während des Sprechens auf die optimale Entfernung vom Mikrofon zum Mund konzentrieren (sogenannte „Nahbesprechungsmikrofone" müssen Sie beinahe „küssen", andere Mikrofone können Sie in Kinnhöhe vor Ihrem Körper halten.). Zum anderen schränkt ein Handmikrofon natürlich Ihre Bewegungsfreiheit ein: Die Hand, die das Mikrofon hält, fällt für Gestik aus.

Wenn nur ein Handmikrofon zur Verfügung steht: Halten Sie es beim Sprechen mit circa 15 Zentimeter Abstand von Ihrem Mund vor Ihr Kinn. Wichtig: Wenn Sie mit dem Ton nicht zufrieden sind, senken Sie nicht den Kopf, sondern heben Sie das Mikrofon. Ist das Handmikrofon mit einem Kabel am Verstärker angeschlossen sein, achten Sie auf genügend Bewegungsfreiheit und darauf, dass die Kabel abgeklebt werden.

**Schwanenhalsmikrofon**
Manche Rednerpulte sind mit einem sogenannten „Schwanenhalsmikrofon" ausgestattet, einem Mikrofonkopf, der auf einer langen, schlanken, oben gebogenen Halterung fest am Pult montiert ist. In diesem Fall sind Sie örtlich an das Rednerpult gebunden und können sich von dort nicht wegbewegen.

Der Vorteil eines solchen Mikrofons: Es nimmt Töne auch aus größerer Distanz ab, und zwar bis zu einem Meter, und dies nicht nur in der geraden Verlängerung des Mikrofons, sondern auch rechts und links davon.

Wenn Sie mit Schwanenhalsmikrofon sprechen, biegen Sie es nur ein wenig in die Richtung Ihres Mundes, das Mikrofon sorgt dann für die optimale Verstärkung.

## Das Licht

Die beste Rede wird verpuffen, wenn man Sie dabei nicht richtig sehen kann. Leider sind viele Veranstaltungsräume zu dunkel oder falsch ausgeleuchtet. Die Lichtanlage ist vielfach auf den Einsatz von Projektionen eingerichtet – dabei muss das Licht gedimmt sein, damit die Bilder gut zu sehen sind. Gute Ausleuchtung des Redners bedeutet allerdings oft auch, dass Sie geblendet werden.

Setzen Sie sich ins Auditorium und nehmen Sie den Blickwinkel Ihres Publikums ein: Wie wird man Sie bei Ihrem Auftritt wahrnehmen? Wo werden Sie stehen, wo können Sie gehen, dass Sie von überall gut sichtbar sind und ohne dass Sie etwas Wichtiges – zum Beispiel die Projektionsleinwand – verdecken?

Achten Sie auch darauf, dass die Farbe Ihrer Kleidung genügend Kontrast gegenüber dem Hintergrund erzeugt. Wenn Sie zum Beispiel mit einem schwarzen Kleid vor einem schwarzen Hintergrund sprechen, wird man von Ihnen nicht viel mehr wahrnehmen als die hellen, freiliegenden Partien Ihres Körpers.

## Die Raumtemperatur

Wenn Sie schon einmal eine längere Zeit über in einem stickigen, überhitzten Raum einer Veranstaltung oder Schulung beiwohnen mussten, können Sie das sicher bestätigen: Der Inhalt gerät dann zur Nebensache.

Die Raumtemperatur ist ein Hygienefaktor, den Menschen erst dann bewusst wahrnehmen, wenn er nicht passt. Kümmern Sie sich im Zuge des Checks des Lichts und der Tontechnik unbedingt auch darum, dass der Techniker die Klimaanlage auf eine angenehme Temperatur einstellt. Überprüfen Sie dabei auch deren Geräuschentwicklung.

Nutzen Sie allfällige Pausen, um bei Bedarf die Idealtemperatur wieder herzustellen, entweder durch Lüften oder durch kurzes Hochschalten der Klimaanlage.

# LAMPENFIEBER: ES WIRD ERNST

Achtzig Prozent aller Menschen reagieren mit Nervosität, wenn sie der Aufmerksamkeit anderer Menschen ausgesetzt sind. Lampenfieber ist normal und Teil der Herausforderung jeder Rede. Richtiger Umgang mit Nervosität bedeutet nicht, diese zu beseitigen, sondern sich mit ihr zu arrangieren oder sie sogar zu nutzen.

## Ursachen und Symptome des Lampenfiebers

Lampenfieber ist Ausdruck eines uralten menschlichen Fluchtreflexes. Dieser entsteht in der Amygdala (Mandelkern), jenem Zentrum im Gehirn, das an vielen Formen menschlicher Affekte beteiligt ist. Die Funktion dieses Schaltzentrums ist es, in gefährlichen Situationen das Großhirn auszuschalten, weil dieses zur Bewältigung einer Gefahr aufgrund seiner Schwerfälligkeit nicht geeignet ist. Wenn also ein wildes Tier oder der Feind angreift und schnelles Reagieren gefragt ist, übernimmt die Amygdala das Kommando: Sie schüttet Adrenalin aus und treibt den Organismus so zu reflexartigen Reaktionen, die das Leben retten können: Flucht, Angriff, Täuschen oder Totstellen.

Unser Körper reagiert auf Gefahrenpotenzial auch im 21. Jahrhundert mit diesen Symptomen. Natürlich nicht, weil ein Vortrag so gefährlich ist, sondern weil Sie ihn als gefährlich bewerten. Und dann passiert Folgendes:

→ Die Pupillen weiten sich, der Fokus stellt sich auf die Ferne ein. Ein Problem, denn wenn Sie zum Beispiel mit einem Manuskript arbeiten, können Sie im Extremfall die Buchstaben und Ziffern vor sich auf dem Pult nicht mehr entziffern.
→ Herz- und Pulsfrequenz steigen und damit auch der Blutdruck. Gleichzeitig wird die Durchblutung im Kopf und in den Extremitäten verringert, Sie werden bleich oder brechen in kalten Schweiß aus. Auf diese Weise gelangt Blut in die Muskeln (wo es für die Flucht gebraucht würde), leider führt dies aber auch zu den gefürchteten Blackouts.

→ Der Atem beschleunigt sich, wird flacher, die Bronchien weiten sich, die Muskeln spannen sich an. Die Flüssigkeitsproduktion wird zurückgeschraubt, der Mund trocknet aus. Der letzte Darmabschnitt erschlafft und Reste der Verdauung werden ausgeschieden. Sie müssen vor Ihrem Vortrag immer auf die Toilette? Dann sind Sie Opfer dieses Fluchtreflexes geworden.

Ihr Körper signalisiert: „Es ist gefährlich, du musst weg!" Ihr Verstand sagt: „Du kannst hier nicht weg, du hast eine Aufgabe zu erfüllen!" Und vor dieser wollen Sie natürlich nicht weglaufen. Das äußert sich in zwei typischen Verhaltensweisen.

*1. Flucht- oder Vermeidungsverhalten*
Der Redner traut sich nicht, bei seinem Auftritt persönliches Engagement zeigen. Er zieht sich emotional zurück und wirkt dadurch trocken und distanziert, manchmal auch arrogant. Er vermeidet den Blickkontakt zum Publikum. Manche Menschen steigern ihre Sprechgeschwindigkeit bis auf ein Maß, das für das Publikum unangenehm ist.

*2. Angriffs- oder Überspielungsverhalten*
Der Redner versucht, sein Gefühl der Unzulänglichkeit zu kompensieren, indem er seine Nervosität durch hektische Bewegungen abreagiert oder Emotionen überdeutlich zum Ausdruck bringt. Auch dadurch macht er seine Nervosität sichtbar.

Dazu gehören auch sogenannte „Selbstinvolvierungen", das heißt, die Angst des Redners äußert sich über seinen Körper, ohne dass er darüber die Kontrolle hätte. Er läuft auf dem Podium nervös hin und her oder vollführt nervöse Bewegungen mit seinen Händen, greift zum Beispiel während des Sprechens immer wieder an seinen Hals oder den Knoten der Krawatte oder fährt sich über die Haare. Diese Bewegungen und körperlichen Vorgänge lenken natürlich vom Inhalt ab und stören den Gesamteindruck des Auftritts.

## Mentale Techniken gegen die Nervosität

*Trainieren Sie ausreichend*
„Hauptsache, man ist nicht auf den Mund gefallen!" So einfach ist nach Ansicht mancher Leute das Erfolgsgeheimnis guter Redner. Weit gefehlt, gerade die besten und erfolgreichsten Redner unserer Zeit beweisen durch die Art, wie sie sich vorbereiten, das Gegenteil. Steve Jobs bereitete seine Produktpräsentationen zwei Tage lang vor; ein Tag diente der inhaltlichen Aufbereitung des Stoffs und der Gestaltung der Slides, am zweiten Tag sprach er von früh bis spät die Präsentation immer wieder durch. Die Souveränität und anscheinende Leichtigkeit, die er auf der Bühne ausstrahlte, war auch deshalb möglich, weil er Zeit in die Vorbereitung investierte.

Dasselbe Prinzip empfehle ich Ihnen für Ihre Rede. Wie viel Zeit auch immer Sie für die Vorbereitung haben: Teilen Sie diese durch zwei und reservieren Sie die eine Hälfte für die inhaltliche Aufbereitung, die andere für das Durchsprechen Ihrer Rede. Planen Sie mindestens zwei Durchläufe vor jeweils einem Sparringspartner, der für Sie das Publikum repräsentiert:

→ Im ersten Durchlauf geht es darum, den logischen Ablauf und die Schlüssigkeit Ihrer Inhalte zu überprüfen. Gedankliche Lücken oder Fehler bemerken Sie während der Planungsphase vielleicht noch nicht, aber spätestens jetzt bemerkt Ihr Sparringspartner, dass Ihnen beim Sprechen gewisse Inhalte nicht über die Lippen gehen wollen, oder er hat Probleme, zu verstehen, worauf Sie hinauswollen. Unterbrechen Sie in solchen Momenten die Probe nicht, sondern kämpfen Sie sich durch und korrigieren Sie gemeinsam mit Ihrem Testpublikum die Problemstellen nachher. Stoppen Sie die Zeit – liegen Sie über der anvisierten Zeit, müssen Sie kürzen!

→ Der zweite Durchlauf ist gleichsam die Generalprobe. In dieser Probe geht es in erster Linie darum, dass Sie Sicherheit und Selbstverständlichkeit im Ablauf erlangen. Nach diesem Durchlauf werden nur noch Details verändert. Alle notwendigen inhaltlichen Korrekturen müssen vorher gemacht sein.

*Sprechen Sie für eine bestimmte Person*
Schauspieler laden zur Premiere gern Verwandte und Freunde ein. Weniger aus Höflichkeit als aus einem handfesten Grund: Zwischen all den Kritikern, potenziellen Arbeitgebern wie Intendanten, Regisseuren oder Dramaturgen, aber auch skeptischen oder neidischen Kollegen, die bei einer Premiere gewöhnlich im Saal sitzen, gibt es so immer auch ein paar „Lichtgestalten", also Menschen, die sie so mögen, wie sie sind. Damit schaffen sie sich eine „emotionale Nische": „Heute spiele ich nur für meinen Mann, meine Freundin, meinen kleinen Sohn, meinen Onkel aus Amerika …!" Sie fühlen sich auf der Bühne freier und ihr Spiel wird entscheidend besser, wenn sie jemanden haben, der ihnen nahesteht und auf den sie sich konzentrieren können.

Wenn es eine solche Person nicht gibt, dann empfehle ich Ihnen zweierlei:

→ Seien Sie rechtzeitig vor Ort und beginnen Sie mit einem oder mehreren Zuhörern ein Gespräch und schaffen Sie sich dadurch eine kleine und hilfreiche Nische der Sympathie.
→ Suchen Sie sich zu Beginn der Rede im Auditorium Gesichter von Menschen, die Ihnen sympathisch sind, und beschließen Sie innerlich, für diese Menschen zu sprechen.

*Bewegen Sie sich und achten Sie auf Ihre Atmung*
Bewegen ist eine bewährte Methode, Lampenfieber abzubauen, denn Sie agieren damit den Fluchtreflex aus. Gehen Sie am Morgen vor Ihrer Rede joggen oder auch einfach nur spazieren, wenn Sie kein Läufer sind. Konzentrieren Sie sich dabei auf eine tiefe Atmung. Auf diese Weise bauen Sie nicht nur Ihren Bewegungsdrang ab, Sie regulieren auch die Zufuhr von Sauerstoff in Ihren Blutkreislauf.

*Freuen Sie sich*
Die Empfehlung, sich auf einen Auftritt zu freuen, mag zynisch erscheinen angesichts der Not, in der sich ein von Lampenfieber geschüttelter Redner befindet. Aber mit positiver Autosuggestion bekommen Sie diese Stimmung tatsächlich gut in den Griff.

Versuchen Sie im Vorfeld eines Auftritts, Ihre Nervosität zu ignorieren, so gut es geht, und lassen Sie einen inneren Film ablaufen, in welchem Ihr kommender Auftritt perfekt funktioniert. Sie spielen gekonnt Ihre Fähigkeiten aus und führen Ihr Publikum auf dem besten Weg von Ihrem Punkt A zu Ihrem Punkt B. Anschließend gibt es dankbaren Applaus und ein angeregtes Gespräch unter den Anwesenden.

Wichtig ist, dass Sie die Freude, die damit einhergeht, auch tatsächlich empfinden. Probieren Sie es aus – diese Methode führt nicht nur im Sport zu Erfolg.

*Wandeln Sie Nervosität in positive Energie um*
Lenken Sie die Energie, die Ihnen die Angst zur Verfügung stellt, ganz bewusst in sinnvolle Bahnen. Die folgenden vier „Energieventile" bewähren sich in der Praxis hervorragend: Ortsveränderung, bildhafte, „selektive" Gestik, Modulation der Stimme und Blickführung.

## Energieventil 1: Ortsveränderung

Suchen Sie sich einen zentralen Standort, wo Sie Kontakt zu Ihrem Publikum aufnehmen und Ihrer Rede beginnen. Bleiben Sie aber dort nicht die ganze Zeit stehen, Bewegung während des Sprechens löst innere Spannungen und hilft Ihnen, Ihre Gedanken, wenn sie einmal festgefahren sind, wieder in Fluss zu bringen. Laufen Sie dabei nicht einfach vor Ihrem Publikum auf und ab, sondern wechseln Sie ganz bewusst und gezielt auf vorher definierte Positionen.

Positionen im großen Auditorium:

➜ hinter dem Rednerpult, aber auch rechts oder links davon
➜ in der Mitte der Bühne
➜ halb rechts oder links vom Publikum aus gesehen
➜ vorne „an der Rampe" an einem Punkt Ihrer Wahl
➜ wenn Sie Anschauungsmaterial mitgenommen haben und sich dieses auf der Bühne befindet: neben diesem Gegenstand (Achtung: Verdecken Sie die Sicht auf die Projektionswand nicht.)

Positionen im kleineren Rahmen:

→ zentral vor Ihrem Publikum
→ rechts oder links außen
→ an einem Punkt vorne, um die Nähe des Publikums zu suchen
→ in ganz kleinen Räumen, vor wenig Publikum: auf einem Stuhl sitzend, der gut sichtbar im Raum aufgestellt ist

Beginnen Sie Ihre Rede an einem möglichst zentralen Standpunkt und wechseln Sie zwischendurch immer wieder Ihre Position, zum Beispiel mit einem neuen Thema oder Abschnitt.

Bewegen Sie sich bewusst und zielstrebig und denken Sie an Ihren Blickkontakt zum Publikum.

## Energieventil 2: Bildhafte Gesten

In großen Räumen ist die letzte Zuschauerreihe oft sehr weit von Ihrem Standort entfernt. Und wenn nicht über eine Kamera Livebilder von Ihnen auf einen Großbildschirm übertragen werden, sehen die Zuschauer in den hinteren Reihen Sie nur als kleine Zinnfigur ganz weit vorne.

Das bedeutet, Sie müssen in einem großen Raum ein viel größeres Bild von sich abgeben als in einem kleinen Raum, um nicht energielos, klein und leise zu wirken. Nutzen Sie daher Ihre Arme und Hände als „visuelle Hilfsmittel".

Manche Menschen sind von Natur aus mit Bewegungen der Hände und Arme eher zurückhaltend. Wenn sie sich mit anderen unterhalten, hängen ihre Arme links und rechts bewegungslos neben dem Rumpf. Andere wiederum sprechen so sehr mit den Händen und Armen, dass man sie auch ohne Worte verstehen würde. Für die Zuhörer wird es dann spannend, wenn Sie Ihre Worte bewusst mit Gesten untermalen, ergänzen und beweisen.

### *Bildhafte Gestik ist selektive Gestik*
Nicht jedes einzelne Wort braucht eine Geste, denn das würde diesem Mittel seine Wirkung nehmen. „Selektive Gesten" anzuwenden bedeutet, dass Sie

nur ganz bestimmte Wörter oder Gedanken unterstreichen, die besonders wichtig sind. Und Sie selbst vergrößern sich gleichzeitig in Ihrer Wirkung im großen Raum.

**Übung: Trainieren Sie bildhafte Gestik**
Stellen Sie sich möglichst klar und real vor, wie Sie sich durch einen imaginären Raum bewegen. Erzählen Sie jetzt einem Gegenüber von diesem Raum und verwenden Sie dazu nicht nur Ihre Sprache, sondern vor allem Ihre Arme und Hände. Wie hoch ist der Raum? Zeigen Sie das mit Ihrer Gestik. Wie breit ist er? Zeigen Sie das mit Ihrer Gestik. Wie weit sieht man? Welche Richtungen kann man in diesem Raum einschlagen? Wie haben Sie sich selbst schon durch diesen Raum bewegt? Zeigen Sie all diese Größenordnungen und Bewegungen mit Hilfe großzügiger Gestik.

Damit erzeugen Sie Ihre innere Vorstellung vor den Augen Ihres Sparringspartners mit Ihren Händen und Armen. Wenn Sie fertig sind, lassen Sie sich von ihm beschreiben, ob er den Raum anhand Ihrer Gestik erkennen konnte und ob Ihre Bewegungen natürlich waren und zu Ihnen passten.

*Einsatz der selektiven Gestik: Konkrete Vorstellungen*
Lassen Sie konkrete Gegenstände, Vorstellungen oder Erinnerungen Sie vor Ihrem Publikum mit Hilfe Ihrer Gestik lebendig werden. Nehmen Sie Ihr Publikum mit auf einen Berg – *Stellen Sie sich vor, da drüben ist der Gipfel* – gehen Sie mit ihm über einen Strand oder steigen Sie auf einen Turm mit einer weiten Aussicht – *Die 180-Grad-Rundumsicht ist einzigartig …* Auch Gegenstände, die Sie nicht im Original als Anschauungsmaterial mitgebracht haben, können Sie mit Hilfe der selektiven Gestik vor den Augen des Publikums lebendig werden lassen, zum Beispiel (hervorgehobene Stellen sind ideal für Gestik):

*Heuer feiert die Coca-Cola-Konturflasche ihren 95. Geburtstag. Sie wurde berühmt, weil sie* **schlank war wie eine schöne Frau** *und die* **Konturen eines Hüftschwungs** *besaß. Heute sind die Dosen zwar nicht mehr schön geformt, aber Coca Cola ist auch hier innovativ: mit der* **schmalen, etwas höheren** *Sleek Can, die jetzt sogar* **wiederverschließbar** *gebaut ist.*

*Einsatz der selektiven Gestik: Abstrakte Vorstellungen*
Auch abstrakte Vorstellungen sind im menschlichen Denken oft räumlich angelegt. Eine Zeitachse beispielsweise ist nichts anderes als die räumliche Umsetzung der Vorstellung, dass ein Ereignis einer bestimmten Kategorie nach bzw. neben dem anderen kommt, hier gezeigt anhand des Beispiels der Coca-Cola-Flaschen:

**1915    1939    1950  1957         1994  2000**
|————————|————————|——————|—————————————|——————|→

*1915: Die Konturflasche mit dem Hüftschwung wird von Alexander Samuelson erfunden.*
*1939: Coca Cola wird in über 40 Ländern der Welt abgefüllt.*
*1950: Die Konturflasche erscheint als erstes Handelsprodukt auf dem Cover des Time-Magazins*
*1957: Die 0,7-Liter-Familienflasche erscheint.*
*1994: Die 1,0-Liter-PET-Flasche wird eingeführt.*
*2000: Verändertes Verpackungsdesign, die sogenannten „Sensation Graphics"*

Wenn Sie hier, um dem Publikum die Geschichte der Cola-Flaschen zu erklären, eine Aufzählung der Jahreszahlen liefern würden, bestünde die Gefahr, dass Sie das Publikum verwirren. Nehmen Sie anstatt dessen Ihre Hände zu Hilfe und zeigen Sie Ihrem Publikum von links nach rechts – aus Sicht des Publikums! – die einzelnen Jahreszahlen als Entwicklungsstationen der Coca-Cola-Flasche.

Andere Möglichkeiten für abstrakte Vorstellungen – probieren Sie es aus:

→ **Vergleiche**, zum Beispiel: das eine ist *größer, kleiner, dünner, dicker* etc. als das andere
→ **Stufenleitern**, zum Beispiel: Die Dienstgrade der Bundeswehr *beginnen* beim einfachen Gefreiten, *gehen über* zum Obergefreiten, Stabsgefreiten und Oberstabsgefreiten und *enden* schließlich beim Unteroffizier.

→ **Organisationen** oder **Organigramme**, zum Beispiel: Unser Unternehmen *gliedert sich in vier Bereiche*: die Produktion mit *mehreren Standorten*, den Vertrieb, den Finanzbereich und die Entwicklung. Da wir unter starkem Konkurrenzdruck stehen und immer auf hochwertige Innovationen angewiesen sind, steht der Entwicklungsbereich *ganz oben*, *dann folgen* Produktion und Vertrieb. Abgerechnet *wird am Schluss*.
→ Ausdrücke, die zur **Abbildung mittels Gestik** einladen, zum Beispiel: einen *Schnitt machen*, in die *Ferne schauen*, einen Deckel *darauf legen*, den Sack *zumachen*

*Hammer home your message – auch mit Gestik*
Das Prinzip „Hammer home your message" gilt nicht nur für die Sprache, es gilt auch für Ihren Körper, der Ihre Kernbotschaften unterstützen kann. Finden Sie in der Vorbereitung zu Ihrem Vortrag also nicht nur Ihre Kernbotschaften, finden Sie dazu auch passende Schlüsselgesten, die die Botschaften verstärken, und kommen Sie im Vortrag immer wieder darauf zurück:

*Dort müssen wir hin, dort liegt unser Ziel!*

## Energieventil 3: Modulation der Stimme

1960, USA. Im TV läuft das historische Fernsehduell John F. Kennedy gegen Richard Nixon. Nixon ist Favorit, hat aber gerade einen Krankenhausaufenthalt hinter sich und tritt geschwächt zum Duell an. Er wirkt blass und hat überdies den Fehler begangen, sich vor dem Auftritt im Studio nicht schminken zu lassen. Kennedy dagegen kommt sonnengebräunt und gut gelaunt ins Studio. Er kann sich zu diesem Zeitpunkt erstmals einen Vorsprung in den Umfragen erarbeiten. Kennedy gewinnt das TV-Duell und die Wahl. Aber: Bei seinen Radioauftritten war Nixon zumindest ein ebenbürtiger Gegner: Das Publikum sah den Sprecher nicht – es hörte nur seine Stimme.

Unsere Stimme hat eine besondere Wirkung auf unsere Mitmenschen. Die Stimme gibt dem Publikum augenblicklich und ungeschminkt Grundinformationen darüber, ob Sie gelassen, souverän und zuversichtlich sind oder ob Sie unter Druck stehen und nervös sind. Das wird durch die Tonhöhe, die Lautstärke und das Sprechtempo ausgedrückt.

*Ihre Stimmung beeinflusst Ihre Stimme*
Ihre Stimme wirkt nicht nur durch ihr physikalisches Volumen und ihren Frequenzbereich, sondern auch durch die Art und Weise, wie Sie sie einsetzen. Sie erhält ihren besonderen Klang erst dann, wenn Sie sie „mit einem besonderen Gefühl zum Klingen bringen". Wenn Sie zum Beispiel sagen wollen: „Die Umsätze unserer elektrotechnischen Sparte stiegen im Vergleich zum Vorjahr um 1 Prozent", dann könnte dieser Satz mehrere Bedeutungen haben.

→ Sie könnten stolz auf die Umsatzsteigerung in wirtschaftlich schwierigen Zeiten sein: Dann seien Sie stolz, wenn Sie diesen Satz aussprechen! Damit entlocken Sie Ihrer Stimme automatisch einen besonderen Klang.
→ Sie könnten aber auch beunruhigt sein, weil die Zielvorgabe 5 Prozent war und nicht erreicht wurde. Deshalb möchten Sie Ihre Mitarbeiter zu größeren Anstrengungen motivieren: Dann formulieren Sie einen eindringlichen Aufruf, wenn Sie diesen Satz aussprechen. Damit entlocken Sie Ihrer Stimme einen ganz anderen Klang.

Versetzen Sie sich beim Sprechen in die Stimmung, die Ihre Botschaften unterstützt. Diese Stimmung kann Ihnen kein Stimmtraining ersetzen.

*Der Naturton: Kalibrieren Sie Ihre Stimme*
Friedrich Nietzsche schrieb: „Mit einer sehr lauten Stimme im Hals ist man fast außerstande, feine Sachen zu denken." Damit bezog er sich auf die Wirkung, die ein Mensch ausübt, wenn er seine Stimme lauter einsetzt, als sie natürlicherweise klingen würde.

Auf der anderen Seite kann dosiert eingesetztes leises Sprechen, Flüstern oder Hauchen einen Gedanken interessant machen, weil er damit den Charakter eines Geheimnisses oder einer vertraulichen Information bekommt.

Was für die Lautstärke gilt, gilt auch für die Tonhöhe: Variation der Tonhöhe wird als selbstbewusst und sympathisch eingeschätzt, es macht das Zuhören wesentlich einfacher und interessanter.

**Übung**

→ Stellen Sie sich aufrecht hin, mit hüftbreitem Stand und den Blick geradeaus nach vorne gerichtet. Beginnen Sie jetzt, Ihre Zunge, Ihre geschlossenen Lippen und Ihre Wangenmuskeln zu bewegen, als würden Sie ein Bonbon lutschen.

→ Führen Sie diese Bewegungen einige Zeit aus und aktivieren Sie dann dazu Ihre Stimme, ohne die Mundbewegungen zu unterbrechen. Lassen Sie die Lippen dabei geschlossen. Ihre Stimme vollführt also ein langgezogenes, gleichmäßiges Summen. Tun Sie, als würde Ihnen das Bonbon, das Sie im Mund haben, sehr gut schmecken und als wollten Sie dieses Gefühl mit Ihrer Stimme zum Ausdruck bringen. Legen Sie nun eine Hand an den Brustkorb – wenn Sie in Ihrer Brust ein angenehmes Vibrieren wahrnehmen, dann haben Sie Ihren „Naturton" gefunden.

Sie können die „Bonbon-Übung" auch dazu benützen, die Bandbreite Ihrer Stimme zu kalibrieren. Steigern Sie dazu die Lautstärke Ihres Naturtons, indem Sie mehr Atemdruck in die Stimme legen. Sie werden sehen, dass Sie, wenn Sie Ihren Mund nach wie vor geschlossen halten, nicht über eine bestimmte Lautstärke hinauskommen. Das ist auch gut so, denn alles, was darüber hinausgeht, wäre unangenehm für das Publikum.

Wiederholen Sie diese Übung vor Ihren Auftritten, das hilft Ihnen, rasch und zuverlässig die richtige Tonlage zu finden.

*So setzen Sie Ihre Stimme effektiv ein*
**Wenn Ihre Rede beginnt**
Atmen Sie aus, bevor Sie das erste Wort sagen. Einatmen ist eine Angstreaktion, die oft dazu führt, dass der Redner durchgehend spricht, solange sein Luftvorrat dauert. Wenn dieser Vorrat erschöpft ist, ist er außer Puste, die Stimme wird schlapp. Indem Sie ausatmen, bevor Sie zu sprechen beginnen, vermeiden Sie dieses Problem. Denken Sie während des Sprechens nicht ans Atmen – haben Sie Vertrauen, dass Ihr Körper sich automatisch genau die Luft holt, die er zum Sprechen braucht.

### Passen Sie die Lautstärke an

Beginnen Sie Ihre Rede mit Ihrem Naturton und stellen sie sich vor, Sie sprechen zu denen, die am weitesten von Ihnen weg sind. Wenn das nicht geht, nicht brüllen, sondern technische Hilfe organisieren.

Variieren Sie zwischendurch Ihre Lautstärke: Wenn Sie wichtige Botschaften senden, sprechen Sie lauter; wenn Sie persönliche Gedanken senden, die Ihnen am Herzen liegen, sprechen Sie leiser.

### Sprechen Sie deutlich

Eine zu leise Stimme können Sie durch deutliche Artikulation ausgleichen. Deutliche Artikulation heißt, dass keine Silbe „vernuschelt" wird. Trainieren Sie, indem Sie mit Ihren Zähnen leicht auf Ihren Daumen beißen und so einzelne Sätze oder Gedanken Ihrer Rede aussprechen. Der Daumen zwingt dabei Ihre Sprechwerkzeuge zu genauer Arbeit. Der Trick dabei ist, dass die Sprechwerkzeuge genauso sorgfältig funktionieren, wenn Sie Ihren Daumen wieder aus dem Mund entfernen und normal sprechen. Merken Sie den Unterschied?

### Pflegen Sie Ihr Sprechtempo

Zu schnelles Tempo bei Reden kann zwei Ursachen haben: Der Redner hat Angst und möchte instinktiv die Sache so schnell wie möglich „hinter sich bringen". Oder der Redner denkt, entscheidet und handelt von Natur aus schneller als der Durchschnitt; dies ist oft kulturell bedingt – wenn ein Deutscher in der Schweiz eine Rede hält, wird er häufig als zu schnell empfunden.

In beiden Fällen gilt: Wenn Sie gegen Ihr Gefühl langsam sprechen, liegen Sie genau richtig. Hier einige Hinweise, wie Sie sich dabei helfen können:

→ **Sprechen Sie „auf Punkt".** Senken Sie die Stimme, wenn ein Satz oder ein Gedanke zu Ende ist. Atmen Sie durch und beginnen Sie dann erst den nächsten Satz. Dadurch stellt sich automatisch ein langsameres Sprechtempo ein.

→ **Halten Sie Ihre Sätze kurz.** Vermeiden Sie lange Schachtelsätze, und vermeiden Sie auch Bindewörter wie „und", „außerdem", „weiters", „das heißt" … Menschen, die diese Bindewörter oft verwenden, tun sich schwer damit, einen Gedanken abzuschließen. Damit kommen Sie in einen „Sprachstrudel", aus dem Sie schwer einen Ausweg finden. (Siehe dazu auch den Abschnitt zu „Action-Sprache" in „Station 3".)

**Dramaturgische und syntaktische Pausen**
Pausen geben dem Publikum Zeit zum Denken. Aber Sie erhöhen auch die Spannung und betonen deshalb wichtige Botschaften Ihrer Rede. Sie stimulieren also das Publikum regelrecht zum Denken.

Aber nicht nur das: Pausen helfen Ihnen selbst dabei, wichtige Abschnitte Ihrer Rede zu erkennen – planen Sie Pausen also schon in der Vorbereitung, denn sie sind wichtige Hilfen zur Strukturierung! Dafür haben Sie folgende Möglichkeiten:
**Die syntaktische Pause:** Diese Pause sitzt vor der Aussage, die wichtig ist und die Sie betonen möchten; zum Beispiel:

*Die wirtschaftliche Entwicklung der letzten Monate lässt uns nur noch eine sinnvolle Option: (Pause) die Aufstockung des Grundkapitals.*

Diese Pause funktioniert wie eine große Hinweistafel: Achtung, jetzt kommt etwas Wichtiges! Insofern erhöht sie die Spannung, denn der Satz vor der Pause hat eine wichtige Information angekündigt und das Publikum möchte diese jetzt natürlich bekommen – aber Sie zögern sie hinaus!
**Die dramaturgische Pause:** Diese Pause folgt nach der Aussage, die Sie betonen möchten, zum Beispiel:

*Wir stehen in der Europäischen Union vor einer wichtigen Richtungsentscheidung: vertiefte Zusammenarbeit oder Zerfall. (Pause) Wenn wir unsere Probleme …*

Dadurch bekommt das zuletzt gesagte Gewicht und kann nachwirken. Diese Pause fordert das Publikum auf, mitzudenken, und suggeriert, dass dies eben eine ganz besonders wichtige Information war.

## Energieventil 4: Blickkontakt

Ohne Blickkontakt ist ein ernsthaftes Gespräch zwischen Menschen nicht denkbar. Blickkontakt ist die Voraussetzung dafür, dass Menschen sich untereinander verbunden fühlen. Ist der Blickkontakt gestört, empfinden wir Unbehagen oder Distanz.

Suchen Sie zuallererst immer den Blickkontakt zu Ihrem Publikum. Schauen Sie einzelnen Menschen, die vor Ihnen im Auditorium sitzen, in die Augen – nicht zu kurz, denn das würde als flüchtig, vielleicht sogar nervös aufgefasst werden, aber auch nicht zu lang. Stellen Sie sich vor, Sie würden die betreffende Person mit Ihrem Blick begrüßen. Die Zeit, die Sie benötigen würden, um ihr „Guten Tag! Ich freue mich, dass Sie da sind!" zu sagen, ist für die Länge Ihres Blickkontakts genau angemessen. Und Blickkontakt heißt es deswegen, weil Sie damit Kontakt knüpfen und nicht bloß kurz hingucken!

*Tipps für den aktiven Blickkontakt*
**Seien Sie ehrlich**
Ehrlicher Blickkontakt bedeutet, aktiv in die Augen der jeweiligen Person und nicht nur pro forma in deren Richtung zu sehen. Schauen Sie den Menschen aus ehrlichem Interesse in die Augen – bis Sie Kontakt haben!

**Verteilen Sie Ihre Aufmerksamkeit gerecht**
Wenn sich ein wichtiger Entscheider im Raum befindet, ist die Verlockung groß, dass Sie Ihren Blick vorzugsweise auf diese Person richten. Dabei besteht die Gefahr, dass aus Ihrer Rede ein Privatdialog zwischen Ihnen und dem Entscheider wird. Und dies würde den übrigen Menschen im Raum mit der Zeit sauer aufstoßen.

Jeder Mensch, der in einem Auditorium sitzt, möchte sich gerne als Teil des Ganzen fühlen. Für dieses Gefühl sind Sie als Redner verantwortlich; diese Verantwortung füllen Sie am besten dadurch aus, dass Sie Ihre Zuwendung gerecht auf den ganzen Raum verteilen. Falls Sie besonders nervös sind, dürfen Sie für Ihre Lichtgestalten natürlich eine Ausnahme machen.

**Flirten Sie**
Ja, auch dieser Rat ist ernst gemeint – aber natürlich nicht so, dass Sie vor Ihrem Publikum die Marilyn Monroe oder den Casanova geben. Nein, damit ist gemeint, dass Sie sich dadurch aufmuntern lassen sollen, dass Sie bei dem Spiel von Zuwendung und Blickkontakt da oder dort auch einmal einen freundlichen Blick oder ein Lächeln als Antwort einheimsen!

**Schützen Sie sich**
Umgekehrt gilt: Wenn Sie auf den Blick eines Menschen treffen sollten, der Sie skeptisch oder irritiert ansieht, schützen Sie sich selbst. Ein skeptischer Blick bedeutet nicht, dass der betreffende Mensch etwas persönlich gegen Sie oder Ihren Inhalt hat. Ziehen Sie keine voreiligen Schlüsse, und wenn Sie von einem Blick verunsichert werden, vermeiden Sie zumindest in der Anfangsphase Ihrer Rede den Blickkontakt mit diesem Menschen. Wenn Sie im Lauf der Rede sicherer werden, können Sie ja noch immer auf ihn zurückkommen.

**Blickkontakt in großen Räumen**
Natürlich ist der direkte Blickkontakt in großen Räumen mit mehreren hundert Zusehern nicht ganz so einfach herzustellen. Und die oben aufgestellte Regel ist auch nicht so gemeint, dass Sie dort akribisch jeden einzelnen der vor Ihnen sitzenden Menschen mit Ihrem Blick „abgrasen".

In großen Räumen gilt genauso wie in kleinen: Verteilen Sie Ihre Aufmerksamkeit strategisch, greifen Sie sich Ihre „Empfänger" wahlweise aus unterschiedlichen Teilen des großen Raumes heraus. In der Praxis bewährt sich dazu ein großes „M" oder „W", welches Sie gedanklich über das Publikum legen.

Die Augen der Menschen ganz hinten sind natürlich schwer auszumachen. Blicken Sie trotzdem dorthin, wo sich die Augen dieser Menschen befinden, dann wird man man Sie als präsent und selbstbewusst wahrnehmen.

Und für den Fall, dass Sie mit einem Spot ausgeleuchtet werden: Keine Panik! Sie werden, wenn Sie in den Lichtkegel des Scheinwerfers treten, zuerst einmal gar nichts sehen, aber mit der Zeit werden sich Ihre Augen an die Helligkeit gewöhnen und Sie werden da und dort einzelne Gesichter Ihres Publikums im Dunkel des Auditoriums wahrnehmen. Stellen Sie sich die Augen Ihres Publikums in den Gesichtern vor und blicken Sie dorthin.

# SO FINDEN SIE AUS EINEM BLACKOUT

Sie stehen vor Ihrem Publikum. Die Nervosität zieht das Blut aus Ihren Extremitäten, und damit auch aus dem Gehirn. Sie verlieren den Faden. Eine Zwischenfrage oder eine andere Störung von außen bringt Sie vollends aus dem Konzept. Jetzt, da Sie Ihre vollste Konzentration benötigen würden, um das Problem zu lösen, steht das Gehirn nicht mehr „Gewehr bei Fuß". Ein Blackout!

Der Super-GAU für jede Rede. Praktisch jeder unserer Seminarteilnehmer fürchtet sich davor. Vermutlich gehören Sie auch dazu. Die gute Nachricht: Ich kenne kaum jemanden, der tatsächlich ein richtiges Blackout erlebte. Für den Fall des Falles gebe ich Ihnen sechs Maßnahmen mit auf den Weg, die Ihnen dabei behilflich sein werden, Ihr Schiff wieder flott zu kriegen.

*Blackout-Prophylaxe: Vorbereitung*
Die beste Vorbeugung gegen Blackouts ist eine wirklich gute Vorbereitung. Damit meine ich eine genaue Planung des Ablaufs und ein zweimaliges vollständiges Durchsprechen der Rede. Vor allem Ihre Kernbotschaften müssen sitzen, denn darauf können Sie jederzeit zurückkommen. Halten Sie diese auf einer griffbereiten Stichwortkarte fest. Mit einer guten Vorbereitung steigern Sie sowohl Ihre Zuversicht als auch Ihre Geläufigkeit. Damit finden Sie im Ernstfall schneller Ihren Faden wieder.

*Setzen Sie Gedächtnisstützen ein*
Bauen Sie sich besondere Gedächtnishilfen in Ihre Stichwortkarten ein. Besonders hilfreich ist es, wenn Sie für jedes Kapitel Ihrer Rede die zentrale, wichtigste Botschaft farblich markiert und gut sichtbar notieren. Im Falle eines Blackouts lassen Sie sich Zeit. Nehmen Sie Ihre Stichwortkarten und suchen Sie die jeweils relevante Botschaft: Sie hilft Ihnen dabei, sich zu sammeln und Ihre Gedanken neu auf das Wesentliche auszurichten.

*Wiederholen Sie*
Was Ihnen immer einfällt, ist das zuletzt Gesagte. Knüpfen Sie daran an, entweder indem Sie es exakt wiederholen oder neu formulieren.

*Wie gesagt, das worauf es nun wirklich ankommt, ist …*
*Lassen Sie mich kurz wiederholen, was ich zuvor …*

### Fassen Sie zusammen
Überlegen Sie kurz, was Sie schon gesagt haben, wenn nötig holen Sie sich die Stichworte dazu von Ihren Stichwortkarten. Als Notfallpaket können Sie eine Stichwortkarte in einer Tasche deponieren, wenn möglich immer an der gleichen Stelle.

*Lassen Sie mich kurz zusammenfassen …*
*Bisher haben wir Folgendes besprochen …*

### Nehmen Sie es mit Humor
Ja, auch das ist möglich und viel besser, als in Panik auszubrechen. Es bekommt ja ohnehin jeder mit, wenn es passiert. Ich habe das schon einige Male bei Referenten erlebt, die den Faden verloren haben, und jedes Mal war das Publikum nicht nur einsichtig und hilfreich, sondern es gab sogar spontane Sympathiekundgebungen bis hin zum Applaus.

*So jetzt ist es passiert – wo war ich gerade, wer kann mir helfen …?*
*Tja, was soll ich sagen – ich weiß es nicht mehr. Lassen Sie mich kurz auf meinem Schummelzettel nachsehen (Stichwortzettel suchen) …*

Wenn es irgendwie möglich ist, lächeln Sie dabei, suchen Sie Ihr nächstes Stichwort und machen Sie weiter. Und wenn das Publikum Ihnen geholfen hat, bedanken Sie sich humorvoll:

*Danke für Ihre Hilfe, wenn Sie mal hängen, bin ich auch da, versprochen.*

### Bewegen Sie sich
Das muss nicht viel sein, ändern Sie zum Beispiel Ihren Standort. Oder tun Sie zwei Schritte nach vorne. Gehen Sie zum Pult, um einen Zettel zu nehmen (egal, ob Sie diesen brauchen). Geistige Blockaden gehen immer Hand in Hand mit körperlichen Blockaden. Indem Sie bewusst Ihre körperliche

Blockade lösen, geben Sie auch Ihren Gedanken wieder die Möglichkeit, in Fluss zu kommen.

## Ihr 10-Punkte-Trainingsplan für Station 4 – Persönliche Präsenz

1 Achtung: Ihre Zuhörer glauben Ihrem Verhalten mehr als Ihrem Text.
2 Zeigen Sie vom Start weg Präsenz und seien Sie während Ihrer Rede zu 100 Prozent „gegenwärtig".
3 Checken Sie vor Ihrem Auftritt im Raum Blickwinkel, Ton, Licht und Raumtemperatur.
4 Sorgen Sie für allfällige Pannen mit „Backup-Systemen" wie notierten Kernbotschaften, Stichwortzettel und Reservemikrofon vor.
5 Lampenfieber ist normal – nutzen Sie die Energieventile, um es zu kontrollieren und abzubauen.
6 Ihre Stimmung muss zum Thema passen, denn sie beeinflusst Ihre Stimme und Intonation.
7 Unterstützende Gestik nimmt Ihre Zuhörer mit in Ihre Gedankenwelt und Geschichten.
8 Achten Sie auf den Blickkontakt zum Publikum, er verstärkt Ihre Glaubwürdigkeit.
9 Wählen Sie bewusst Ihre Standpunkte aus, um Botschaften zu verstärken.
10 Bei Angst vor Blackouts treffen Sie vorsorgliche Maßnahmen.

# Die Grenzen der Rhetorik oder: Wann Sie besser keine Rede halten

Stellen Sie sich folgende Situation vor: Sie sind Mitarbeiter in einem Beratungsunternehmen, das sich auf die Verbesserung von industriellen Arbeitsabläufen spezialisiert hat. Sie sind schon lange dabei und lieben Ihren Job. Sie helfen anderen Menschen gerne dabei, ihre Arbeit besser und effektiver zu gestalten.

Nehmen wir weiter an, Sie hätten einen Lieblingskunden, den Sie schon jahrelang betreuen. Sie hätten mit den Vorständen dieses Unternehmens ein Meeting vereinbart, um ihnen Ihre Ideen für die effektive Gestaltung der Arbeitsabläufe an einem neuen Standort zu präsentieren.

Sie tun, was in einer solchen Situation als perfekter Redner, der Sie nun einmal sind, zu tun ist. Sie betreten voller Energie mit weit ausladenden Schritten den Konferenzraum und nehmen zielstrebig Ihre Startposition ein. Sie werfen sich in Pose. Sie nehmen Blickkontakt zu Ihrem Publikum auf. Nach einer bedeutungsschwangeren Pause beginnen Sie kraftvoll mit Ihren ersten Worten:

„Sehr geehrte Damen und Herren, Sie als Vorstände der Firma X sind Sie natürlich daran interessiert, Ihre Produkte möglichst kostengünstig und pünktlich an Ihre Kunden auszuliefern. Heute habe ich eine gute Nachricht für Sie – mit der Vereinfachung der Produktionsabläufe, die wir Ihnen anbieten, können Sie …".

Sie haben sich so richtig in Schwung geredet, da unterbricht einer der Vorstände mit einer freundlichen, fast ein wenig verlegenen Stimme.

„Ähm … Jens? Geht's dir gut?"

Sie unterbrechen den Schwung Ihres rhetorischen Glanzprodukts, Sie schauen auf Ihr Publikum, Sie fallen aus allen Wolken: Die fünf Damen und Herren sitzen informell gekleidet vor Ihnen, sie haben die Tischordnung geändert, um für das Meeting eine zwanglose Atmosphäre zu schaffen, in der Mitte stehen nicht nur die obligaten Getränke wie Kaffee und Mineralwasser, sondern auch Kuchen, den – wie Sie wissen – Frau Neumeyer gerne zu Ehren von Menschen bäckt, die sie ganz besonders mag.

Und alle sitzen da und lächeln Sie mit einer Mischung aus Freundlichkeit und Verwunderung an.

Und da fällt es Ihnen wie Schuppen von den Augen. Diese Menschen vor Ihnen sind nicht nur Kunden. Sie sind auch gute Partner, fast könnte man sagen: Freunde. Sie kennen einander jahrelang. Mit Herrn Schmidt gehen Sie einmal im Monat Tennis spielen, und die Kinder von Herrn Salzmann gehen in dieselbe Schule wie Ihre eigenen. Sie plaudern mit ihm immer beim Adventbazar und bei der Weihnachtsfeier.

**Was ist passiert?**
Sie haben eine gute Rede abgeliefert. Aber Sie haben sich im Ton vergriffen.
Diese Geschichte stammt von einem Klienten und sie ist ein Lehrstück über Rhetorik.

## Rhetorik und Beziehung

Die *Rhetorische Kraftkammer* hilft Ihnen, sich zu einem attraktiven Vortragenden zu entwickeln. Vergessen Sie dabei aber nie, was Rhetorik eigentlich ist: ein Register der Kommunikation. Genauer:

Rhetorik ist eine unter mehreren Möglichkeiten, wie wir unsere Beziehung zu anderen Menschen gestalten können.

Ja, sie ist ein mächtiges Instrument, wenn Sie am Podium vor einem Auditorium von Dutzenden, vielleicht Hunderten von Zuschauern stehen, vor Menschen, die Ihnen unbekannt sind und die Sie von einem besonderen Anliegen überzeugen wollen. Oder wenn Sie im Meeting ein kraftvolles und überzeugendes Statement zur Unterstützung eines Projekts abliefern.
Aber es gibt auch Situationen, in denen die Beziehung, die Sie zu Ihrem Adressaten haben, die Rhetorik unpassend macht. Wenn Sie Ihre Frau, die Sie sehr lieben, beim Abendessen davon überzeugen wollen, dass sie in Ihrem nächsten Urlaub mit Ihnen nach Disneyland fährt, was sie im Grunde verabscheut, dann werden Sie dafür keine Brandrede schwingen. Sie werden sich im Gespräch mit ihr auseinandersetzen und auf diese Weise versuchen, Verabredungen zu treffen, die für beide Seiten in Ordnung sind. Und Sie werden

auf diese Weise viel mehr erreichen, als Sie mit den gewieftesten rhetorischen Techniken erreicht hätten.

Dasselbe hat dann auch mein Klient getan. Nachdem er seinen unabsichtlichen Fehlgriff erkannt hatte, stieg er von seinem Ross, setzte sich mit seinen Kunden an den Tisch, trank Kaffee und aß Kuchen – und unterhielt sich mit ihnen. Und nachdem er mit Herrn Schmidt Erinnerungen über das letzte Tennismatch ausgetauscht hatte, redeten sie ernsthaft, von Mensch zu Mensch über die Arbeitsabläufe in der Fabrik. Und sie trafen Vereinbarungen, die für alle Seiten ein Gewinn waren.

Und so gebe ich Ihnen zum Abschluss Ihres Trainings in der *Rhetorischen Kraftkammer* noch einen letzten wichtigen Satz mit auf den Weg:

• • • • • • • • • • • • • • • • • • • • • • • • • • • • • • • • • • • • • • • • • • • • • • • • • • •

Der allerbeste Rhetoriker ist jener, der den Ton einer Situation erkennt – und im gegebenen Fall auch einmal auf den Einsatz seiner Überzeugungskraft verzichtet.

• • • • • • • • • • • • • • • • • • • • • • • • • • • • • • • • • • • • • • • • • • • • • • • • • • •

# LITERATUR

Adaval, Rashmi, Wyer, Robert S. (1998): The Role of Narratives in Consumer Information Processing, Journal of Consumer Psychology, 7 (3), S. 207–245.
Allport, F. H., Lepkin, M. (1945): Wartime rumors of waste and special privilege: Why some people believe them, The Journal of Abnormal and Social Psychology, 40 (1), S. 3–36.
Argyle, M., Cook, M. (1976): Gaze and Mutual Gaze, Cambridge University Press.
Bard, E. G., Shillock, R. C., Altmann, G. T. M. (1988): The recognition of words after their acoustic offsets in spontaneous speech: Effects of subsequent context, Perception & Psychophysics, 44, 5, S. 395–408.
Brown, A. S., Nix, L. A. (1996): Turning lies into truths: Referential validation of falsehoods, Journal of Experimental Psychology: Learning, Memory, and Cognition, 22, S. 1088–1100.
Burnkrant, Robert E., Unnava, H. Rao (1989): Self-Referencing: A Strategy for Increasing Processing of Message Content, Personality and Social Psychology Bulletin,15, S. 628–638.
Dall, Martin (2009): Besser präsentieren – wirksamer vortragen, Redline Verlag.
Dall, Martin (2011): Der Verhandlungs-Profi, Linde.
Druckman, J. N. (2001): On the limits of framing effects: Who can frame? Journal of politics, 63, S. 1041–1066.
Emrich, Cynthia G., Brower, Holly H., Feldman, Jack M., Garland, Howard (2001): Images in Words: Presidential Rhetoric, Charisma, and Greatness, Administrative Science Quarterly, Vol. 46, No. 3, S. 527–557.
Erickson, B., Lind, E. A., Johnson, B. C., O'Barr, W. M. (1978): Speech style and impression formation in a court setting: The effects of „powerful" and „powerless" speech, Journal of Experimental Social Psychology, 14 (3), S. 266–279.
Fleshier, H., Ilardo, J., Demoretcky, J. (1974): The influence of field dependence, speaker credibility set, and message documentation on evaluation of speaker and message credibility, Southern Speech Communication Journal, 39, S. 389–402.

Gregory, W. L., Cialdini, R. B., Carpenter, K. M. (1982): Self-relevant scenarios as mediators of likelihood estimates and compliance: Does imagining make it so? Journal of Personality and Social Psychology, 43, S. 89–99.

Jarvella, R. J. (1971): Syntactic processing of connected speech, Journal of Verbal Learning und Verbal Behaviour, 10, S. 409–416.

Jorgensen, C. C., Kintsch, W. (1973): The Role of Imagery in the Evaluation of Sentences, Cognitive Psychology, 4, S. 110–116.

Keenan, J. M., MacWhinney, B., Mayhew, D. (1977): Pragmatics in memory: A study in natural conversation, Journal of Verbal Learning and Verbal Behavior,16, S. 549–560.

Klinger, E. (1975): Consequences of commitment to and from incentives, Psychological Review, 82 (1), S. 1–25.

Knapp, M. L. (1978): Nonverbal communication in interaction, Holt, Rinehart and Winston.

LaFrance, M., Hecht, M. A. (1995): Why smile generate leniency, Personality and Social Psychology Bulletin, 21, S. 207–214.

Langer, Ellen (1989): Mindfulness, Addison-Wesley.

Markman, A. B., Moreau, C. P. (2001): Analogy and analogical comparison in choice. In D. Gentner, K. H. Holyoak, B. N. Kokinov (Hg.): The analogical mind: Perspectives from cognitive science, The MIT Press, S. 363–399.

Marslen-Wilson, W. D. (1987): Functional parallelism in spoken word-recognition, Cognition, 25, S. 71–102.

Martin, J., Powers, M. E. (1979): If case examples provide no proof, why underutilize statistical information? Paper presented at the American Psychological Association, New York.

Naftulin, Donald H., Ware, John E. Jr., Donnelly, Frank A. (1973): The Doctor Fox Lecture: A Paradigm of Educational Seduction, Journal of Medical Education 48, S. 630–635.

Nearey, T. M. (1989): Static, dynamic, and relational properties in vowel perception, The Journal of the Acoustical Society of America 85 (5), S. 2088–2113.

Pennington, Nancy, Hastie, Reid (1992): Explaining the Evidence: Tests of the Story Model for Juror Decision Making, Journal of Personality & Social Psychology, 62 (2), S. 189–206.

Sadoski, Mark, Paivio, Allan (2001): Imagery and Text: A Dual Coding Theory of Reading and Writing, Lawrence Erlbaum Associates.
Shell, G. Richard, Moussa, Mario (2007): The Art of Woo, Penguin Books.
Smith, S. M., Shaffer, D. R. (1995): Speed of speech and persuasion: Evidence for multiple effects, Personality and Social Psychology Bulletin, 21, S. 1051–1060.
Sniderman, Paul M., Theriault, Sean M. (2004): The Dynamics of Political Argument and The Logic of Issue Framing, in: Willem E. Saris, Paul M. Sniderman (Hg.): Studies in Public Opinion: Attitudes, Nonattitudes, Measurement Error, and Change, Princeton University Press.
Tversky, A., Kahneman, D. (1973): Availability: A heuristic for judging frequency and probability, Cognitive Psychology, 42, S. 20–232.
Tversky, A., Kahneman, D. (1986): Judgement under uncertainty: Heuristics and biases, in: H. R. Arkes, K. R. Hammond (Hg.): Judgement and decision making: An interdisciplinary reader, Cambridge University Press, S. 38–55.
Zuckerman, M., DePaulo, B. M., Rosenthal, R. (1981): Verbal and nonverbal communication of deception, in: L. Berkowitz (Hg.); Advances in experimental social psychology, 14, Academic Press, S. 1–59.

# QUELLEN

(in der Reihenfolge ihrer Erwähnung im Buch, zuletzt aufgerufen am 25. Juni 2012)

**Bill Clinton, 2010**
www.youtube.com/watch?v=zBDgCATvf6Y
**Bill Clinton, 2007**
www.ted.com/talks/bill_clinton_on_rebuilding_rwanda.html
**Al Gore, Informationen zum Film**
www.climatecrisis.net
**John Gerzema, 2009**
www.ted.com/talks/lang/de/john_gerzema_the_post_crisis_consumer.html
**Robert Ballard, 2008**
www.ted.com/talks/lang/de/robert_ballard_on_exploring_the_oceans.html
**David Cameron, 2010**
www.ted.com/talks/lang/de/david_cameron.html
**James Nachtwey, 2007**
www.ted.com/talks/lang/de/james_nachtwey_s_searing_pictures_of_war.html
**Hans Rosling, 2009**
www.ted.com/talks/lang/de/hans_rosling_at_state.html
**Beispiele Elevator Pitch**
www.gruendungszuschuss.de/networking/elevator-pitch/beispiele-aus-wettbewerb.html
**Garr Reynolds, 2009**
www.presentationzen.com/presentationzen/2009/06/simplicity-in-las-vegas.html
**Dan Ariely, 2009**
www.ted.com/talks/lang/de/dan_ariely_on_our_buggy_moral_code.html
**Brian Cox, 2008**
www.ted.com/talks/lang/de/brian_cox_on_cern_s_supercollider.html
**Hans Rosling, 2009**
www.ted.com/talks/lang/de/hans_rosling_the_truth_about_hiv.html
**Jamie Oliver, 2010**
www.ted.com/talks/lang/de/jamie_oliver.html
**Bill Gates, 2009**
www.ted.com/talks/lang/de/bill_gates_unplugged.html
**Elliot Krane, 2011**
www.ted.com/talks/lang/de/elliot_krane_the_mystery_of_chronic_pain.html
**Winston Churchill, 1940**
www.youtube.com/watch?v=MkTw3_PmKtc

# ÜBER DEN AUTOR

Martin Dall ist Mehrheitseigentümer und Geschäftsführer einer Unternehmensgruppe, zu der die führenden, internationalen Trainingsinstitute HPS, EnGarde und Intomedia gehören. Neben der „Rhetorischen Kraftkammer" hat er zwei weitere Fachbücher verfasst: „Sicher präsentieren – wirksamer vortragen", Redline 2009, und „Der Verhandlungs-Profi", Linde 2011.

Führungskräfte der obersten Ebene, Unternehmer und Experten aus allen Branchen vertrauen auf Martin Dalls persönlichen Rat, wenn es darum geht, ihre Anliegen präzise zu formulieren, wichtige Kommunikationsziele zu erreichen und eigene Interessen auch gegen Widerstände durchzusetzen.

Martin Dall ist heute einer der gefragtesten Experten für effiziente und überzeugende Kommunikation im Business. Darüber hinaus machen seine hochqualifizierten internationalen Trainerteams jährlich Tausende Kunden aus allen Bereichen der Wirtschaft und Wissenschaft in Seminaren fit für alle möglichen (und manchmal auch unmöglichen) Kommunikationssituationen.

### Über HPS

HPS ist Europas Marktführer für Präsentationstrainings und hat bereits über 40 000 Teilnehmern geholfen, besser zu präsentieren. Seit über 25 Jahren beschäftigen sich die Spezialisten von HPS ausschließlich mit dem Thema Präsentation, entwickeln permanent neue Tools und Strategien und setzen Trends für immer wirkungsvollere Präsentationen. Mit Büros und zertifizierten Trainern in zwölf Ländern und Trainings in neun Sprachen ist HPS eine der wenigen Premium-Marken im Trainingsbereich. Die besonders ausgefeilte und durchdachte Methodik und Didaktik ermöglicht eine unvergleichlich hohe Trainingsintensität und messbaren Praxistransfer.

# STICHWORTREGISTER

3-Minuten-Blitzinfo 69 ff.
3-Minuten-Blitzvorschlag 72 ff., 102
3-P-Methode 217

Aktivierung, akustische 44
Aktivierung, verbale 45
Analogie 154, 165
Anfangsregister 56, 67
Anglizismen 183
Angriff, abwehren 207 ff.
Aristoteles 21, 31
Attacke, rhetorische 203 f.
Aufforderung, Varianten
- Anspruch 122
- Einladung 122
- Forderung 123
Aufmerksamkeitskurve 37
Ausgangssituation 31, 38
Authentizität 224

Bauplan 68 ff.
Bedürfnisse, der Zuhörer 23
Begriff, abstrakter 156
Begrüßung 65
Betonung 149
Beziehungsebene 40
Bezugsrahmen 173
Bild-Anker 159
Bildersprache 155
Blackout, Vorbeugung 248
Blickkontakt 246
Business Pitch 94, 102 ff.

Checkfrage 97
Chronologie 67, 161
Clinton, Bill 20 ff.

Danksagung 65
Demonstration 164
Dialektik 88
Dr.-Fox-Effekt 12 f.

Ehrung 91
Einstieg, Pitch 98
Einwand 196, 199 ff.
Einwandbehandlung 200 f.
Elevator Pitch 94 ff.
Entschuldigung 64, 134
Erwartungshaltung 52
Etikettierung 227

Fachausdrücke 183
Floskeln 66
Fox, Dr. Myron L. 12 f.
Frage 46 f., 151 f.
- abschließende 124
- Abstimmungsfrage 48
- echte 47
- Entscheiderfrage 188, 199
- Entscheidungsfrage 47
- Interessensfrage 190
- kritische 202
- Quizfrage 47
- rhetorische 48, 151
- Sachfrage 187

- Verständnisfrage 187 f.
Fragen, zur Stimulanz 151
Fünfsatz, bei der Keynote 116
Fünfsatz, beim Langvortrag 105

Gates, Bill 120, 165
Geschichte 161, 168
Gestik 84, 238
Glaubwürdigkeit 224
Gore, Al 32 f., 122
Gretchenfrage 61, 100
Grundmotiv 23 f., 35

Hauptmotiv 24
Hauptwörter, zusammengesetzte 154
Hidden Agenda 53
Hook, siehe Einstieg, Pitch
HPS-Kurzvortrag 75 ff.
HPSpresso 83, 85 ff.,

Inhaltsebene 40
Inhalt, Struktur 53 ff.

Jobs, Steve 35, 114, 164, 180, 229, 235
Jubiläum 91

Kernbotschaft 69, 77, 114, 177, 241, 248
Kernthese 120
Keynote Speech 114 ff.
Killerphrase 219 ff.

Lampenfieber 233 ff.

Langvortrag, Varianten
- Abgrenzung 110
- Alternative 112
- Induktion 110
- Kette 109
- Kompromiss 111
- Reihe 108
Licht 231 f.
Live-Erlebnis 165 f.

Manipulation 204
Metapher 154
Mikrofon 230 f.
Muster 164

Na-und-Faktor 73, 135 f., 183
Nervosität 233, 248
Nutzen 137, 142

Obama, Barack 114, 135, 177
Oliver, Jamie 139, 151, 170

Paradox 46, 60, 99
Pause 44, 84, 245
Pause, dramaturgische 245
Pause, syntaktische 245
Pitch, siehe Elevator Pitch, Business Pitch
Prägnanztendenz 130
Präsenz 225 ff.
Provokation 62, 100, 166, 170, 204

Raumtemperatur 232
Reden, spontanes 80 ff.

Redestart
- Bezug auf Aktualität 59
- direkter Einstieg 58
- Gretchenfrage 61
- laut und effektvoll 57
- machtvoller 58
- Paradox 60
- Problem veranschaulichen 60
- Provokation 62
- Schlüsselereignis 59
- Verbündung 63
- wirkungsvoller 57
Redeziel 36
Register 56, 67, 97

Sachebene 40
Schlagfertigkeit 203
Schlüsselbegriff 177
Schlüsselgesten 241
Sensation 180
Sie-Sprache 138
Soundcheck 230
Spannungsaufbau 144
Spin 173
Spontanrhetorik 80 ff.
Sprechdenken 82 ff.
Sprechpause 44
Sprechtempo 244
Start, siehe Redestart
Stegreif-Rede 80

Stil, kraftloser 181
Stil, kraftvoller 181
Stimme 45, 241 ff.
Stimmung, im Publikum 38, 41
Störung 41, 216 ff.
Stringenz 35

Teasing 97, 145 ff.
- Ankündigung 147
- in Frageform 146
- zusammenfassendes 147
Ton 230
Trojanische Schlachtordnung 70

Verbalstil 133
Vergleich 160
Vorstellungskraft, aktivieren 162

Weichmacher 133
weil 67, 140, 174
Wiederholung 176 ff.

Zahlen 157 f.
Ziel 32, 53
Zielformulierung 36
Zielgruppenanalyse 27, 185
Zielgruppencheck 27 ff., 185
Zielpublikum 27
Ziel, verstecktes 53
Zuspitzung, visuelle 165 f.

# HPS
www.hps-training.com

## Die Rhetorische Kraftkammer®
### Das 3-Tage-Intensivtraining zum Buch

Spontane Redesituationen, Statements und Kurzreferate sind Stressauslöser in Ihrem Business-Alltag. Sie möchten Gesagtem mehr Wirkung verleihen und sicherer auftreten?

→ **Business-Rhetorik für jede Redesituation**

## Weitere HPS-Intensivtrainings für mehr Überzeugungskraft und Sicherheit im öffentlichen Auftritt:

### Sicher präsentieren – wirksamer vortragen

Unsicherheit und Lampenfieber beim Auftritt vor großen Zuhörergruppen. Sie müssen viele Informationen in kurzer Zeit vermitteln, brauchen eine Story und die zentrale Botschaft.

→ **100 Prozent Überzeugungskraft vor Gruppen**

### Erfolgreich präsentieren am runden Tisch

Verschiedene Interessen kommen gleichzeitig an einem Tisch zusammen. Sie müssen 2 bis 5 Entscheidungsträger von einem Projekt überzeugen und die Führung des Gesprächs übernehmen.

→ **Kleine Entscheiderteams überzeugen und gewinnen**

**Trainingsinformationen und Anmeldung**
www.hps-training.com